简单的，
也是最好的

杨健教授详解儿童早教的 **218** 个好方法

JIANDAN DE YESHI ZUIHAODE

YANGJIAN JIAOSHOU XIANGJIE
ERTONG ZAOJIAO DE 218 GE HAOFANGFA

《为了孩子》编辑部 编

GUANGXI NORMAL UNIVERSITY PRESS

广西师范大学出版社

·桂林·

图书在版编目（CIP）数据

简单的，也是最好的：杨健教授详解儿童早教的218个好方法 /《为了孩子》编辑部编. —桂林：广西师范大学出版社，2011.1（2014.4重印）

ISBN 978-7-5495-0275-2

Ⅰ. 简… Ⅱ. 为… Ⅲ. 早期教育：家庭教育 Ⅳ. G78

中国版本图书馆 CIP 数据核字（2010）第 251209 号

广西师范大学出版社出版发行

（广西桂林市中华路 22 号　邮政编码：541001）
网址：http://www.bbtpress.com

出版人：何林夏

全国新华书店经销

桂林漓江印刷厂印刷

（广西桂林市西清路 9 号　邮政编码：541001）

开本：880 mm × 1 240 mm　1/32

印张：8.625　字数：250 千字

2011 年 1 月第 1 版　2014 年 4 月第 3 次印刷

印数：10 001~12 000 册　定价：25.00 元

如发现印装质量问题，影响阅读，请与印刷厂联系调换。

本书编委会

主　　任　杨　健
编写人员　高明艳　王　俊　程时利
　　　　　　李　艳　李茂军

序言

　　有一个很时兴的名词叫"热门话题"，比如最近的热门话题就是房价会不会再涨。既然是热门话题，那就意味着过了一段时间，它会变得不那么"热"了，而由新的取代了老的，比如现在非专业人员再津津有味地聊着"海湾战争"，那他脑子里肯定进水了。

　　但有一个话题永远是"热门"，大家无法反驳我，因为你们肯定会同意，那就是有关"子女教育"的话题。

　　在火车上，两个邂逅的人，闲着无事就聊起来了。当然，开始一般都是聊当前的热门话题，一旦聊到子女的教育，而这两个人刚好有子女，我敢肯定，他们会沿着这个话题一直聊下去，直到各自到站分手为止。

　　为什么？

　　因为这是任何一个为人父母者无法绕开的，"心有千千结"的问题。你必须面对它，别想避开它，最后，你还得寻找你认为最好的教育方式并学会如何运用它。大道理不用多讲，因为每一位父母心中都清楚，子女教育对自己，对家庭，对孩子的未来意味着什么。

　　我直到今天，依然保留着一个习惯，每次吃饭，我必须把碗里剩下的饭粒全部吃干净，包括掉在桌子上的饭粒。小时候，母亲告诉我，浪费粮食是会遭雷打的，我刻骨铭心地记住了。后来我上学了，我学习了自然科学，我已经懂得剩饭不吃和打雷之间不存在因果关系，但这个习惯我还是一直保留下来。

　　当我有了女儿以后，我曾试图把这个"传统教育"延续下去，（虽然我并不认为这是个好主意）却遭到了失败，她甚至对我的说法嗤之以鼻，"爸，你那套过时了，都什么年代了！"

我们的父母那一代是不会翻书查找教育子女的方法的，那时候也几乎没有这类书，有的话，无非是《弟子规》《三字经》，那时的父母是按老规矩行事的，也许他们按照口头传下来的做父母的各种范例行事，也许按照通行的看法或宗教的某些教义行事。

今天，我们面临一个日新月异的高科技时代，一个被科学家看做是"信息爆炸"的互联网时代，我只举一个足以让我们成年人尴尬的例子就行了。孩子们轻而易举地点击一下鼠标，便得到比我们小时候与他们同一年龄段时多几十倍的有关"性"的信息，遗憾的是这些"信息"十之八九是错误的，而剩下的部分往往还是他们这个年龄不应该知道的！

年轻的父母如果对孩子的心理上和感情上成长所必需的东西知之甚少，我们不注重他们的价值观是什么，不注意每个年龄段的儿童心理发展特点，不关注大脑科学、心理学、教育学上的新进展、新观念，我们真的会犯极大的错误。而令人沮丧的现实是：孩子的教育一旦失败，是不能重新再来一次的。

现代家庭教育，首先要强调的是家长的教育观念，当观念出现偏差时，方法往往是负数。

旧时的人，只是把孩子看做是缩小的大人，这从我们看的电视剧里可以说明。你看反映民国以前的故事情节的电视剧里，你会发现小孩从未穿过童装，他们穿的是把大人的长袍马褂缩小的服装。

也曾经有很长一段时间，大家认为孩子躯体健全无残缺，就是个健康儿童，殊不知心理不健康所带来的后果并不亚于身体不健康所带来的后果。

直至现在，依然还有一部分家长意识不到儿童社会化进程的重要性，意识不到自己的责任就是把一个自然人（婴儿无疑是自然人，他咬自己的脚指头，因为他以为那是别人的，他连自我意识都没有）培养成社会人。

所以，科学育儿观念告诉我们，必须摒弃陈腐育儿偏见，我们才能有新建树。

早在18世纪，英国湖畔诗人威廉·华兹华斯在他的一首名为《彩虹》的诗中写到：

儿童是成人之父

我希望在我的一生里

每天都怀着(对儿童)天然的虔诚

"儿童是成人之父"这一思想,是对成人本位社会的一次反叛,是儿童教育观念的一次革命性变革!

我刚开始看到这句话时,除了震惊,还有些喘不过气来的感觉。但后来,我不断地看到相同的提法:泰勒在 1871 年《原始文化》中,明确提出"儿童是未来的人的父亲"。蒙太梭利也十分赞同这句话,她在《童年的秘密》一书中指出:"说母亲和父亲创造了他们的孩子,那是不对的,相反的,我们应该说儿童是成人之父。"

家长们不要不服气,我们只要想到安徒生童话《皇帝的新衣》里,那个说出"皇帝身上根本没有穿衣服"的话的孩子,就足以迫使我们成年人显露出真实的面孔来。

作为一个长期从事儿童工作的人,我还要说,儿童是思想家、哲学家,儿童是无与伦比的脑力劳动者,儿童是爱的源泉,儿童是成人的精神家园。热爱儿童就是热爱真理,热爱儿童就是热爱未来,热爱儿童就是热爱我们的民族。

有了这种信念再来谈子女教育这个"热门话题",我们才底气十足,堂堂正正;我们才不至于视子女为我们的附属品,甚至是我们传宗接代、光宗耀祖的工具。换言之,当我们在孩子面前抛弃优越感,俯首倾听孩子的声音,而且把这种声音看做是人的精神的唤醒者时,我们再来谈谈子女教育,会是另一种全新的感受。

当然,除了信念,还得有科学的方法,但要广大家长都拿着教科书般的家教理论图书阅读,这也是不现实的。恰好近几年我应邀为《为了孩子》杂志中的《杨健信箱》专栏写文章,该栏目得到了广大读者的喜爱与认同,广西师范大学出版社慧眼识珠,将之结集出版,也就成了您现在手中的这本书。书中的内容摒弃了枯燥的理论,而是非常注重方法的介绍,强调"对症下药"、"因材施教"。案例是杂志社从成千上万封读者来信中挑出来的,由我作答,尽管谈的都是个案,但有广泛的意义和共性价值,它会让有相同困惑的读者产生共鸣并作为借鉴。

比如说,许多家长来信都会向我咨询孩子"打架"之事,并且都表现得忧心忡忡。其实,孩子打架并不是很严重的问题,我小时候没少打架,我甚至认为这是锻炼孩子的智慧和学会处理人际

关系的机遇。当家长看到孩子打架时，不妨做"壁上观"，除了发生危险，一般不去干预，事后才找孩子谈话，分析得失。

比如说，很多来信提及孩子的孤僻、不合群、自卑等，家长往往就事论事，很少想到"儿童社会化进程"中一个关键词："高楼综合征"。家长对孩子"过保护"，紧关大门，这个门还有一个讨厌的名字："防盗门"，防盗门上还有一个令人难堪的"猫眼"。您的孩子生活在这个"防盗门"内狭小的天地，缺乏应有的伙伴关系，他能合群吗？

比如说，许多信中提到孩子做事迟缓，笨手笨脚，却从未涉及到劳动教育。其实，幼儿也可以做一些力所能及的自我服务性劳动，他们甚至十分乐意负一些责任，这种成长过程中的"题中应有之事"却让家长忽略了，实在太可惜了。

……

我衷心希望本书能带给您一些启示，这将是我莫大的欣慰！我也将继续不断地努力，通过解答疑难引导您更多地了解您的孩子，了解好的教育观点，以及找到正确的教育方法。但家长也要明白：它绝不是金科玉律，或是什么包医百病的良方。每个孩子都有他独特的地方，要读懂您的孩子，更多地还是靠您自己，您的配偶，甚至祖辈等。

所有为人父母者都应认识到：做了父亲和母亲，这是人的第二次降生，这意味着我们作为人类在道德上做好了准备，将孜孜不倦地探求家庭教育的真谛。任何挫折都不会使我们灰心丧气，我们将一步一步地把孩子送上成功之路。

现在出生的孩子，二十多年以后将是国家之栋梁，而届时，他们将面临比我们更严峻的挑战，他们将面临更严重的资源短缺、人口膨胀、环境污染、社会老龄化、交通堵塞、生态失衡、物种减少……

但请相信我：人类的持久进化就是对我们家庭教育的最大奖赏，我们的孩子将拥有这个世界，曙光属于他们，希望属于他们，未来属于他们，无限瑰丽的虹彩霓霞，都将属于他们！

杨健
2010 年 11 月 8 日于武汉大学

目 录

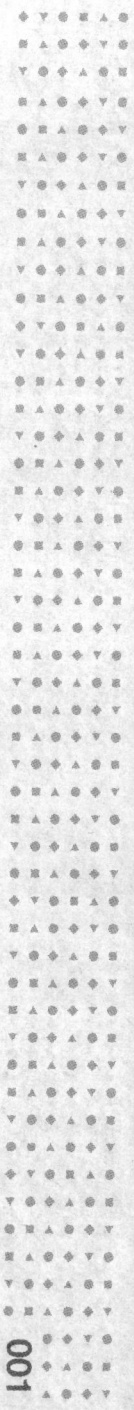

下辑：请权威专家答疑解惑为您指点迷津
——育儿中家长最关心的 190 个问题
（专家对症下药，让您轻轻松松做家长）

简单的，也是最好的

上辑

用智慧培养出最聪明优秀的孩子

——专家给您上的28堂课

第
1课

警惕早教 5 大误区

早期教育已开始深入人心，作为一位早期教育工作者，我深感欣慰。然而，在不断与年轻父母的接触、交流中，我发现很多父母在教育理念和方法上存在一些误区，家长观念错误，则会耽误孩子一生。因此，家教第一课，我们就从早教误区谈起。

一、误区1：早期教育等于早期智力开发

智力开发非常重要，在婴幼儿早期教育中占有重要地位。但"早期教育"这个概念，不应只是智力开发，应该涵盖健康教育（包括心理健康）、美育以及最重要的——养成教育，培养孩子良好的性格品质、社会适应能力以及道德基础。为此，我特别提出一个培养目标，那就是：培养"健美、聪慧、性格品质好的创造型人才幼苗"。

提醒各位父母千万不要以牺牲孩子社会性为代价，关起门来搞智力开发，这样会错过孩子的习惯、性格培养的最佳时期，得不偿失。

二、误区2：过早定向

所谓过早定向，就是父母武断地认为自己的孩子长大应成为

钢琴家、画家、歌唱家，等等，过早地为孩子定向培养。

在0～3岁的婴幼儿时期，教育内容不是从技能、技巧方面下工夫，而是为孩子的健康成长打基础。一个孩子的基础打好了，学什么都快。如果太早拔苗助长，反而会害了孩子。为此，我建议父母记住一个十六字方针："全面发展、充分发展、多方培养、因材施教。"

三、误区3：卓慧早夭

有老人说："你不要教我的孙子，小孩子太早聪明了，会短命的！"我原以为这只是老一代人的个别偏见，等到我有一次与一位受过高等教育的年轻妈妈交流时，居然也听到关于早慧影响健康的"高论"，这时我才开始关注这个问题。

事实上，从实际调查和研究来看，结论恰恰相反。有人曾统计了400多位名人的寿命，他们的平均寿命远远超过普通人。而英国著名生理学家米勒和科基利斯对用脑与健康的关系做过长期研究，他们的结论是：用脑越早，身体越好；用脑越少，衰老越早。因此，只要科学地开发幼儿的智能，脑子会越用越聪明。

四、误区4：早期教育破坏了孩子幸福的童年

我们先来看看什么是不欢乐、不幸福。对于孩子来说，一件事我不想干，硬要逼我去干，我就感到不欢乐、不幸福。而早期教育的内容和方法都是在游戏中进行，孩子们何乐而不为呢？更何况，孩子们的游戏和学习是不分的，他们眼睛睁开的每一秒钟都在游戏，同时也在学习，比如搭积木，这肯定是游戏吧，但他们同时在学习，在学习构筑空间的能力。

当他觉得不好玩时，他会自我保护，东张西望，不听你的。如果你还要强加于他，他便使出第二种保护——哭闹。如果你还要坚持，他便使出"彻底保护"的"杀手锏"——他睡着了。

有些人认为：孩子幸福的童年，应该是今天到阴沟里去抓一点脏东西，明天把邻居家窗户打破，后天呆呆地看着墙上的挂钟等着睡觉。这也许是你经历的幸福童年，但不意味着就是孩子的。

五、误区5：教育必先理解，孩子不理解的东西教了没用

这个观点听上去好像很有道理，但对婴幼儿不适用。如果要0～3岁的孩子理解了以后再教他，那等于什么也不能做，因为他们对什么都不理解！

当宝宝叫你"妈妈"时，是因为他理解了"你是生我的那个女人，是我爸爸的太太"？当然不是。而普天下的母亲没一个会这样对孩子说："宝贝，你还不理解这个词，等你理解了再喊我妈妈，好吗？"所以，对于这个问题，我的观点是"先入为主"。先输入信息，以后再理解，也就是"不求甚解"。因为婴幼儿有一种获取各种信息的本能要求，只有大量的外界刺激，他的神经网络才能建立，所以教育不能等到孩子理解了再教。

关于早教的误区，我就列举以上这些。在下面的章节里，我将在更广泛的领域里，就早期教育的问题（不只是"启智"这一方面）与各位父母共同讨论，希望能给你们带来一些帮助。

第
2课

视觉、听觉、触觉
——感官训练法，造就聪明娃

孩子并不一定是因为脑袋瓜大就聪明。人是否聪明，主要是看其脑细胞（神经元）与其他脑细胞的连接是否密切。人越聪明，脑功能就越高级，其脑细胞间的联络网就越宽广越精细。

一、聪明的大脑，从感官训练开始

怎样让孩子聪明呢？那就必须使其脑细胞间尽早建立联系。当外界大量的信息传入大脑时，大脑会为了接受外界信息，而快速地促使脑细胞膜延长而形成神经突起，在脑细胞间建立联系。因此，大量的信息通过感觉器官的输入，是激发孩子脑细胞形成神经突起的原动力，也是大脑聪明的根本。古人有一个词语——"聪明"，恰好说明这一点。聪明聪明，耳聪目明也。所以，聪明的大脑，要从感官训练开始。视觉、听觉、触觉的训练，是早期教育的第一要义。

二、视觉训练3要素

一个人一生中所获取的信息，有80％以上是靠眼睛获得的。有研究材料表明，3个月的婴儿注视彩色圆盘的时间差不多是灰色圆盘的两倍半。因此，颜色的视觉刺激对于孩子的智能开发相当重要。

1.鲜艳、明亮的色彩刺激

首先需要给孩子布置一个优美明亮的环境,在他活动的周围贴上几幅颜色鲜艳、造型美丽的图片,这样可使孩子在每次睡醒时,看到一个五彩缤纷的世界,来增强视觉的刺激。你还可以将电灯打开、关上,使孩子的眼睛瞳孔随之缩小、放大,从而使眼肌得到锻炼。

2.颜色鲜艳的玩具逗引

母亲还可以拿出带响的玩具,如带哨的小狗、小铃、拨浪鼓,等等,玩具的颜色一定要鲜艳,在距离孩子眼睛20～40厘米处逗引孩子;同时也可一边摇动玩具,一边左右移动,使孩子的头随着玩具转动,产生"追随感应"。等孩子的头能随玩具转动后,逐渐将玩具由近到远地移动。

3."藏猫猫"

"藏猫猫"是训练孩子视力的一种好方法,同时又是促使孩子由直觉行动思维向表象思维过渡的重要手段。你可当着孩子的面,把他喜欢的玩具藏起来,让孩子去寻找,开始时,你可将玩具露出一部分,然后慢慢地将玩具全部盖起来。同时,你还可以用手盖住自己的脸;在饭桌下、沙发旁,挥动玩具发出响声;或站在门后叫孩子的名字让他追随寻找。

三、听觉训练

胎儿在 5 个月时,听力神经中枢即已形成,它要比视觉官能发育得早。听觉这一重要官能一旦开始作用,就有其需要满足与发达该器官的本能。此时,婴儿所获得的听觉刺激,往往会成为一种强有力的、先入为主、先入为优的东西,并因此而影响他的一生。

听觉训练,它是和语言智能、音乐智能密切联系的。我将在以后的文章中详细加以介绍。

四、爬与触觉训练

提到触觉训练,爬这个环节不可不说。6～7 个月的婴儿会坐之后,便要训练他爬。

最新的研究表明：婴幼儿爬得越好，则今后走得越稳；爬得越早，学说话就越早、越快，看、读、学习的能力也越强。

有些儿童日后所出现的阅读障碍，或是感觉统合失调，究其原因，多数是在婴儿期缺乏爬的经历。有的父母在咨询时，老是担心孩子走的动作比别的孩子晚。其实，走的动作晚一点，并不是严重的问题；相反，过早地走并不好。因此，婴幼儿的爬相当重要。

训练爬行的具体方法如下：

1.爬行反射

出生后数日的新生儿，父母在为其每天洗澡、皮肤抚摩过后，让其俯卧，用手心抵住其足底，促使其呈现"爬行反射"。同时，托起其头部与前胸，以免妨碍呼吸。每天 1～2 次，每次 1～2 分钟。

目的：让先天留下来的爬行轨迹继续保留下来，以便今后爬得好。

2.学习抬头

3～4 个月时，婴幼儿仰卧床上，父母可用彩色玩具逗引孩子去抓玩，把玩具渐渐移远、移低、移后，逗引孩子追逐玩具，颈项不知不觉地抬了起来，从而锻炼了颈肌。

TIPS：请注意：要学爬，先抬头。

3.翻身打滚

5～6 个月时，婴儿仰俯于床上，父母可用有色玩具吸引其注意力，引导他从仰位——侧位——俯位，再从俯位——侧位——仰位，使其姿势发生变化。

目的：为爬行做准备。

TIPS：当婴幼儿俯卧在床上时，父母在其胸下垫个枕头，把玩具放在他伸手可及的地方，引逗他直颈伸手去抓。这样，配合翻身，让他的颈部也参加运动。

4.匍行拿物

6～7 个月时，婴儿俯卧时，父母让孩子用前臂支持前身，腹部着床，然后一人用双手推其足底，一人在其前面用鲜艳、悦耳的玩具逗引他向前爬。

5.手膝爬行

7～8个月时,婴儿从匍行转到爬行。这时父母要训练婴儿腹部离开床面,把重点落在手和膝上。

若婴儿的腹部不肯离开床面,父母可用一条毛巾系住婴儿腹部并轻轻提起,让其手、膝交替爬行,前面用大小各色球类、玩具来吸引他。手碰球,球滚走,再变换方向让其去取,这就增添了爬行的乐趣。

关注婴幼儿的脑映象

婴幼儿具有一种以视觉为主的独特的印象记忆能力,这是他这个时期所特有的认知能力,是儿童大脑急剧增长尚未完毕时产生的一种令人惊叹的现象,即"脑映象"。

这个时期,孩子们会把他见到的(或其他感知到或听到的)事物,整个地、不假思索地、完全清晰地印在脑子里,形成牢固的映象。这种脑映象能力对于早期教育具有极其重要的意义,比如识字等都要运用到这一能力。

而丰富的视觉、听觉、触觉刺激和环境,则帮助婴幼儿快乐地将自己体验过的事物作为脑映象浮现在眼前,使他边看边在想象中玩耍,并使这一能力得到提升。

左右开弓，脑袋灵

——婴幼儿全脑开发游戏法

天下的每个父母都希望自己的孩子聪明可爱，但是孩子如何才能聪明呢？这一章，我要提醒爸爸妈妈的是，请不要忽视孩子的全脑开发。

联合国开展的 21 世纪人类智慧工程——全脑工程（左右脑开发），就是要从婴幼儿起进行早期教育，激活左右脑，使新的一代在一种全新的教育理念下，尽可能地挖掘自身的潜能，以迎接新世纪高科技发展的需要。

婴幼儿正处于形象思维最活跃的时期，因此，提醒各位父母：在开发婴幼儿左脑的同时，别忽视其右脑开发，将两者结合起来，使左右脑协调发展，来充分发掘和调动宝宝的潜能。

一、全脑开发就是左右开弓

也许有父母会问：如何给孩子进行全脑开发呢？我的主张是"左右开弓"！因为左右开弓对左右脑的协调发展，具有重大意义。它就好比我们身体的前后各有一面镜子，在照镜子时，我们在镜子里看到的不只是唯一的"我"的影像，而是无数个"我"。"左右开弓"就好像两面镜子的作用，其效率不知要高出多少倍！

宝宝是左撇子，怎么办？

有家长向我咨询说："我孩子是左撇子，这可怎么办？"

我的回答是："左撇子怎么啦？左撇子好得很！古今中外许多杰出人物，如：爱因斯坦、达·芬奇、卓别林，都是左撇子。我国不少乒乓球、羽毛球世界级冠军，也是左撇子。"

因此，我不赞成把"左撇子"强行纠正过来，我们不妨利用他左手的优势，发达他的右脑。但同时，我们不妨来个"左右开弓"。当他左手拿筷子时，我们有意教他右手也学会拿筷子；左手用笔时，也教他右手用笔试试看，这样不是一举两得吗？

二、左右脑开发游戏

当然，左右脑开发也可以通过游戏来进行，各位父母可和孩子一起来玩玩以下的游戏：

1. 换手游戏：（适合0～1岁宝宝）

你教会宝宝将玩具从一只手换到另一只手，就是换手游戏。你可以先把一个玩具（或积木）给孩子，由于抓握反射，他很快会牢牢地将它抓握住。当你出示另一个更漂亮的玩具（或积木）时，宝宝往往松手扔下第一个玩具而去抓握另一个。此时，你可耐心地教孩子，并做出示范，要求他将原来的玩具从一只手换到另一只手上，再将第二个玩具让他用空的那只手抓握。几乎所有的半岁孩子在经过训练后，都可以完成换手的练习。

左右脑发展逐渐成为关注焦点

1836年，戴克斯在一部著作中首次指出左脑思维与语言机能有关。这是世界上第一次有人提出左右脑的问题。

上个世纪80年代初，美国加州理工学院斯佩里（SPER-RY）博士通过割裂脑实验，证实了大脑不对称的"左右脑分工理论"，并因此在1981年荣获诺贝尔医学——生物学奖，这是脑科学研究的重大里程碑。

世界卫生组织于1995年在全球展开了"脑的十年"运动，旨在促进脑科学研究以提高人类的生存质量。

大脑科学的发展，使多年医学界的"左脑优势论"被打破，人们日益重视左右脑的开发。为此，联合国倡导并开展了21世纪人类智慧工程——全脑工程。

给爸爸妈妈的话：也许很多人对此不以为然，觉得这个游戏没什么了不起。但是，你需要知道的是婴儿通过手、眼的配合，实施换手，这是这一年龄段标志性的进步。

2. 追随模仿游戏：(适合 0~1 岁宝宝)

将婴儿平躺在床上或地板上，母亲和婴儿眼与眼对视，然后母亲将头侧向婴儿左侧，使得婴儿产生追随反应，也将头偏向左边，然后又回到中间。接着，母亲将头侧向婴儿右侧，宝宝的头和眼球会随着你的转动而转动。

给爸爸妈妈的话：这看起来是轻而易举的事，但意义却十分重大。正如美国学者文尼柯茨博士所说："最早的母亲关注对婴儿来说是很有帮助的。"

3. 圆球滚动游戏：(适合 1~3 岁宝宝)

这一游戏就是：妈妈将彩球滚到孩子面前，让孩子抓住，然后再把球滚回妈妈眼前。

TIPS：随着熟练的程度，可以逐步增加两人的距离。

给爸爸妈妈的话：简单的彩球滚来滚去，究竟有什么意义？这项活动使得孩子不得不集中注意力。注意是婴幼儿认识世界的第一道大门，注意是感知觉、记忆、思维等不可缺少的先决条件。这项活动促使孩子为了达到准备接球、送球的目的，大脑高效率运转，大脑皮层处于优势兴奋状态。同时，通过对滚球的方向的把握，幼儿必须运用手、脑、眼的综合协调，左右脑同时启动，而每一次成功，又能使大脑再次兴奋。实践证明，这个游戏很受宝宝欢迎。

4. "石头、剪刀、布"游戏：(适合 1~3 岁宝宝)

这是大家最熟悉的传统游戏，你不妨和孩子来玩玩看。

给爸爸妈妈的话：这是典型的刺激左右脑发展的手段之一。当母亲出示"石头"(拳头)时，孩子要想"战胜"妈妈，必须要瞬时出示"布"(手掌)。此时，他右脑的图像呈现将快速形成。而左脑的逻辑思想(即"布"是可以包"石头"的)必须同时迅速作出判断。

此时右脑又"命令"手立即做出"布"的动作。于是孩子的大脑出现右——左——右的交替运动,如此反复多次,就是很好的"大脑体操"。

TIPS:这个游戏有输有赢,有利于培养孩子竞争的意识。游戏中,你最好让孩子输得少,赢得多。

第
4课

5种方法：宝宝伶牙俐齿自然成

　　语言是人类独有的、赖以生存的信息系统。婴幼儿时期，听觉和语言器官的发育日趋完善，已具备正确发出全部语音的条件。因此，它是人一生中掌握语言最快、最关键的时期。这个时期如果忽视了孩子的语言发展，那么以后就很难弥补，甚至无法弥补。所以在哈佛大学著名心理学博士霍华德·加得纳所提出的"多元智能理论"中，"语言文字智能"被列在第一项。

　　那么如何开发婴幼儿的语言能力呢？这是许多父母十分关心的问题，以下推荐5种发展方法。

一、提供充足的物质营养

　　人说话是由大脑的语言系统来控制的。说话时，我们的发音器官（即口腔共鸣器和咽喉共鸣器）的活动则又是由听觉来监督的，人们常说的"十聋九哑"就是因为这个道理。

　　同时，孩子模仿成人发音，需要依靠视觉的帮助，而幼儿的视觉语言发展（书面文字）则更少不了视觉器官的支持。因此，人的发音器官、听觉器官、视觉器官和大脑的健康与完善，是人类语言活动的先决条件，而"司令部"——大脑则是决定这一切的关键。

　　所以，提供充足的物质营养——胎儿、婴幼儿的大脑营养和其他营养十分重要,它是婴幼儿的语言获得长足发展的生理基础。

二、创造良好的语言环境

人是环境之子,如果缺乏良好的语言环境,即使物质营养到位,孩子还是不能很好地掌握和运用语言,因此,必须注意以下两方面:

1.做好正确的语言示范

孩子学习语言,最初的基本方法就是模仿。从发音、用词到掌握语法规范无不如此,因此成人的语言质量,在一定程度上决定着孩子语言发展水平。你的语言示范,就是婴幼儿直接学习的样板,从内容到形式,你的语言都应成为幼儿的良好范例。

2.尽可能和孩子多说话

良好的语言环境还体现在"量"的保证上,也就是要与孩子多说话,甚至没话找话。

两个先天条件相同的孩子学说话,一个缺乏足够的信息量,从小生活在语言贫乏的环境中,一个生活在有足够"量"的语言环境中,结果则是完全不同的。

良好语言示范的 6 大标准

1.发音准确。

2.坚持用普通话。

3.词汇丰富、生动、具体,用词确切。

4.口语清楚明确、文理通顺,富于文学修养,富于表现力。

5.说话的语调要使幼儿感到亲切。

6.讲话的速度和声音的大小,以孩子能听清为准。

TIPS:避免使用所谓的"儿童语言"

成人应避免使用所谓的"儿童语言",因为语言并没有难易之分,孩子都是第一次听到。所以,作为父母的你可大胆使用现代科学语言,对于孩子来说,"遥控电视"、"电脑"、"宇宙飞船"和"长矛"、"大刀"、"皇帝"、"衙门"等词语都是在一个水平线上的。

3.利用丰富的生活内容

语言的源泉来自丰富的生活内容。所以，你不妨多带孩子到大自然中去，到工厂、农村、学校去，多带他参观、旅游、上街、购物、串门、待客、游戏和观察。有了这些丰富的生活内容，孩子才会有认识的对象和内心的感受，才会有语言的素材和表达的机会。

当然，即使有了丰富的生活背景，你还需要注意引导的方法。比如：去参观海洋馆以前，你可以告诉孩子在海洋馆里有哪些海洋动物，应该观察些什么，回来时请他讲出来。这样在参观过程中，孩子的兴趣就会浓厚，因为他是带着任务和目的去的，所以他会仔细观察、认真听讲解，还不断地提问。由此，孩子的观察、思维、记忆和表达能力都会得到锻炼和提高。

四、多说故事、儿歌、谜语

故事、儿歌、谜语，最符合婴幼儿具体形象思维的特点，因而受孩子的欢迎。这些形式，不仅能给孩子规范化语言的影响，还能有效地发展他们连贯的独白语言。这些活动最好是从婴儿时期开始，甚至可延伸到胎教中。

1.多听故事，作文好、逻辑思维性强

曾有一位心理学家对100名初中生作了调查，结果发现：其中作文成绩好、思维逻辑性强的学生，绝大多数家中有一个会讲故事的父母；反之，作文成绩差、思维逻辑性弱的学生，在早期则很少听故事。

因此故事的作用不可小看。这是因为婴幼儿时期正是大脑和脑神经细胞急剧发展的时期，故事中的人物形象（动物也是拟人化了的人物）、情节和语汇能迅速地被婴幼儿的大脑接受或储存，并进一步刺激其大脑皮层的增长。德国的歌德，俄国的高尔基、普希金等文学大师，就是在这种熏陶中培养出来的。

2.多念儿歌，规范语言、激发求知欲

儿歌、谜语合辙押韵，朗朗上口，孩子们特别喜欢读、喜欢背，久而久之就变成了自己的语言。当孩子猜到"麻屋子、红帐子，里面睡个白胖子"是花生时，就会开心大笑，激起他认识事物的兴趣。

TIPS：心理学研究表明：对于好的儿歌，脍炙人口的故事，要让孩子反复念、反复背，这是发展孩子规范语言的一条捷径，如果这些语言能逐渐内化成孩子的独白语言，他就能受用一辈子。

五、尊重孩子，多给他说话的机会

要让孩子说话仪态大方、毫无拘束、口齿伶俐、声音洪亮，即使在大庭广众之下，也不胆怯，能自然表达自己的见解，你就要采取积极鼓励的态度，给孩子提供自由和大胆说话的机会。最重要的是要让他与成人保持平等地位，自由地表达。

1.少限制，多鼓励

孩子的语言中难免会流露出天真、幼稚，甚至是错话，这时你千万不要羞辱他，更不要嘲笑他，伤害他的自尊心、自信心。在日常生活中，你应把"不许说话"限制在最小的范围内，如只限制在睡觉、吃东西时，其他时间不应过多限制孩子自由说话。相反，应创造条件，鼓励他交流的愿望，使其多听、多说、多实践，以积累他们在不同情景中的交流经验。

TIPS：请注意切忌在孩子说话时漫不经心。你要真正把孩子当作"忘年交"，尊重他的人格，即不压抑，也不取笑，与孩子说话时要认真倾听、回答。

4 练习，过"3 关"

——游戏构建数学逻辑智能

数学逻辑智能是现代人不可或缺的一种重要智能。钱学森曾在他的《大成智慧学》一书里指出：21 世纪的年轻人，如果缺乏数理分析能力，严格地讲，将难以生存。可见，数学逻辑能力的重要性。

我们传统的教育观念认为，婴儿时期可以不必考虑这个方面的智能训练。但随着早期教育的深入发展和亲子教育的逐步普及，越来越多的研究和实践证明：1 岁 10 个月左右是婴幼儿掌握数的初级概念的关键期。2 岁半左右是婴幼儿计数能力发展的关键期。5 岁左右是幼儿掌握数学概念，进行抽象运算以及综合数学能力开始形成的关键期。因此，适时地利用关键期，发展、构建婴幼儿的数学逻辑智能不容忽视。

一、4步练习少不了

对于 9～12 个月的婴儿来说，你就可以帮助他逐渐构建基础的数学逻辑能力了。以下的 4 步训练是不可少的：

第 1 步　对物体大小的认知训练

你可以准备两个球，一个是大一点的皮球，一个是乒乓球。你可以拍拍小皮球，以引起宝宝的注意，然后把这只小皮球滚给宝宝,并要求他把球滚回来,然后你再把乒乓球拿出来给宝宝玩。通过扔一扔、拍一拍、滚一滚,宝宝可感知到不同质地的球。最重要的是,你要让宝宝感知这些球的大小,并用语言反复地说:"看,这个皮球大些,乒乓球小些。"由此来帮助宝宝建立对大小的初步认识。

第2步　对物件多少的认知训练

让宝宝认识多少,你可以通过以下类似的游戏来进行:拿出两块小手帕,在宝宝面前展开,在一块手帕上放 3 颗糖,另一块上放 1 颗糖,然后你观察宝宝去抓哪块手帕。无论他是抓 1 颗糖的那块手帕,还是 3 颗糖的那块手帕,你都可以不失时机地告诉他,这 3 颗糖多些,而那 1 颗糖少些。

第3步　对物件顺序的认知训练

以下这个游戏是一个简单地对物件顺序的认知训练:你可以用几根饮料吸管做玩具,第一根保持原长,第二根剪短一点,第三根剪得更短一些,然后将 3 根吸管按长短不同排列成梯状,放在桌子上或地上,让宝宝来玩,这个游戏将有利于他产生一种对条理性的感性认识。

第4步　1～10数字的发音练习

也许你的孩子已经会说话,或许还不会,这都没有关系,只要你有空,你就可以反复地把 1 到 10 这 10 个数字依次念出来,让他感受一下数字的乐趣。当然,最好是将数字和实物结合起来,比如带孩子下楼梯,一边下台阶一边念"一、二、三、四……";带宝宝散步时,可以边走边数路边的树木和车子。

TIPS:如果家里有很多可以数数的物品,都不妨用来教孩子。

二、过"3关",构建数学逻辑智能

研究表明:婴幼儿时期需要完成对数学逻辑智能的初步构建。那么,怎样才算是完成了这个构建呢?那就需要引导孩子"过 3 关"。

第1关　让孩子理解数与物的对应关系

"数"与"物"的对应关系,其实就是每一个数字必须数到实处,比如:3,代表 3 个苹果;4,代表 4 个梨子,等等。

　　顺便提醒一下父母:世界上没有任何一个孩子的数学逻辑智能是先天就有的,它一般都是后天培养、训练的结果。所以,你可以有意识地把"数"和"物"对应起来,比如平时你可以问宝宝:"宝宝,你今天穿了几件衣服?"孩子可能会说:"妈妈,让我数一数。"他数完以后说:"妈妈,今天我穿了 3 件衣服。"注意,这里的"3"是"数","衣服"是"物",这就很好地对应起来了。

小提醒

　　不要以为这一关很好过,有一次,我在测试中发现一个问题。有个小男孩,我让他数 13 个纽扣,他用口数的时候,手同时指着对应的纽扣,很快就数完了,很得意地看着我。我就问他:"一共有几颗纽扣?"他傻眼了,蹦出 3 个字"不——知——道!"显然,这个孩子会用口手一致的方法数数,可是却不知道最后一个数就是代表所有物体的总数。

　　第 2 关　理解数的逻辑关系

　　数的逻辑关系与人类的逻辑认识是一致的。比如:有大小关系,A 大于 B,B 大于 C,那么结论肯定是 A 大于 C。又如:7 和 5,谁大? 5 和 3,谁大? 如果你平时在日常生活中有意识地教孩子,他就会很快理解一些简单的逻辑关系。

　　同时,还有序列关系。比如,第一和第二、第三的关系,也是可以通过游戏来建构的。

　　第 3 关　理解数的分合关系

　　稍大一点的孩子就开始让他理解数是可以分解的,也是可以组合的。比如说 10,它可以分解成为 1 和 9、2 和 8、3 和 7,等等。反过来,1 和 9、2 和 8、3 和 7 也可以组合成 10。这种分解和组合的关系,说到底,就是运算。不要以为这种运算能力不重要。运算时,幼儿的大脑处于高效率的运转过程中。心理学家皮亚杰认为:运算反映的是幼儿复杂的心理状态。

　　如何培养孩子的这种能力,也是早期教育的一个重要课题。

但总的来说，一定要注意把这种能力放在一个又一个有趣的游戏中进行。比如说：这里有 5 个气球，把它们分给两个小朋友，有几种分法？在这个游戏中，宝宝在分时，你可以在旁指导。这可以帮助孩子在实际分气球的活动中领悟：5 可以分解为 4 和 1、1 和 4、3 和 2、2 和 3。

TIPS：通过对时钟的认识，算盘珠的认识，并和孩子利用围棋子和纽扣来玩数学游戏，都是不错的方法。但要注意，游戏时不要强迫孩子，更不要急于帮孩子纠正错误，游戏本身对孩子来说，是一种快乐的体验。只要他每次有进步，就可以了。

4 步带孩子走出"生活都市化"阴影

　　人最重要的属性是社会学意义上的属性，也就是说，人是社会性的人。一个健康的人必须适应人类社会，婴幼儿也不例外。所以我们千万不能以"牺牲幼儿的社会性"为代价，关起门来搞智力开发。否则，其后果是严重的。

一、与人交往是本能

　　与其他人交往是人类生存、成长的本能。婴儿一生下来就会与其他人发生联系。

　　你看，几个月的婴儿看到任何人都会情不自禁地用手抓拽，嘴里嘟嘟嚷嚷地说些什么，这是他主动与外界发生联系的本能需求。在医院里的新生儿科，当一个婴儿哭啼时，旁边的几个婴儿也立即"声援"响应，就是个典型的例子。有的新生儿甚至二十多天就能发出"社会性微笑"，来激发他人的好感。

　　6个月时，婴儿与养护者建立了依赖的关系，他能区分出是养护他的人还是陌生人。他会用哭闹来迫使母亲等养护者回到他身边。

　　2岁的幼儿开始愿意到邻居或亲友家中做客，并愿意亲近陌生人，不再像6个月时对陌生人那么恐惧。

当孩子身体动作越来越大，能自主走、跑时，他扩大了视野。这时一种强烈的基于本能的需求产生了：他开始有了自我表现的欲望，渴求有伙伴关系。当然，3岁前婴幼儿之间的言语交往不太成功，他们几乎都在各说各的话，但他们用诸如撞、挤、拉甚至于打等动作或行为，作为一种人际交往的方式。

二、4步，助孩子走出"生活都市化"

记得我们小时候，邻里之间关系好、不关门，小朋友快乐交往，满世界跑，有玩沙、玩泥巴、打弹珠、抽陀螺、跳房子等层出不穷的玩法。而如今大都是三口之家，大白天都关门，关的还是防盗门。家里来人，要按一下门铃，大人往往得通过"猫眼"看看是否是熟人，才决定是否开门。如今的孩子生活在狭小的居室内，缺乏应有的感官刺激，缺乏应有的伙伴关系。这种新的生活方式，我把它叫做"幼儿生活都市化"。这些生活都市化的孩子会出现诸多的心理问题。

因此，专家们呼吁：父母要把孩子从狭小的空间中解放出来，要让他交朋友，扩大他的视野，丰富他的生活。

第1步　走出家门

父母都希望自己的宝宝在交往能力方面有好的表现，但如果环境的熏陶有以上所提到的情况，且不加以改善，那么宝宝发展好的交往能力也是困难的。

因此，提升孩子人际交往的第一要义就是要让孩子走出家门，到周围去寻找伙伴，鼓励婴幼儿与他人交往，尤其是与年龄相仿的伙伴交往，因为一个人总是要在同龄人中才能找到自己的价值。

第2步　学会分享

在亲子教育中，我们常常发现：独生子女家庭的孩子很不善于与别的小朋友分享。开始上亲子课时，孩子们往往各玩各的，互不合作，这种游戏叫"平行游戏"。这时父母的任务，不是指导他如何玩，而是指导他学会与别的孩子一起玩或轮流玩，鼓励他把自己的玩具与其他小朋友的玩具交换，变"平行游戏"为"合作游戏"。

第3步　学会主动

这就需父母发挥"榜样诱导"的作用，给孩子示范一些他们在这个年龄段应有的交往技巧。比如，两三岁的幼儿更多的是用动作，而非语言来进行沟通。此外，父母不妨创造机会让孩子带着有吸引力的玩具，走到其他小朋友身边，同时说出双方的名字，加之以友好的动作，久而久之，孩子的互动就会融洽起来了。

第4步　尊重孩子的行动权，不"过度保护"

当孩子与其他小朋友玩得高兴时，父母不必过于管束。因为这不利于孩子交往能力的发挥，而让孩子学会自己管理自己才是最重要的。因为亲子游戏中，施权者不是主体，孩子才是主体。

举个例子来说：你的孩子和别人争抢玩具，这时你会如何处理呢？

A. 帮助孩子一起争玩具。

B. 告诉孩子不要争，将玩具给对方。

C. 只当没看见，由孩子去。

选择 A 的父母，抱着保护自己孩子的初衷，不想让孩子吃亏，但这样做不见得能解决问题。而且过于袒护的行为，往往会引起孩子以自我为中心的意识的强化和膨胀，缺乏是非感，这样反而从客观上降低了幼儿的交往能力。选择 B 的父母，往往受传统教育思想的影响，提倡"温良、恭敬、谦让"，可是孩子的情绪不太容易平复，也不利于孩子交往能力的提升。

这时该怎么做呢？我的建议是不妨不干涉孩子之间的争斗，采用 C 的做法，让孩子自己处理自己的问题。因为幼儿的交往冲突是十分自然的，幼儿通过争夺玩具、相互追跑、扭打了解其他孩子或了解物我关系，便于他能更早地、客观、独立地提出问题。

三、亲子互动3注意

为提升孩子人际交往能力，父母与孩子的交往必须要做到以下 3 点：

①仔细倾听孩子的诉求，切不能漫不经心，心不在焉。这样孩子会以为他的话不重要，以后就懒得用语言与你表达和沟通。

②认真回答孩子的问题。最好以平等的身份，就像大人与大人之间的交往那样进行，孩子可迅速领悟人际交往的要领。与此相反，限制和压抑孩子的提问，往往会降低孩子的人际交往沟通

的信心和能力。

　　③一旦孩子在人际交往中闹笑话时，千万不要当众耻笑或斥责，否则孩子将很可能发展出内向、孤僻和不合群的个性。因为孩子的自尊心很强，一次不小心的讥笑往往会对他幼小的心灵产生极大的影响。这种例子很多，父母不得不慎。

　　卡耐基曾在《人性的弱点》一书中写道："一个人的成功，80％靠的是人际交往能力，20％才是他的专业知识。"可见，人际交往能力对人的重要性。因此，提醒各位父母：幼儿人际交往能力的培养不容忽视。

第7课

让宝宝玩出空间智能

　　所谓空间智能，就是指准确地感觉视觉空间，并把所知觉到的表现出来的能力。在婴幼儿时期，需要让孩子形成对物体形状的认知，进而使他形成与形状有关的"空间关系"的认知，这些关系包括大小、上下、前后、左右、内外、远近等空间概念。

　　空间智能培养的关键期是在幼儿时期。父母若有这种意识，并能在生活中加以引导，就能让孩子随时随地练习和提升。比如，去公园时，一进大门，你就可以问孩子一些问题："宝宝，你看这两棵大树，哪棵树高一些？哪棵树离我们近一些呢？""是爸爸牵着你的右手，还是妈妈牵着你的右手？"，等等。久而久之，孩子的"空间概念"在耳濡目染中就形成了。

　　下面，我向大家推荐几个提升空间智能的游戏，你和孩子不妨试试看。

　　1.绕过障碍（适合1～2岁）

　　你站在孩子能走到的最远处（先估计一下孩子能走多远），然后在你和孩子中间放一把椅子或别的障碍物。你拍手对孩子说："宝宝，上妈妈这里来！"当孩子走到椅子前面时，往往会停留并犹豫，这时，你不妨耐心地等待一下。当然，你也可以示意孩子绕着走。如果孩子仍然裹足不前，你可以拉着孩子的手，帮助他绕过椅子。此游戏可重复玩几次。

2.踩方块(适合1～2岁)

这个游戏利用到家里地上的方块瓷砖或地板,你也可以根据情况画出一些大小不同的方块,让孩子学着你的动作去踩方块,例如:"我踩一个大方块,你踩一个小方块。"这样就能帮助孩子对基本形状有一定的感性认识。

3.高低不同的瓶子(适合2～3岁)

在家里找出各种各样的瓶子,让孩子将其由高到低、由低到高地进行排列。游戏中,你可帮助孩子一起来完成,并提醒孩子先观察瓶子的高矮,再决定如何排列。这个游戏同时也锻炼了孩子解决问题的能力。

4.搭积木(适合2～3岁)

利用积木搭建筑物,是最能训练孩子的空间智能的,同时又能很好地发挥孩子的想象力和创造力。

孩子所堆的积木建筑物的质量,与他在这方面形成的空间概念是否深刻有关。你可以有意识地去引导孩子仔细观察,让孩子了解各种所搭建筑物的形状,并能区分几种基本的几何形状,例如:尖顶房子的几何结构是由一个三角形(上方)和一个正方形(下方)构成的。

5.走迷宫(适合2～3岁)

一些简单的迷宫,你应该经常引导孩子玩。当孩子走到盲道时,你可以反复说:"看,这条路走不通,对不对?注意! 不要走走不通的路!"

实践证明,绝大多数孩子都对走迷宫十分感兴趣,而走迷宫又是提升空间智能的有效方法。

6.七巧板(适合3岁)

七巧板是中国的传统玩具,是由七块几何图形组成,它包括两个大的三角形片,一个中三角形片,两个小三角形片,一个正方形片和一个平行四边形片,而这七块图形又能拼出一个大正方形。

让3岁前的孩子玩七巧板,主要目的是让他们熟悉七巧板的图形片,了解各片的形状名称,并在此基础上拼出简单的图形。

TIPS：七巧板自古以来深受孩子和大人的喜爱，人们能用这块小板拼出上百种图案，这对于发展孩子的空间想象力，真是功不可没！

小提醒：不要忽视孩子的空间表述能力

不知道你注意了没有？上文中所介绍的游戏，基本上是符合空间智能定义的第一句话，即"准确地感觉视觉空间的能力"。而第二句话"把所知觉到的表现出来"却没有涉及，是什么意思呢？其实质是"准确地表述空间的能力"。这第二句话的内容，应是3岁以后的任务了，这里不妨也介绍一下。

孩子通过第一阶段，即"准确地感觉视觉空间"，这并不能说明他已经具备了良好的空间智能，还应该用语言准确地表述出来。

比方说，你可以这样来引导孩子："请你从这个正方形的右下角向左上角画一条直线。"当你说这话的时候，你的手不用比、指点，而是单纯用语言去说明。如果你发现你的孩子能准确地画出这个对角线（如图）时，

我可以告诉你，你的孩子已经进入第二阶段了。

你若是先画出这条对角线，并让孩子用语言来表述，如果他能说："刚才你是从正方形的右下角向左上角画出一条直线。"那么，我衷心地祝贺你：你孩子的空间智能真是太棒了！

让孩子"动"起来

——宝宝最爱的8个运动游戏

　　曾经有位家长对我说："我那孩子真乖，那天上午我在家洗衣服，我跟他说坐在床上不许乱动。嘿！他一上午不动，也不哭不闹，多乖呀！"我连忙回答说："赶快送医院去检查。"因为我觉得一动也不动的孩子肯定有问题，至少是主动性发展较迟的孩子。

　　也有不少家长向我咨询同一个问题：孩子一天到晚翻箱倒柜，不得安宁，烦死人了，他是不是有多动症？

　　多动症，也叫 MBD 综合征，的确是一种心理疾病。但 0～3 岁阶段的孩子几乎可以不考虑这个问题，因为 0～3 岁的孩子其神经系统发育尚处于稚嫩阶段，请不要轻率地给他扣上"帽子"。需要向大家强调一点的是：多动症的主要表现并不是"动"，而是表现为注意力分散、行为的盲目性和情绪的极不稳定性。

一、幼儿要会"动"

　　"动"是孩子的天性，孩子要"动"。但是这个"动"，应在家长的指导下，有针对性和目的性。"动"，不仅能使孩子体格健壮，动作敏捷、协调，反应快，而且身体运动本身就是人的智能的组成部分，我们从加德纳的多元智能理论里就能得到肯定的答案。

二、幼儿身体运动的2大特征

特征1　不能忍受枯燥单调的体育活动

幼儿身体运动和成年人的身体运动一个显著的区别就是幼儿不能容忍枯燥和单调的体育训练,因为它不能满足幼儿内在的需求。换言之,幼儿觉得"不好玩"。不好玩的事情他才不干呢。你也无法给他讲道理,运动有多少好处和意义,因为他不懂。所以,幼儿的身体运动、智能开发,应该是能够引起他们的兴趣的,将摸、爬、滚、打、跳等动作寓于一个又一个好玩的游戏之中。

特征2　与幼儿的年龄相称

幼儿的身体运动还应遵循一个原则,即相称的原则。这个原则要求给幼儿设计的体育性游戏,其难度应该与该幼儿的年龄相称。

设计得成功的游戏,其难度应与孩子已掌握的水平有一定的差距,即经过努力,孩子是可以做的游戏,这就好比孩子踮起脚、费点劲就可以摘到桃子一样。下面的两种设计将是失败的设计:一种是太难,就好比孩子跳起来都摘不到那只桃子,这样孩子会为难、沮丧,从而变成一个旁观者;另一种是太容易,孩子无需努力,就随手摘到这只桃子,他会觉得乏味、没劲,从而怠慢它。

三、宝宝乐此不疲的8个运动游戏

以下,向你推荐几种不同年龄段的体育性游戏,孩子一定会乐此不疲的。

①新生儿的游戏:踏步反射

扶住新生儿的腋下,新生儿自然会向前踏步。这是一种原始的踏步反射,一般在出生后2个月左右消失。因此让新生儿踏步,可以锻炼他下肢运动的功能,延长反射的持续时间,对新生儿今后学步会有帮助。在这个游戏中,你可用彩色响铃在前面逗引。

TIPS:这个游戏床面要求稍硬,扶行时只能稍稍前倾宝宝的上身,诱发踏步反射。

②5个月的游戏:爬

爬行是婴儿运动发育的重要阶段，这个阶段不能省，我们要求婴儿"爬得早、爬得好、爬得长（时间长）"。5 个月时的这个游戏，是为爬行做准备，而不是严格意义的"爬"。

游戏的方法是：婴儿俯卧位，用手和腹部支撑上身，你用鲜艳、悦耳的活动玩具在婴儿前方逗引，当婴儿向后蹬足时，你用手掌抵住婴儿的两足，使婴儿可向前移行。

此时的爬行只是腹爬，"爬得好"是要求四肢爬。四肢交替地爬行训练放在 2 个月后进行。那时只需用毛巾将其腹部兜起悬空，再辅助他四肢交替，即可获得正确的爬行技能。

日后还可慢慢训练他爬行能拐弯，爬行过"山洞"等动作。

③11 个月的游戏：推球

向墙推球：也就是你与婴儿一前一后的面向墙壁坐着。你把排球向墙面推，使球反弹回来，让婴儿接住。鼓励他也把球向墙推，要求是推得正，使皮球从正面弹回。鼓励宝宝反复地玩。

互相推球：你与婴儿面对面坐着，相距一米远，你把球推给婴儿，并说："球来啦，接住！"当孩子拿到球时，又说："把球推给我！"多次反复地玩。

这个游戏可锻炼婴儿的上肢运动功能和抓握功能。

④14 个月的游戏：滑滑梯

让幼儿爬上几级不太高的矮滑梯台阶，然后手扶两边，从滑梯上面滑下来。开始时，你可以给予扶持，并不时鼓励、称赞他，然后可以试着让孩子独立去完成，当然，你始终要注意孩子的安全保护。这个游戏不仅可以锻炼孩子的手脚以及全身的动作协调和平衡功能，而且有助于培养他坚强的意志力和勇敢精神。

⑤22 个月的游戏：过独木桥

在地上画两条间距为 10 厘米的平行线，你和孩子一前一后，在两线之间行走，不得踩线。然后找一块 10 厘米宽的长木板，两端各垫上一块砖头，当做平衡木，让孩子在上面行走。这个游戏可以锻炼幼儿身体的平衡力，使他形成空间感知能力。

⑥27 个月的游戏：骑摇马

将孩子扶上摇马，坐稳后，你先是帮助孩子前后摇动，然后再鼓励孩子自己用身体的力量去操纵。骑摇马是一种促进孩子前庭系统发育、帮助感官和前庭系统相结合的最有效的活动。

⑦35 个月的游戏：抛沙包

用布缝一个小袋，内装豆子或沙子。你向宝宝示范投掷沙包，并要求他屈肘、手过肩向前抛出。最好在离孩子 3 米远处画一条线，要求孩子将沙包抛过这条线。

TIPS：如果在 3 米远处放一个大筐或纸箱，要求孩子将沙包扔入筐内，则更能激起他的兴趣。

⑧36 个月的游戏：避开障碍物

在幼儿面前放一个废纸篓，要求他绕过纸篓跑步。然后，你再在他跑的路上放一个横躺的大纸箱作为"城门洞"和一根竖立的竹竿。你要求孩子先跑，然后钻过"城门洞"，绕过竹竿，再跑回来，注意钻洞时，他的头不能碰到纸箱，绕竹竿时人也不能碰到竹竿。

小提醒

幼儿在开始能跑步时一般习惯一直向前跑，当发现障碍物需要避开或改变姿势时，这时需要孩子对距离、大小以及相关情况迅速作出判断，大人可能以为容易，但对 3 岁的孩子来说，做到上述的要求已经是不小的进步了。

第
9课

把握 3 原则，让孩子学会认识自己

把自我认识当成是人的一项智能，是哈佛大学著名心理学博士霍华德·加德纳的一个创见。一般也叫"内省智能"，就是人对自己有一个清醒的、恰到好处的自我评估（潜意识的）。

"内省智能"往往是和"人际交往智能"密不可分的。比如说，婴幼儿在生活和游戏中会获得一些经验。婴幼儿通过游戏扮演种种不同的社会角色，体验不同角色在不同场合的感情，不仅学会了解自己，而且学会如何使自己去适应别人，同时还开始学习把自己的行为与别人的行为相比较。甚至，在成人的帮助下，他还可学会简单地评价别的儿童的行为和自己的行为。

作为父母，如何在日常生活中提升婴幼儿的内省智能呢？根据婴幼儿阶段自我评价的特点，建议你把握好以下 3 个原则。

一、赏识和鼓励孩子

由于认知水平的限制，以及对成人权威的尊重和服从，幼儿往往把成人对自己的评价就当作自己的评价，所以他们潜意识里的自我意象基本上是大人对他们的评价的简单重复。因此你对孩子的评价，直接决定了孩子对自己的评价。

同时，值得引起父母注意的是，人的大脑内有一个叫"奖赏系统"的地方。实践证明，刺激和调动"奖赏系统"，人会产生内驱力，即动力；相反，"奖赏系统"封闭，人则会自卑，缺乏内驱力，情绪低落。

因此，在日常生活中，父母一定要贯彻鼓励性原则，即赏识教育，多给孩子积极的暗示，这对提升孩子的自信心，是一剂良方！

一般来说，我们对成人表示赞许，往往是因为这个人表现出色才表扬，但这个尺度不适用于幼儿。成人是干好了才表扬，而孩子则是干了就表扬。

比如说，孩子画了一只鸟。他画完了，你最好对他说："孩子，你画得真棒！"这是为什么呢？因为这么小的年纪，你让孩子画得多好，才算好呢？所以他画了，就是好！你这么夸了孩子，孩子的自我意象就会呈现良好的状态。他会在心里想："我不错，我是个好孩子，爸爸妈妈都夸我。下次我要做得更好！"这样的孩子好教。因为他自信心十足，他有一种生机勃勃的内驱力。相反，如果你埋怨孩子，给他贴上"笨"、"没出息"等标签。孩子也会有他的自我评估，久而久之，他就会产生出这样的心理认同："我傻，我笨，我没出息，爸爸昨天告诉我，说我今后长大了只能拖板车。"这样的孩子，能教好吗？

因此，提升孩子自我认识的第一要义就是：赏识孩子，常常鼓励他。

二、重视孩子的细节

幼儿自我评价的另一个特点，就是集中在自我的外部行为表现，还不会评价自己的内心活动和个性品质。因此，幼儿只会对某个具体行为作出评价。比如，你问他"为什么你是好孩子"时，他只会说"我不骂人"、"我会自己穿衣服"、"我打针时不哭"，等等。由此可见，在教育孩子的过程中，细节必须引起父母的高度重视，因为细节出效果。

对孩子的每一个生活或行为细节，父母都要注意规范化，这是一种严格意义上的养成教育，即养成他良好的生活习惯和良好的学习习惯。这对增进和改善孩子的自我认识有着不可估量的作用。良好的习惯要从一开始养成。

所谓"习惯"，是一个人稳定的行为方式，也叫"动力定型"。一旦定型，就很难改正过来。有良好生活习惯的孩子，自尊、自信、自我意识好，而那些有不良习惯的孩子，往往"娇气十足"，表现出个性品质的不良倾向。

细节出效果，就是从孩子的每一个具体行为做起，而不是急于从整体上去提升孩子的抽象人格要素。时间久了，你会发现：每一个具体行为规范化了，孩子的整体素质和自我认识自然就提高了。

三、孩子"骄傲"一点也无妨

幼儿的自我评价往往带有主观的感情色彩，对权威（父母）的评价以及对自己的评价（与同伴相比较）总是偏高。另外，幼儿的自我评价很不稳定，时高时低，受外界影响很大。

幼儿的自我评价偏高，我认为这是件好事。我不赞成在幼儿时期，着意培养孩子的谦虚精神。（当然，长大成人后，要学会谦虚。）我觉得幼儿时期，孩子应自信，有自豪感，这对他日后健康人格的形成很有好处。当然，随着年龄的增长，幼儿自我实践的积累，以及与同伴、成人的交流和互动，幼儿的自我认识水平会逐渐提高，会变得较为独立、客观、多面和深入。那是后话了，但在初始阶段，幼儿"骄傲"一点也无妨，父母无须去调整。

另外，需要强调的是，良好的亲子关系对于提升孩子的内省智能起着举足轻重的作用。想要让孩子自信心强、底气十足、有动力、朝气蓬勃、自我意识好，必须营造以下的亲子关系。

首先，要给孩子最大的安慰、温暖和快乐，使孩子感到父母是他强大的后盾。他的一切幸福都能从父母那里得到。

其次，要给孩子好的理想、期待和目标，使孩子感受到父母的信任和支持。这样他才会有强烈的上进心和求知欲。

第 **10**课

观察、观察、再观察
——适时引导、培养孩子的观察力

"观察、观察、再观察！"这句话是俄国著名科学家巴甫洛夫给他学生留下的遗言。因为他认为，观察是获得智能和知识的首要步骤。

著名生物学家达尔文曾对自己之所以能取得成就作出这样的评价："我既没有突出的理解力，也没有过人的机智，只是在察觉那些稍纵即逝的事物，并对其进行精细观察的能力上，我可能在众人之上。"

由此可见，观察力是智慧活动的源泉。从小培养孩子的观察能力，对孩子将来的学习和成长，有着不可低估的作用。因此，适时的培养和引导尤为重要。

一、了解孩子观察的特点

幼儿观察事物一般有以下 5 大特点。

①只对那些色彩鲜艳、形象新奇有趣、会动、有声的事物感兴趣，如：蚂蚁、甲虫等昆虫或小动物。

②其观察的目的性很差，总是东张西望，大多是不随意观察（即无意识的观察），所以需要父母引导和参与。

③在观察过程中喜欢伴随着动作。

④观察活动不易持久。

⑤比较两个物体时，不能区分本质特征。比如他看到医生穿白大褂，如果一个穿白大褂的炊事员走来，他会以为是打针的医生来了而大哭。

二、引导孩子观察的5大原则

1.抓住机会适时引导

幼儿的观察常常是自发的，比如在日常生活中，在散步、游戏或者在照顾动植物时，由于好奇心而产生自发、主动的观察。当父母遇到这种难得的机会时，应及时加以指导，把孩子这种主动求知探索的行为，发展成他的经常性活动。同时，积极创设条件，提供观察的对象，引起幼儿观察的兴趣和愿望。总之，父母只要当好协助者和推动者，孩子的观察兴趣就会提高。

引导方法：

①经常带些新鲜和有趣的物体给幼儿看。

②把孩子带到户外，在接触大自然的过程中帮他制作标本。

③让幼儿喂养或种植他所搜集或买来的动植物，并帮助他将所搜集到的石头、种子盛放在各种瓶子、盆子或盒子里，等等。

2.在观察活动中发展语言能力

观察活动，既是引导幼儿认识事物的过程，也是促进幼儿语言发展的过程。因为幼儿在观察过程中，要逐步了解观察对象的名称、外形特征、用途、与人的关系，等等。

那么事物的这些特征是以什么形式传递到幼儿头脑中去的呢？是以语言的形式。这是一种极好的左脑概念输入和右脑形象记忆相结合的学习典范。因此，在观察时，成人通过语言可促进幼儿的记忆力和观察力同时都得到提升。

引导方法：

①说一些有难度的词汇。

我建议父母利用观察活动教孩子一些他过去不掌握的词汇。比如，在观察小鸡时，可以说"毛茸茸"、"啄"等词语；在观察春天时，可以说"暖和"、"渐渐"、"融化"、"微风"、"发芽"、"花苞"等词语。请不要低估孩子的语言理解能力，这些词语他虽然是第一次听到，但是对他来说，"欣赏"音乐和"听"音乐其实是在同一个水平线上的，不存在前者比后者难一些的问题。

②词语和句子要准确、生动、规范化。

父母在引导孩子观察事物时，所使用的句子和词汇，要尽量丰富、生动、准确、优美、形象。其中规范化是第一要义，要用正确的语言，如：蟋蟀，就不要叫"蛐蛐"；蚯蚓，就不要说成"曲蟮"，等等。

③针对具体问题提问。

向幼儿提问时，应注意尽量用具体的问题提问。如："大公鸡头上长着什么？""是什么颜色？""你说是红的，那是大红，是紫红，还是粉红？"这些具体的问题可以引导他观察具体的事物。如果只是笼统地问："大公鸡长得怎么样呀？"这种概括性的问题，孩子是不太好回答的。

3. 观察中综合调动多种感官

观察活动中，要充分发挥幼儿各种感官的作用。也就是不仅要让孩子使用视觉器官——眼，还要使用听、嗅、味、触等感官。即能听的要给幼儿听一听，能闻的要闻一闻，能摸的一定要摸一摸，能尝的则要尝一尝。这种对感官的训练，可以加深孩子对观察对象的印象，获得清晰正确的概念。

例如：观察金橘，可以让幼儿观察一株完整的金橘树。它既有绿色的叶子，也有结出的果实金橘。你可以引导孩子先看植株的外形和颜色，然后再看金橘，并让幼儿摸一摸，闻一闻，甚至可以让他咬一口，尝尝味道。

通过这些综合性的考察，孩子会对金橘有一个很深刻、完整的印象。而且通过多种感官的学习，可以使幼儿的观察兴趣盎然，不至于单调、乏味。

4. 观察真实的事物

提供给孩子真实的观察活动，能使之获得真切的感受和体验。所以请父母尽量不要用虚幻的或模型去代替实物观察。比如，观察水果，当然是真水果好，而不是用蜡制品代替；能看到活生生的海豚，就不必看模型了。

5. 在比较中欣赏

引导幼儿观察两种或两种以上的物体，并进行比较，让孩子找到它们之间的异同。这种观察形式叫做比较性观察，很受孩子欢迎。比如：搪瓷制品与玻璃制品比较，鸡和鸭比较，公共汽车与卡车比较,等等。这种观察是在认识个别物体的基础上进行的,它能更好地培养幼儿分析问题的能力,使观察更加精细化、具体化。

比如:到动物园看动物,父母可以运用语言具体地(一定不要用概括性的语言)描述长颈鹿和梅花鹿的不同。你可以说:"你看,长颈鹿的犄角和梅花鹿不一样,长颈鹿的角是短的、直的、顶端有茸毛,而梅花鹿的犄角很像树杈。"

引导方法:

在引导孩子进行比较时,要让他先找不同点,再找相同点。因为找相同点相对难一些。

它不仅需要概括能力,还需要注意比较两个物体相对应的部分,比如这个动物的头和那个动物的头相比。

训练 3 岁以上孩子进行长期性系统观察

长期性系统观察,是指在较长时间内,连续对同一种物体或现象的发展变化进行观察。这要到孩子 3 岁以后才能进行,比如观察牵牛花的生长过程,观察蝌蚪变成青蛙的过程。这种观察活动是培养科学家、发明家的基础。当孩子大一点以后,还可以指导孩子做观察记录、写观察日记,并附上画表和摄影、绘画作品。

总之,孩子的观察活动是多种多样的,观察能力是幼儿智能的基础。孩子多观察、多思考,才能成为爱动脑、好奇求知、思维敏捷的人。

第

11课

音乐，打开宝宝的灵性之门

胎儿是伴随着母亲的心跳声长大的，母亲的心跳、呼吸节律可以说是他最早的音乐启蒙。由此可见，人与生俱来就拥有音乐的天赋，因而每个人都可以发展出音乐智能。

音乐智能是指觉察、辨别、表现、表达和创造音乐的能力。婴幼儿时期，对音乐能力的发展具有决定性的作用，可以说是音乐智能的奠基时期。有的人长大成人后，唱起歌来五音不全，跳起舞来老踩别人的脚。究其原因，主要是在婴幼儿早期，没有奠定良好的音乐基础。为此，哈佛大学著名心理学家加德纳教授，把音乐也作为八大智能中的一种智能明确提出来。

如何建构音乐智能呢？初始阶段，其实就是简单的两个字——聆听。

一、婴幼儿的聆听优势

音乐是一种聆听的"语言"，这其中包括对音高、节奏、音强和音色的敏感性。成年人由于长期受尘世间的噪音干扰，其听觉的敏感度已经大大降低了，而婴幼儿则不同。由于进化遗传优势，他处于"绝对音感"阶段，即他能把听到的音乐整个地、不加分析地、清晰地印刻到大脑皮层，产生痕迹，形成印记。因此，抓住这个有利时机，非常重要。

二、听音乐，不听噪音

有些家长会问：孩子听音乐真的有作用吗？答案是肯定的。因为当婴幼儿醒着的时候（包括半醒半睡的状态），他的听觉是打开的。如果他听不到音乐，那么，他就可能听到汽车的噪音、厨房的说话声、吵架声，这些声音同样会进入孩子的大脑，产生痕迹。显而易见，这些对孩子今后的影响是负面的。

三、要听就听"第一流"音乐

构建0～3岁婴幼儿的音乐智能，方法就是听音乐。这里所说的听音乐，不是像有的家长所说的随便听一听，热闹就行，反正孩子小，不懂音乐的好坏。

这是个很大的误会。正是因为孩子小，家长才马虎不得。家长必须了解：人的大脑接受外面的信息，会遵循一个原则——先入为主，即先进入大脑的信息占主导，以后同类信息将会被筛选，甚至排斥。举个例子：如果首先进入你大脑的是上海话，那么你走到天涯海角，上海话的底子是去不掉的。

先入为主的原则告诉我们，如果孩子首先听到的音乐不是第一流的作品，而是第二流、第三流，甚至是乱七八糟的东西，那么他今后就无法建立第一流的审美情操、第一流的音乐智能。古人说"取法乎上"，就是这个意思。因此，在幼儿时期，要给孩子优先输入良好的信息，避开不良信息。

那么什么是第一流的音乐呢？我认为首推欧洲的古典音乐，即莫扎特、勃拉姆斯、贝多芬、柴可夫斯基等人的作品。当然，中国优秀的古典乐曲也可以听，最好是选择那些悠扬、舒缓的作品。因为这些作品经久不衰、美妙动听、极富感染力，它不仅体现了人的内心世界，揭示人的情感状态，具有极高的美学价值，而且还能陶冶心灵、培养高尚情操，给人以鼓舞和力量。

我曾把从胎教开始的音乐教育所产生的良好效果，称为"莫扎特效应"。而且，我还大力提倡，除了要对婴幼儿进行"三浴"（日光浴、空气浴、水浴）外，还要加上第四浴——"音乐浴"。因为"音乐浴"是大脑极好的营养品。它既是灵性的启蒙，又属于美育、智育、德育的范畴。因此,家长千万不要忽视这个具有良好效果、异乎寻常的方法。

音乐教育的成功案例

　　原北京新华书店西城区会计于海亮对儿子杨光所进行的音乐教育就很有说服力。孩子还在胎儿时期,她就坚持不懈地对孩子进行音乐胎教。小杨光出生后,妈妈仍坚持对他进行音乐的听觉训练,直到上小学、中学。小杨光3岁入幼儿园后,能迅速掌握老师教的所有课程。他学习速度很快,老师说的一些道理,他学后很快就能说会用,而且他的理解力和记忆力特别好,远超过同年龄的孩子。后来他考入北京师范大学实验二小,接着又以优异的成绩考入北京师范大学附属中学这所全国闻名的学校。现在他念初三,学习成绩仍然名列前茅。

第 **12** 课

幼儿不可少的 6 大性格品质

　　自从心理发展"关键期"这一概念提出后，人们在关心孩子智能开发的同时，也日益关注孩子性格品质的培养。尤其是在"情商重于智商"理论的倡导下，越来越多的父母开始接受这一点。

　　所谓情商，其核心部分，就是指一个人的性格基础。而性格，并非百分百来自遗传，后天的培养也是重要因素，而婴幼儿时期无疑是性格形成的关键期。"三岁看大"，此言并不偏激，因为基本性格一旦形成，就具有相对稳定性。

　　塑造孩子良好的性格，并不像智能开发游戏那样，可以靠训练获得。塑造孩子良好的性格品质，其关键就两个字——"养成"。

　　什么叫"养成"？直白一点说，就是环境的濡染。心理学家认为：家庭环境对于儿童的性格培养起着决定性作用。这其中包括：父母及其他成人的示范作用，或曰"榜样诱导"；良好的亲子关系，良好的家庭心理气氛的熏陶；还有"身教重于言教"，甚至"不教而教"。杜甫有一诗句为："随风潜入夜，润物细无声。"养成教育，就是这种浸润式、"春风化雨"式的教育。

　　年轻的父母要把对孩子良好性格品质的塑造放在智能开发的前面，即"先做人，后成才"。根据对武汉市 15000 多名儿童的调查，我们发现：以下六方面，是最重要的性格品质，父母需特别关注。

一、快乐活泼

孩子在童年时期都不快乐活泼，那么长大怎么可能快乐，形成良好的性格？从我们的调查来看，这一项得分最高，这说明随着社会的发展，独生子女家庭对孩子的关爱程度越来越高。

当然，这其中也有一些令人担忧的问题，如个别的孩子生活在家人患病、父母不和或离异等家庭中。因为这样压抑、缺乏朝气的家庭，是不可能让孩子养成快乐活泼的性格的，只会给孩子带来一些心理障碍。

二、安静专注

这一项在调查中的得分较低，我们发现大多数儿童快乐活泼有余，安静专注不足。由于大量的智力开发活动，是需要让孩子们专注地进行，即养成静态活动的条件反射。

在调查中，有一类家庭的问题较大，就是"过分热闹"的家庭。这类家庭，天天人来人往，今天一桌酒席，明天一桌麻将，这种环境对孩子成长十分不利，容易造成放任。我认为在一个有孩子的家庭里，在白天十几个小时里，至少应该有半个小时是绝对安静的，这样可以帮助孩子静下心来。

《礼记·大学》里有一句："知止而后有定，定而后能静，静而后能安，安而后能虑，虑而后能得。"古人十分讲究"入定"、"静心"的。一定有父母会反问：3岁的孩子能入"定"吗？当然不能。但是你注意到没有？二三岁的孩子有时候会凝望天空，做沉思状，可见，他肯定有静下心来的时候。父母的任务就是帮助孩子稳固、延长这种良好的情绪和状态。

三、好奇求知

孩子天生就是对任何事物好奇、想求知。这是一个生命体生机勃勃的象征。父母的职责是激发、促进这种求知欲，鼓励孩子探索、提问，尤其是鼓励他"打破砂锅问到底"！

但是要真正做到不容易。有一次，有位母亲向我抱怨说："我儿子烦死了。我在厨房里炒菜,他一个劲地问,妈妈,天上的星星怎么不掉下来?"我没好气地说:"你管得着吗?"我当时就对这位家长说:"一个3岁左右的孩子能提出这么高质量的问题,难能可贵。我要是你,宁可放下手中活儿,坐下来告诉他天上的星星为什么不掉下来。"

四、勇敢自信

初生之犊不怕虎。孩子就是要天不怕地不怕。在所有的恐惧心理中,只有一种畏惧心理,是健康的心理,那就是:对自己的错误和缺点产生畏惧。孩子应有强烈的自信心。在潜意识里,自我意象要高:我聪明,我能干;爸爸妈妈喜欢我,爷爷奶奶喜欢我,我是个好孩子。

有些父母喜欢当着邻居或其他人的面,贬低孩子,乱贴"标签",什么"笨"、"没出息",等等。这样的孩子,也会形成自我意象,可惜是不良的自我意象。这样长此以往,孩子会缺乏"动力系统",没有自信。

五、独立创新

西方的父母,非常看重自己的孩子能比同龄的其他孩子更早地说"不"或"我不喜欢",他们认为这样的孩子有主见。但东方教育却忽视这一点。我们在问卷调查中,发现父母教育孩子时使用频率最高的一个词是"听话"。

当孩子能自己吃饭时,父母还在喂饭,孩子在生理上早就断了奶,可心理上却没断奶,老是依偎在母亲怀里长不大。

如今的社会并不欢迎墨守成规、不敢越雷池一步的人,而是欢迎有创新精神的人,而创新精神必须从婴幼儿就开始抓起。父母要鼓励孩子不拘泥于一种形式,不满足于唯一的答案,尤其是鼓励孩子异想天开,想象出前所未有的东西来。

六、善良,有同情心

这是在调查中得分最低的一项,也让我们感觉很痛心。我认为,此项得分最低的原因——就是父母对孩子的溺爱。"溺"在辞典中的解释是"淹毙"。水可以淹死一个人,溺爱则可以葬送一个人的良好个性！

我在大学里任教，常常发现：有些大学生很冷漠、自私和缺乏同情心，而这不得不追溯到幼年时的教育。因而，自小让孩子拥有同情心和怜悯心，是在他身上培植善良之心、仁爱之心的基础。

> 一减一等于零。人生倘若没有爱，只是沙漠一片。爱，使人高尚，有了爱，人性才光辉灿烂！我们要给予孩子科学的爱、理智的爱，并教他拥有爱心，而不是溺爱。

早期识字，是也？非也？

不少家长问我同样一个问题："在幼儿时期就让孩子学识字，读唐诗、《诗经》等，是好还是不好？到底怎么做才合适呢？"

婴幼儿能不能识字？我的回答是：不仅能，而且可以达到"3岁扫盲、4岁进入阅读"的水平。

一、早期识字并不违背孩子的发展规律

有人说，字是抽象的，凡是抽象的就不好掌握。但想想看，人说话的声音抽不抽象？看不见，摸不着，孩子是怎么掌握的呢？

有人说，字是线条组成的，凡是线条的不好认。那么想想看，杯子是不是线条组成的图像？人的脸是不是线条组成的图像？爷爷脸上的胡子加皱纹，其线条复不复杂？孩子是怎么一眼就认出来的呢？

又有人说，婴幼儿应先进行听觉语言（口语）的训练，等到了六七岁，再开始断文识字，进入视觉语言（文字）的时期。不然，就违背了孩子自然的认知发展规律。

其实，婴幼儿天生就有"探求反射"的本能。他会不加选择地对这个充满色彩、线条和声音的世界看看、听听。环境给他灌输了什么，他就吸收什么，并表现出旺盛的求知欲和学习力去认识环境，适应环境，去求得生存。

如果孩子从婴幼儿时期就开始识字，那么他可能会在三四岁就进入阅读时期，这个过程其实是符合婴幼儿认知发展的自然规律，并顺应其"无选择探求"的心理特点和"印象记忆"的能力特点。而且，孩子来到这个世界，我们理应让他尽早接触这个世界的基本环境，接触音乐、美术、绘画、电视等各种现代文明形式。文字，就是其中不可缺少的形式。如果父母能在日常生活中像传授说话一样传授孩子识字、阅读，那么，何愁孩子不认识这些平面的"物"，不熟悉这些连接起来就能变成话和诗的"玩具"？

二、早期识字需量力而行

一般来说，早期识字能培养孩子的注意力、记忆力，有利于其规范化语言的发展以及正确的发音。而且一旦孩子进入阅读阶段，则可极大丰富他的精神世界，提高其思维能力、想象力。在这里需要强调的是我们所说的识字，只是指汉字，而不是指拼音文字，因为拼音文字不具备这种有利条件。

前面我们提到了不少早期识字的益处，但开始这一过程，父母仍需量力而行，注意以下几点：

①早期识字，识多少算多少，巩固多少算多少。

②对孩子，不规定任务，不施加压力。

③不管孩子爱不爱识字，都是好孩子。

④早期教育是一个系统工程，需多方培养，因材施教，切勿拔苗助长。

至于唐诗、宋词、《诗经》可不可以让孩子读一点？我认为可以。因为这样可以让婴幼儿"先入为主"地把人类最好的经典信息输入大脑。将经典音乐——欧洲古典音乐，经典艺术——世界名画，经典语言——《诗经》、唐诗，乃至于《论语》、《孟子》，等等，率先输入孩子的大脑，并产生痕迹，这是一件非常有意义的事情。因为这是潜意识的教育，是影响孩子一生的教育。也许我们已经记不起 3 岁以前在干什么，但在我们的一生中，3 岁以前的潜意识教育却时时刻刻都在发挥作用，它会和日后的"显意识"教育发生联系。所以，我赞成父母把最新最美的图画、第一流的音乐、最美的文章在孩子生命的初始阶段就输入，也许现在只是"对牛弹琴"、"不求甚解"，但是这些东西在今后一定会对孩子发挥作用的。

爸爸，给我多点关注吧！

——父爱在早教中的独特力量

　　曾经有位妈妈请教我："我的先生是位军人，常年不在家，请问这样的家庭对孩子的成长有何利弊？"其实在读者来信中，不少妈妈都想多了解一些有关父亲和宝宝的内容，比如：如何让爸爸多参加一些亲子活动？为此，我就特别来谈一谈这个问题。

　　我们常说：母亲在孩子人生的头三年中的作用是无与伦比的，其意思不是说"父亲就不重要"。著名的心理学家格尔迪说："父亲的出现是一种独特的存在，对培养孩子有一种特别的力量。"

一、父爱的独特力量

　　那么，父亲对孩子哪些方面的发展具有独特的力量呢？主要是以下四个方面：逻辑思维能力、身体运动智能的发展、意志力和坚强性格的养成以及创造性意识的形成。

　　研究还发现：孩子智能发展的高低与父亲和他接触的密切程度息息相关。心理学家麦克·闵尼指出：一天中，与父亲接触不少于2小时的男孩子，比那些一周以内接触不到6小时的孩子，智商更高。更有趣的是，研究人员还发现，父亲对女孩子的影响力要大于对男孩子，与父亲密切相处的女儿数学成绩更佳。

二、小心宝宝患上"父爱缺乏综合征"

宝宝需要母亲的爱，也需要父亲的爱。美国的一项调查显示：即使孩子是尚处于朦胧状态的婴儿，他也会因为缺乏父爱而出现诸如焦躁不安、夜哭不眠、食欲减退、抑郁易怒等所谓"父爱缺乏综合征"的典型症状。

美国某基金会执行主任、婚姻问题专家道格拉斯根据这项调查提出：缺乏父爱的孩子年龄越小，罹患综合征的风险越大。男孩子面临的风险比同龄女孩大 1～3 倍；而在双亲均在但缺乏父爱的家庭中长大的孩子患"父爱缺乏综合征"的可能性更大。他说，少时患综合征的孩子，长大后成为穷人的可能性要比一般孩子高 5 倍，中学辍学率高 2 倍，犯罪率高 2 倍；如果是女孩，长大后成为单身母亲的可能性也要高出 3 倍……

可见，父爱对于宝宝成长的重要性。有时，因为缺乏父爱，孩子还会通过一些独特的行为和心理来表现出他对父爱的需求。以下这个例子就很有代表性。有个小女孩叫明明，她非常聪明伶俐，可常有"人来疯"的毛病，这让父母十分头痛。通过心理医生的咨询，父母发现：原来这是一种反常态的表现，其实明明是在向大人暗示一种最基本的心理交际需求——爸爸，给我一点关注吧！

三、父亲，请给宝宝多一点父爱吧！

专家认为：随着宝宝从婴儿开始一点点地长大，他的独立性和生活处理能力逐步加强，他已不再满足于以往仅仅和母亲的交往方式和生活圈子。这时，父亲就会成为婴儿重要的游戏伙伴，孩子会从中学到许多不同于母亲的交往方式。比方说，父亲会更多地通过游戏和孩子交往，而一旦游戏结束，父亲就很快地转移情绪，这对孩子来说十分新鲜，而且有利于孩子体会应该在什么时候克制自己过多的情感要求。另外，父亲在和孩子的游戏中，更多是以平等、平行的形式交往，这会为孩子提供更多的学习机会。

所以，那些过分忙于工作、事业的父亲，那些认为"照料孩子与父亲无关"的父亲，那些抱怨"没时间教孩子"的父亲、男子汉们，请给孩子多一点父爱吧！

四、父子游戏小锦囊

父亲该如何陪孩子玩？也许各位父亲还有些犹豫，那就教你几招。

1.玩什么

①户外活动。一般来说，这是父亲的强项，你不妨多和孩子进行跑、跳、爬、攀等活动性游戏。

②智能游戏。如果父亲能多参与孩子猜谜语、讲故事、走迷宫、搭积木等启智性活动，那么孩子的收获就更多。

③竞争性活动，也就是讲输赢的活动。比如：赛跑、捉迷藏等，孩子可从中获得成功的喜悦。而这时做父亲的不妨故意多输几次，以增添孩子的自信心。

2.什么时候玩

①清晨。你不妨和孩子一起起个大早，这样可以边游戏边锻炼身体，还能减少孩子身上的惰性。

②晚饭后。你可以和孩子一起到户外走走，边散心，边聊天。

③双休日。最好能利用半天或一整天的时间和孩子在一起。因为，这时孩子受父亲影响的程度一般都要比母亲深。

五、对父亲自身的要求

①兑现承诺。不要轻易对孩子承诺；如果一旦承诺，就一定要兑现，给孩子起到一个良好的示范作用。

②做好约定。什么时候一起玩，什么时间不玩，双方要有个约定，这样既能摆脱孩子的黏人，又能和孩子形成一种默契。

③要有耐心。千万不要在游戏中表示出急躁、不耐烦的神情，更不要表现出无可奈何的样子。须知"父亲是座山"，你是孩子的楷模。

④丰富知识。要满足孩子的求知欲望，并进一步激发孩子的好奇心，做父亲的平常应多观察、多学习，对一些日常生活中的知识进行积累，这样才能让孩子感受到他的一切疑问都可以从父亲那里找到答案。

第15课

抓住兴趣点，提升宝宝的注意力

　　很多家长为孩子注意力不集中所困惑，有位妈妈就问我：我女儿平常没什么耐性，想给她讲故事，念儿歌，但她一般坚持不了几分钟就去玩别的了，老是坐不住。请问有什么好办法可以引起她的注意及学习欲望，让她能够专心学点东西？

　　我要告诫家长，首先，父母不要对宝宝注意力的期望值太高。因为0～3岁宝宝的注意力质量不高，只有几分钟而已。如果父母以成人的标准去看待宝宝的注意力，自然会感到沮丧或缺乏耐心。但是我可以肯定地告诉你：婴幼儿的注意力是可以通过训练提高的。哪怕是提高0.5%，也是一个不小的进步！而且随着注意力的提高，宝宝学习力也会得到提升。

　　这里，我向你提供一招，那就是——利用宝宝的"迁移规律"。不过，使用这一招前，你必须仔细观察你的孩子，看看他有哪些特别的爱好，他兴趣爱好的倾向性在哪里。因为每个孩子都是不同的，总会显现出不同的"兴趣差异"。如果我们能找到孩子在众多兴趣中的一个"中心兴趣"，即特别喜欢某一项活动，那就请你抓住不放——因为机会来了。

　　明明的例子，你不妨来参考。明明是个可爱的小男孩，2岁多了，他喜欢唱歌、走迷宫、搭积木等活动。而且明明妈妈还发现：

他特别喜欢涂鸦，只要一拿到画笔，就放不下，喜欢到处涂鸦，家里桌子、椅子、墙上都曾留下明明的"大作"。

为此，明明的父母并没有生气，而是灵机一动，为孩子特别开辟了一个涂鸦环境：在书房的地上、桌上、墙上、凳子上铺上一些旧报纸，并提供各种色笔，让明明有自由的发挥空间，而且只要他们有时间也会兴致勃勃地跟明明一起画。明明的父母认为：画得好不好没关系，只要孩子乐在其中就行。渐渐地，明明只要一到这个房间，就形成坐下来画画的"静态活动条件反射"，而且不知不觉中坐下来的时间越来越长，明明的注意力也逐渐提高了，即形成随意注意。

有趣的是，当明明学会安静地坐下来画画以后，他在玩其他游戏时也同样很专注，这就是所谓的"迁移规律"。即孩子在某一项活动中形成静态活动的条件反射，他会把它在不知不觉之中"迁移"到第二项、第三项、第四项活动中去，这样孩子就能慢慢地形成安静专注坐下来的良好心理品质。这个方法，父母不妨试一试。

巧用"情感武器"，
坦然面对孩子的"哭闹"

在这一章前，我首先和广大家长分享一下两封读者来信，借此引导家长。

一、来自家长的问题

问题1：我有个3岁零3个月的女儿，最近经常号叫、发脾气。她一般是在幼儿园回来后冲着我发脾气（很少冲着她爸），有时则在该午休但却没休息的时候，或在不顺她意、突发的情况下胡闹。近来，我常蹲下来与她讲道理，她都不理，还哭得很凶。有时讲了道理她还不听，我就用胶棒打她，由于怕被打，一般两三下她就不哭了。隔一会儿我会再抱抱她，跟她说一些道理。不知道我这么做是不是正确，如何做更妥当些？

问题2：我的宝宝快要周岁了，是个小男生，很皮，性子有点急。因为是家中最小的，所以每个人都疼他，几乎有求必应。也许他知道了我们宠爱他，当我们没满足他时，他就大哭大闹。这时家里人不是满足他，就是斥责他。我觉得这么小的孩子不该打骂。每当孩子哭闹时我心情就不好，想和儿子说道理，可他不理我，这让我很无奈，不知该如何教育他。请您给我支一招。

从家长来信反映的情况看,周岁的孩子就开始表示"愤怒"了,而且往往以"哭闹"为手段,真让人头疼,很多父母亲对此束手无策。更痛苦的是,这种"斗争"要一直延续到孩子长大以后。

二、换个角度看"愤怒"

一般,我们家长只了解"愤怒"是一种负面情绪,因为它会引起攻击行为,而且那种无理、刺耳又没完没了的哭闹声,对人的身心是一种折磨。

但在这里,我要说的是:幼儿的愤怒还有另一面积极的意义——它具有一定的自我肯定和自信的性质。这种愤怒一般是在幼儿的身体、心理受到限制时所产生的反应,它是孩子心理发展到一定阶段时自我意识萌发所产生的向外、有冲力的情绪。它在向父母和外界宣告:我已经是一个有独立个性的"社会人"了,别把我当你们的附属品,我有我的独立性!

可惜的是,我们大多数家长都无视孩子的这种心理成长,一般采取粗暴的形式(大多数人)或无可奈何的态度(少数人)来对待这件事。

三、"哭闹"有时是孩子的武器

我们经常看到这种场景:在超市买东西时,孩子想买一个玩具没得到满足,于是他就大哭大闹,甚至坐在地上不起来了。开始时,父母不予理会,等到哭声愈来愈大时,就会给孩子一记耳光,并大声呵斥。紧接着,周围越来越多的人投来目光,父母开始感到尴尬,于是就不得不顺从孩子了。孩子就在这种情况下懂得了一个"战胜"父母的"秘诀"——哭闹。下次,当他有要求时,他就会使出这个杀手锏,而父母则陷入一个恶性循环之中。这种以哭闹作为武器来"要挟"父母的"战争"就像阶梯似的逐步升级。这时,父母只有举手投降一件事可做了。

四、善用你手中的"情感武器"

那么,父母手中就没有"武器"了吗?有!就看你敢不敢用。我把这个"武器"命名为"情感武器"。

当孩子发火时,他痛苦吗?一点也不痛苦,他一边用手揉眼睛，一边还偷偷地在指头缝里看你的反应呢。而且，我们要知道：孩子天不怕、地不怕，就怕爸爸妈妈不爱他。这就是运用"情感武器"的有力依据。

方法 1：冷处理法

记得在《居里夫人传》里有这样一段描述：居里夫人正在为研究镭的放射而日夜操劳，而她的第二个女儿艾莲拉却因为一件小事对她大哭大闹。居里夫人当时恨不得揍她一顿，但冷静一想，不能打。打了她，她哭得更厉害。"你打我，我才哭的"。——这是孩子的逻辑。居里夫人决定采取"冷处理"，不理睬孩子的哭闹，掉头就走。孩子见哭闹的对象都走了，就不哭了。

等晚上下班回家，居里夫人一反常态，既不问寒问暖，也不亲热，而是冷冷地对女儿说："艾莲拉，吃饭吧！吃了饭，上楼睡觉。"这时女儿感到惶惑了，感到不妙：妈妈不爱我了。平常妈妈不是这样的呀。

终于，孩子受不了这种冷淡的场面，开口说："妈妈，别这样，我以后再不闹了。"这时，居里夫人才改变态度，认真地对女儿说："孩子，你大哭大闹，妈妈很生气。你只要不哭闹了，妈妈还是爱你的！"于是一切恢复了常态。这件事让艾莲拉知道：哭闹无用，这次无用，今后也无用。

方法 2：分别对待法

那么，平时对待孩子提出的要求，家长应采取什么态度呢？以下两个原则必须牢记。

①对孩子不合理的要求，你从一开始就要拒绝，而且中途不能变卦，要敢于说"不"，对孩子而言这也没有什么痛苦。

②对孩子合理的要求，你不要马上答应。

"妈妈，我要买个写字板。"

"孩子，过两天，等你表现好了，妈妈一定买。"

为什么家长要卖关子呢？当时去买不就行了吗？这里，我要讲一个十分重要的教育原则，即让孩子从小就懂得"等待和忍耐"。这是人生在世所必须具备的基本素质。什么事情都不可能从天上掉下来，等待和忍耐是必需的。而且通过等待和忍耐，孩子才会懂得珍惜他所得到的东西，不至于随意丢弃。他会知道：这个写字板是因为我表现好，在妈妈奖给我三朵大红花后才得到的,我要好好保护它!

方法3:低声批评孩子法

最后,我要讲一个批评孩子的技巧。有许多母亲,以尖锐的声音厉斥大声哭闹的孩子。结果是,你愈是歇斯底里,孩子则愈是以更大的哭闹作为回报。

所以,责备孩子时,首先要注意:声音和语调一定要比平常说话声低。这种方式意味着:你能够突破孩子哭闹的感性围墙。用这种不寻常的口吻,可让孩子感觉到这是一种不同寻常的决定。其次,低音调促使孩子集中精神、全神贯注,可以转移他的注意力,使他忘记自己的哭闹。再次,使用较低的声音,似乎在强调没有第三者介入,只是我们母子之间的"私人声音",拉近了与孩子的距离。这个方法建议家长不妨试试,效果一定不错。

婴幼儿能看电视吗

最近，我的一位朋友打电话给我说："我儿子快满两周岁了，特别喜欢看电视，尤其是广告。看的时候眼睛眨都不眨一下，如果不让他看，或者是广告结束了，就不高兴，就得换台。不知这对孩子好不好，还有像我宝宝这么大的小孩子，看电视的时间是不是得有所限制？"

如今有许多人给电视贴上"笨蛋盒"、"白痴显示窗"等贬损的标签。甚至有些预言家声称：电视将创造一代消极的人，它会毁了我们的孩子！因为长期看电视长大的孩子会四肢懒散，成人后会双目昏沉、肥头大耳、身体羸弱、遇事麻木。所以有些西方的学者提出一个口号——让孩子远离电视。而与此同时，不容我们忽视的一个事实是：如今每个家庭至少有一台电视机。这究竟该如何去做呢？

一、用积极的眼光"看"电视

在我看来，要完全让孩子远离电视是不可能的。问题的关键不在于"防"，而在于巧妙地利用、适当地引导，用积极的眼光"看"电视。

1.借助电视的声音和画面来早教

我觉得电视是"送上门的学校"，孩子可以从中受益。电视里美丽的彩色画面,比如那些内容健康、精心设计的广告或歌曲,配上动听的音乐和优美的语言,对婴幼儿视觉、听觉和语言的发展能起到良好的刺激作用。以下这个例子就是很好的说明:21世纪婴幼儿的语言发展比上世纪80年代、90年代出生的婴幼儿都好,究其原因,电视规范语言的熏陶就起到很大的作用。

2.利用内容健康的电视节目来熏陶

内容健康、形式活泼的幼儿节目,能对孩子起到潜移默化的教育作用。随着电视的日益普及,再加之各种内容丰富、知识面广且健康的幼儿电视节目的增多,新一代人将变得信息灵通、见多识广,且认知能力强。

3.看电视也要"约法三章"

我觉得婴幼儿是可以看电视的,但这个允诺是有限度的,而且从一开始就应跟孩子"约法三章"。

规章1:看电视的时间和长短是由父母规定的,孩子不是想看多久就看多久。

给父母的提醒:孩子年龄越小,控制就应越多。为保护孩子的视力和视网膜的健康,一般0～1岁的婴儿每天看电视时间不能超过半小时;1～2岁则不得超过45分钟,且每次不得超过15分钟;2～3岁的孩子看电视不能超过1小时的总量,且每次不得超过20分钟。

规章2:看电视时,孩子的眼睛离电视机的距离不得小于2米,应有良好的坐姿。

规章3:孩子看的电视内容应事先由父母认可、选择并安排好。那些有暴力行为的电视节目(包括一部分卡通片)应严格排除在孩子的视觉范围之外。

规章4:尽量陪着孩子看电视,别把孩子丢给电视。

这一点似乎说起来容易,做起来难。不少父母一遇到孩子吵闹,就喜欢把孩子丢给电视,以图耳根清净。其实,这并不是个好方法。一来孩子尚小,没有是非对错的判断力,容易对电视里的内容照单全收;二来孩子容易形成"电视依赖综合征",因为电视节目是事先编排好的,孩子无法参与其中的活动,所以只是被动型地接受。久而久之,他就容易依赖电视,缺乏主动性、想象力、创造力和人际沟通能力,变成思想懒汉。

规章5:看完电视,带孩子出去走走,活动一下,放松身心。

制"脏话宝宝"的 4 法宝

最近，一位读者的来信引起了我的关注，信中她写道："我的 2 岁多的宝宝会说脏话了，嘴巴时不时地在说，好像觉得很好玩，而且一发脾气就'出口成章'。这些脏话大概是从小朋友和其养护者那里学来的，我们做父母的感到很棘手，请问如何去教宝宝？"

当一句脏话从宝宝的嘴里吐出时，作为父母的你一定很生气。但是，在生气之余，你不妨想想：孩子为什么骂人、说脏话？因为世上没有无因之果。

从来信中可以看出，这位家长也意识到：这是孩子从别人那里学来的。周围的成人、玩耍的伙伴，乃至影视中的人物，都是孩子学习、模仿的对象。2 岁的孩子正处于无意识的学习状态，这时他很努力地去模仿别人，并以此为乐，可又不明白所模仿的语句的含义。这时，我们应该采取以下做法。

一、立即制止法

当孩子在你面前说脏话时，你的态度应是及时地予以制止。因为如果你一开始就采取否定的态度，孩子会敏感地从你的眼神、表情和语言中捕捉到信息："这句话是不可以说的！"因此，这个方法在一开始还是容易奏效的。

二、积极暗示法

一般来说，这个年龄段孩子的自我意识尚未分化出主体与客体。所以，当你问他："骂人，好不好?"他一般会回答："不好!"这是因为在他的自我意识中，骂人、说脏话是别人做的，不包括他自己。他说这些脏话，只是在模仿，觉得好玩而已。

因此，父母不要从道德品质的角度去衡量这件事，应积极暗示孩子：这种行为是不对的。虽然这时孩子的自我意识不完善，但如果他也认同"骂人是不好的行为"，那么，我们就有下一步说服教育他的可能。

三、淡化处理法

当你试过了以上的两个方法，也对孩子讲了道理，可孩子有时还是会不自觉地溜出一两句脏话，这可怎么办呢？这时，你不妨先表明你的否定态度，接着就不再理睬这件事。你可以走开、保持沉默或继续做你手中的事情，以此让孩子感到：说脏话并不能引起大人的注意，说脏话并不好玩。这样他才会自动减少说脏话的次数。

小提醒：当孩子再次说脏话时，你千万不要大发雷霆，表现出异常愤怒的样子，重复孩子的脏话，因为这样不但不能解决问题，只会强化孩子的不良行为。

四、适当惩罚法

如果孩子长大了一点，比如到五六岁了，仍有这种不良行为，你可给孩子适当的惩罚，使他学会反省。

早期朗读,是对牛弹琴吗

依然从读者来信谈起,一位读者写道:"我的宝宝现在 7 个半月,平时有牙牙学语的迹象。以前曾有一段时间,我会在睡觉前给她讲一些婴儿童话,她也表现出很感兴趣的样子。但到医院检查时,医生却说这个阶段最好不要给孩子讲故事,否则会使孩子思维混乱,产生说话迟的现象。可是我看过一些书,书上说在这个阶段应该大声给孩子朗读一些诗歌或故事,以促进孩子的语言能力。为此,我想咨询一下这个阶段应该怎样培养孩子的语言能力。"

在回答这一问题前,我先给家长讲一件在国外发生的真实事情。

美国有位学者叫吉姆·特米里斯,他近年来一直在美国的 50个州巡回演讲,呼吁美国的母亲从孩子出生第一天起,每天抽出宝贵的 20 分钟,给孩子朗读。这一名为"热爱你 24 小时中最宝贵的 20 分钟"运动,得到了美国社会很好的响应,美国总统小布什的母亲对此推崇备至。

在这个朗读运动中,发起者吉姆·特米里斯列举了一些阅读书目,其中包括莎士比亚的名著、《圣经》、林肯总统的演讲、马丁·路德金等名人的演说和著作。同时,他还要求家长把这一每天朗读的计划一直延续到孩子上小学以后。

这不是对牛弹琴吗？不对！

一、婴幼儿的心智是吸收性的

0～3岁婴幼儿的认知心理按蒙台梭利的说法，是属于"吸收性心智"。他们像海绵一样，吸收着看到、听到、触摸到、感受到的各种信息，好的、不好的都吸收。比如，一个孩子不听音乐也行，但他可能听到汽车的噪音、厨房的吵架声，这些他也吸收，并在大脑里留下痕迹。

二、"先入为主"的信息最重要

人的大脑遵循一个原则——"先入为主"，就是先进入的信息占主导，以后进入的同类型信息就会被排斥。比如，拿语言来说，孩子如果先吸收的是家乡话，那么他先入为主的就是家乡话，不仅讲得好，而且一辈子都不会忘。

因此，我们的孩子如果从出生一开始，就接受第一流的语言，比如读经过加工提炼的优美的汉语，那他当然就能构建起第一流的语言能力。所以，婴幼儿能每天听到家长朗诵的儿歌、故事、唐诗、宋词，那真是太好了。这些优秀的语言进入孩子的大脑，产生痕迹，就是一种潜意识教育。也许它所起的作用不是立竿见影的，但影响却是长久而深远的。

三、婴幼儿的学习力超乎我们想象

那么，早期朗读会不会打乱他的思维呢？当然不会。

如果说婴幼儿听到朗诵，思维就打乱了，那么每天排山倒海的城市噪音、嘈杂鼎沸的街头人声、叫卖声、电视里传来的摇滚音乐声，就不会把孩子的思维打乱？

我们大人总低估了孩子的能力，总以为婴幼儿什么也不懂。其实，婴幼儿的学习能力远远超过我们成年人的估计。就拿学语言这件事来说，如果我们成人要在两三年内掌握一门新语言，面对复杂的语法结构、复杂的发音，肯定会头大。而我们的小家伙呢？他满不在乎地在你言我语的交谈中理清方向。3岁以前，他就已经把第一语言（母语）牢牢地掌握在自己的手上。我认为2～

3岁的孩子是人世间无与伦比的脑力劳动者，幸亏他们自己不知道说话这件事有多难。

四、早期朗读就是先入为主、不求甚解

还有人认为：早期朗诵的内容孩子不理解，不理解的东西教了有什么用？如果只有理解的东西才能教，那么婴幼儿时期等于什么也不能教。因为此时的他们几乎什么也不理解。因此我的观点是：理解是以后的事情，现在的任务是"先入为主"，率先输入最好的"信息"才是最重要的。

试想，当孩子第一次叫"妈妈"时，他并不理解"妈妈"是生他的那个女人，是他爸爸的太太。天底下也没有一个母亲会说："宝宝，你还不能叫妈妈，等你哪天懂了这个词再叫吧！"因为她知道，这个词不需要教，孩子以后自然会明白。

因此，我呼吁中国的母亲，也来一场"朗读运动"——每天抽出20分钟，给你的孩子朗诵儿歌、童话、唐诗、宋词、《论语》、《孟子》等一流的作品。朗读时，要有表情，要充满激情，最好能手舞足蹈、抑扬顿挫。请相信，只要坚持，你会有意想不到的收获。

同时，我盼望着有一天，所有有婴儿的家庭都传出朗朗的读书声。因为这是一种精神文明展现的强大力量，也是中华民族优秀传统文化的一种传递。

第20课

孩子爱哭好解决

——敏感婴幼儿应对法

曾经有一位湖南省安化县的读者给我写信说:"现在我的儿子已经1岁5个月了。最近,我和老婆发现,儿子对于大人说的一些话十分敏感。有一次别人给他钱,我和老婆同时对他说:'宝宝不要。'其实从语气、口吻都没有骂他或是呵斥他的意思,但他马上就哭了起来,哭得十分伤心。为此,我十分担心他以后的心理健康成长,有时候不对他说吧,怕惯坏了他,说吧有时又觉得于心不忍。对于他这种性格,我想请教一下,我们家长应该如何去教他。"

这一现象在孩子中很常见,特别是在独生子女当中。我就这事谈谈我的看法。

即使大人用和缓的语气提出否定性的要求,1岁多的孩子还是能意识到这是一种不赞同的态度,并因此而伤心地哭起来,这说明孩子的自我意识比较强。从某种意义上说,这未尝不是好事,父母不必过于担心,只要坦然面对就可以了。

一、关注"广泛性焦虑障碍"

不过,在这里,我需要提出一个今后可能出现的问题。如果孩子在上小学以后,还出现上述的现象,那就有可能是"广泛性焦

虑障碍"。

有广泛性焦虑障碍的儿童，容易自我怀疑，常常对那些不友善、爱挑剔和不公正的人感到害怕。他总是不断地寻找成人的赞同和保证，对自己的表现有极高的要求，不断地担忧、自责，情绪很不稳定。

一般来说，婴幼儿时期过于敏感的孩子长大后，出现"广泛性焦虑障碍"的几率比其他儿童高。但是大多数高敏感度的儿童都能通过引导，逐渐稳定情绪、减少焦虑。

二、面对过于敏感婴幼儿的方法

那么如何面对敏感度过高的婴幼儿，使他避免产生"广泛性焦虑障碍"呢？

方法1：给孩子最大的安慰、温暖和快乐

过于敏感的孩子易受到周围人、事、物等环境的影响。因此，父母需要付出更多关爱，多注意孩子的情绪反应，多关心他，和他交流，使他感受到父母一直在关心爱护他，父母是他最坚强的后盾，他可以从父母那里得到快乐和温暖。这是消除婴幼儿忧虑最好的"营养素"。

方法2：加强认知活动，让孩子见多识广，以免他的注意力都用在无意义的寻找安全感上

过于敏感的孩子常常缺乏安全感，因此他会把主要的注意力放在寻找安全感上。而和孩子一起做游戏，认识多种物品、带孩子到大自然中去认识虫鱼鸟兽、花草树木等活动，对他转移注意力、促进认知和智力发展、改变心态很有帮助。

方法3：当孩子出现情绪反应时，一定要淡化处理

稍加安慰过后，父母最好若无其事，别去强化这种情绪。同时通过一些有趣的活动或玩具来吸引孩子的注意，转移他的视线。

方法4：对于这类孩子，应多采取鼓励和赞许的态度

只要他有任何积极的行为，都要肯定和鼓励，使他慢慢建立自信。

第 **21** 课

宝宝"依恋"巧缓解

在接到的读者来信中,有不少家长反映自己的孩子特"黏"人,有一封信这样写道:"杨教授:您好!我的孩子已经快 25 个月了,现在每天午睡或晚上睡觉都要我坐在床边,关灯前至少讲 20～30 分钟故事,关灯后催眠曲一直开着,孩子入睡很慢。以前一般是 20～30 分钟,现在 1 个小时也不入睡。睡觉时,他要我坐在边上,只要我一离开,他就哭。以前我都是这样'陪坐',但现在等待的时间太长,我没办法做自己的事情,请问有什么办法让他独自入睡吗? 他爸爸早出晚归,一直是我一人带,孩子依赖性太强了,怎样才能让他减少对我的依赖?"另一封信则写道:"杨老师:您好! 我女儿从出生基本都是我和老公带,现 16 个月,就是太缠我,有时连吃饭、洗脸都不让她爸爸弄,我离开几分钟就要找我,缠得我筋疲力尽,请问有什么办法解决?"

就这些问题,家长应先了解:婴幼儿与其主要看护者(大多为母亲)所形成的一种亲密而长期的关系——依恋关系。

一、"依恋"是孩子内在的心理需求

首先,我们应该肯定,这种依恋关系是孩子的内在心理需求,并有助于他的生理、心理健康。因为通过依恋,孩子满足了生理和心理的需要，由此得到安全感和被保护的感觉。特别是当孩子受到惊吓、感到委屈或需要被关心时，母亲等主要看护者就是他可以寻求恢复的最好"庇护所"。几乎所有的正常婴幼儿都会有这样的"依恋情结"。相反，如果没有依恋或根本不要依恋的幼儿倒可能是有问题的，比如患孤独症的儿童。

二、分清两种依恋

一般来说，孩子的依恋可分为两种。一种是安全的依恋，这种依恋有助于幼儿的心理健康；另一种是不安全的依恋，这种依恋会导致心理脆弱，并伴随种种心理问题，弄不好甚至会出现行为障碍。我觉得以上两位家长所提到的情况都属于后者。孩子的这种情况在心理学上称之为"分离性焦虑障碍"——依恋对象离开时（哪怕孩子知道是短暂的分离），也常表现为烦躁、哭、叫喊，甚至威胁。

三、5招解开孩子的"依恋情结"

第1招：给孩子一个独立游戏的空间

建议你在家里腾出一个小房间，作为孩子的"游戏间"。如果家里腾不出一间小屋，那就建立一个"儿童游戏角"。总之，这是孩子的"领地"，把属于他的玩具、小桌子、小椅子、图画书、画笔等都集中到这个"领地"，让他意识到这是他的游戏场地，在这里，他可以尽情地玩。

平时，你可以有意识地让孩子独立地玩，你只在暗地里注意他。

第2招：经常和孩子玩躲猫猫的游戏

当孩子注意力集中地玩玩具或游戏时，妈妈可以像躲猫猫一样轻手轻脚地出现在孩子身边，让孩子感觉妈妈一直都在，这样他就能更安心地玩了。接着，你再悄悄地离开，久而久之，孩子就会逐渐习惯母亲的短暂分离。

第3招：让孩子陪你做家务

你在操持家务时，不妨让孩子坐在地板上，给他一块抹布、几个塑料盘子或碗，让他帮忙擦拭这些碗、盘；你在清扫房间时，不妨让他帮你启动吸尘器开关。当你在忙碌时，只要分配给孩子一个相应的"小任务",让他有事可做,他就不会显得那么"黏"人了,而且还能让他体会到劳动的快乐呢。

第4招:多带他出去走走

当孩子情绪烦躁、特别"依恋"你时,你可以带他外出走走,沿路指指点点,以此转移他的注意力、安抚他的情绪,并扩大他的视野。

第5招:做事前,专心陪孩子玩一段时间

在你准备做饭或做重要的事情之前,不妨和孩子一对一地玩上半小时,游戏时你要一心一意、全身心地投入,这样做后,他就不会老缠着你,让你做不了事了。

TIPS:特别提醒:上述活动,要尽量让爸爸参与进来,这样"替补队员"就会起作用,让你分身有术了。

面对自私的孩子，
我的孩子还要"分享"吗

　　我接到过一封来信，信中写道："我是一位 2 岁孩子的母亲。因为不想自己的孩子长大成为一个自私的人，所以我总是告诉孩子，好东西要大家分享。孩子 1 岁左右时，有一次，我带着孩子在家属院玩，周围有好几个孩子，都比我的孩子大一两岁。我让孩子把她手里的饼干分给大家吃，于是孩子手里举着饼干蹒跚地向一位姐姐走去。在快到姐姐身边时，突然冲过来一位哥哥，飞快地抢走了饼干。孩子疑惑地看看我，我赶紧又走过去给了她一块饼干，让她递给姐姐。当时那位男孩的母亲也在，虽然呵斥了孩子，可饼干却未要回。还有一次，孩子和邻居家的小孩玩，孩子想推那孩子的小推车，眼里向我发出求救信号，我对她说：'你自己去跟哥哥说。'于是她自己走了过去，对那孩子说：'哥哥，让我玩一下。'可邻居家的孩子就是不给。于是我就哄着孩子走开了。我并不希望我的孩子像那些孩子一样自私，但觉得这些挫折会非常真实地教会她自私。在这个时候，我应该怎样引导孩子呢？"

　　就此，我与家长做些交流。

一、独占行为，不是道德问题

婴幼儿时期，有一个大人都头疼的问题，那就是独占行为。凡是他们喜欢的，都要独占，不愿意与别的小朋友分享。首先请家长不要从道德评价上去看待这种独占行为，不要说这是"自私"，甚至是"贪婪"，等等。这个阶段的孩子有一个共性的特点，就是"以自我为中心"——他们还不善于、不能够跳出自我，站在他人立场上去考虑问题，所以，对此，家长不要过分惊讶或叹息。当然，我们认识了孩子的这一特点后，不是要放手让这种独占行为继续发展下去，而是要通过引导和自身的示范作用去帮助孩子尽早地控制这种行为。

二、控制"独占行为"的方法

1. 借助故事和图画书

我们可以选择一些讲述分享的儿歌、故事和书籍（比如《孔融让梨》)来教育孩子好东西不能"独占"，要分享。

2. 以身作则

当家里有好吃的水果或零食、点心时，我们经常带着孩子将这些东西分给家里的其他成员一起吃，体会分享的快乐。一旦孩子主动有分享的行为，我们要积极地鼓励和表扬，并逐步鼓励他将这种行为扩大到其他人（邻居或其他小朋友等）。

3. 多参加合作游戏

多带孩子参加一些集体活动或游戏，让他体验合作游戏的乐趣。

4. 多请小朋友来做客

我们可以经常请邻居小朋友来家里做客，让孩子学会做小主人，让他给客人分点心，引导他和小朋友一起使用游戏材料、一起玩。这样，可以从小培养他的人际智能，让他学会关心他人。

三、从正面去看其他孩子的"独占行为"

如果别的孩子有不让自己的孩子分享的行为，我们需要从正面去引导孩子，多鼓励孩子与人分享，千万不要以牙还牙，也教自己的孩子不与他人分享。拿这位妈妈所举的两个例子来说，前一个，可以对孩子说："哥哥不是故意的，他可能是饿了，我们再过去多给他一块饼干吃吧。"后一个，可以说："看！哥哥骑得多好，让他再多骑一会吧，我们先去玩布娃娃，好不好？"

在应对这些情景时，我们需要知道：从正面去对待这些事情，最能折射出家庭教养的品位，最能体现作为父母——你的道德素质和修养。

第23课

孩子慢吞吞，咋办

很多父母反映自己的孩子做啥事都是磨磨蹭蹭的，家长因此很焦虑。一位家长的来信颇有代表性："我的宝宝快3岁了，我想培养他雷厉风行的办事作风，但他总是慢吞吞的，比如吃饭需要30～40分钟。又如，我说：'去把你的玩具收拾一下！'他总装做没听见，有时说了两三遍，我就忍不住发脾气了。他就流出了眼泪，一副可怜样：'妈妈，我去收玩具，我去收玩具。'从内心上讲，我也不想这样。但我说了一遍，他基本上没反应，就算孩子回答一句'我不想去'也行。可儿子非要等我吼起来，他才会把我的话听进去。请问专家，我该怎么办？"

一、了解孩子慢吞吞的原因

动作慢吞吞，并不是孩子故意的。这其中主要有以下两个原因：一是由于这一年龄段的孩子注意力不集中，很容易被一些其他的事物所吸引，比如，吃饭时看到有只鸟在飞，他就可能放下饭碗，跑去看鸟；穿衣时，听到什么有趣的声音，就把穿衣给忘了。二是3岁左右的孩子还没有时间概念，做任何事情既不紧张，也不着急。

对于以上这些原因，我们家长要了解，并理解孩子，不要粗暴对待,要有耐心。同时,也不能任孩子慢下去,否则容易使孩子养成性格上的懒散。

二、矫正"慢动作"的下手处

要宝宝改变慢吞吞的现状,必须从平常的生活点滴下手。

1. 跟孩子规定时间

比如吃饭,当大人吃完后,允许给孩子多一些的时间(比如,多10分钟),但在规定时间过后,如果孩子仍磨磨蹭蹭,我们则立即中断孩子的吃饭。这时,如果孩子不同意,要吵闹,我们则认真地对他说:"你已经超过了规定的时间,下次再吃吧!"

你看他下次还敢磨蹭吗?请放心,孩子一两餐吃少一点,是不会有问题的。而且我们要知道:有时为了纠正孩子的懒散行为,值得付出一点代价。

2. 锻炼孩子的动手能力

孩子的动手能力可以从他喜欢的日常游戏开始。以搭积木为例,我们可以让孩子自己动手玩,别帮助他。训练初期,他的进步可能很慢,但我们必须有耐心,并表示欣赏之意。孩子只要动作稍快一点,就积极地表扬。孩子受到鼓励,增强了信心,他就会加快速度的。

给爸爸妈妈的提醒:"管"和"放"相结合

在孩子接受锻炼期间,我们不要越俎代庖,应"管、放"结合,"管"就是我们要积极参与孩子的活动,并给予适当的指导;"放"就是放手让孩子自己去做,让他在做的过程中,体会"快"的乐趣。

3. 认识时钟

教孩子认识时钟也是提高孩子做事速度的一个方法。你可以给孩子买一个玩具钟,让他仔细观察:爸爸吃完饭,长针走了多少路(几格)?宝宝吃完饭,长针走了多少路?然后,要他想想看,自己有什么办法可以赶上爸爸吃饭的速度。这样,孩子就能自然而然建立起快慢的时间概念。

4. 家庭比赛

通过家庭比赛的形式也是刺激孩子加快速度的好方法。比如，孩子吃饭慢，你就可以进行家庭比赛，看谁吃得又快又好，获得第一名。一个月下来，比比看谁的第一名最多。当然，在游戏中，你可以适当让他几次，让他体会吃饭快、获第一的乐趣，从而激发他以后加快动作的自觉性。

第 24课

如何对付"坏脾气"的宝宝

现在城市的孩子大多是独生子女，不少家长感慨：教育条件越来越好，孩子越来越聪明，可孩子"脾气"也跟着长了。这不，我接到过两封读者来信，一封写道："杨健老师，您好！我的宝宝两岁多了，性子急躁。有时因茶太烫而急不可耐得哭叫跺脚，请问是怎么回事？我该怎么处理？"另一封写道："杨教授，您好！我是一位来自深圳的年轻妈妈，我有个 2 岁 5 个月的男孩，他的脾气很暴躁，对身边的人又打又抓的，还动不动就往地上躺，真的不知怎么办。怎么才能改善他这个暴躁的脾气，改掉他这些坏习惯？请帮帮我吧！"

两岁多的孩子居然脾气不小，还抓人，怎么办？

一般来说，孩子脾气暴躁是由于孩子受挫后，得不到安慰而产生的一种宣泄行为。这是一种负面情绪。对此，有时家长会忍不住打骂孩子，这无疑是对孩子这种暴躁情绪的强化，可见这种方法不能使用。那么，就迁就孩子的坏行为吗？我看也不行，迁就的结果会助长孩子的坏脾气。那么，到底该怎么办呢？以下的几个方法可以尝试。

一、冷处理

我觉得最好的办法就是"冷处理"。一旦发现孩子的暴躁脾气发作,家庭成员就立即走开,或只当没看见,不理孩子,以此表达一致的态度——对他的行为不赞同、不支持,以此来冷静地制止他的破坏行为。当孩子的情绪安定下来以后,我们再认真告诉他:打人、抓人来发脾气是没有用的,是不能解决问题的。

同时,在孩子情绪稳定的时候,我们必须告诉孩子,再次面对这些问题时的处理方法。就拿喝热茶的例子来说,我们可以教孩子,喝热茶前要先用嘴吹一吹,或加一点冷水,然后再喝。哭、闹、叫都是没有用的,只有想办法,或及时告诉大人,才能解决。

二、适当运用惩罚手段

惩罚在矫正幼儿的暴躁行为中有着特殊的作用。其目的是使儿童在发生暴躁行为后,产生消极的否定情感——知道发脾气没用。需要注意的是,这种手段只限于暂时停止游戏、剥夺孩子玩的玩具或不让他看当天的儿童电视节目等方面,不可滥用。而且当我们要惩罚孩子时,必须明确告诉孩子惩罚他的理由。另外,对孩子的惩罚应该及时进行,而不是事后再执行。所以,使用时一定要适当。

三、耐心、再耐心

孩子的暴躁脾气不是短时间内能改善的,对此,我们要显示出足够的耐心和爱心。不断重复运用上面的冷处理方法,用我们的耐心和爱心,逐步让孩子的暴躁情绪"降温"。

为什么孩子不爱亲近人

一位家长给我的来信这样写道："两年来我一直都在看《为了孩子》，从中受益匪浅。我一直为孩子的一个问题所困惑，但是至今为止没有从各种书刊中找到答案，我非常着急。在这里，我想向您请教一下。我有时候觉得孩子对我有些冷漠，我下班回来，她不像别人家的孩子那样主动、热情地过来拥抱我，这是不是说明我平时对她管教得太严格呢（因为她平时咽喉常发炎，所以我甚至连零食也限制她吃）？"

这位家长反映她的孩子不像别人家的孩子对父母那么主动和亲热，这牵涉了一个"亲子关系"的问题。

一、重视亲子关系

亲子关系是所有人际关系中一种独特的、不可替代的关系。亲子关系的中断或出现问题，对孩子来说，无异于"天塌地陷"一般。因此，凡是出现孩子对父母冷漠、不热情，肯定是某一个环节出了问题。

二、做好5件事，塑造良好亲子关系

由于我无法去推测您和孩子间究竟在哪一个环节出了问题，

所以我从下面几个方面给您一些建议，希望您去努力尝试，相信会有所改善。

1.多对孩子表达您的爱

多花点时间陪孩子，多抱抱他，多亲亲他，告诉他您是多么疼他、爱他。尤其是在临睡前，您都可以用这种简单而又有实效的爱的方式来结束这一天，让孩子带着您的爱进入梦乡。

2.多夸奖孩子

您可以不失时机地夸奖自己的孩子，使他在心灵上获得良好的满足。您也可以毫不吝啬地表达您对他的期待、理想和目标，这种信任感和期许感会不知不觉流进孩子的心田，使他感受到父母的期待和希望。所谓"随风潜入夜，润物细无声"，这是一种对孩子最好的"营养素"。

3.了解孩子的兴趣，多陪他玩

平时在日常生活中，您可以注意观察孩子在哪方面有特别的爱好，然后抓住不放，多创设一些条件和环境，与他一起玩耍。您可以在玩耍的过程中指指点点，使孩子感受到父母是他的坚强后盾，父母是他的知心朋友。

4.学会逗孩子笑

当孩子情绪低落时，我们要用一些激励的方式让他兴奋起来，比如，给孩子讲笑话、做鬼脸、表演动画片里的某一个情节，一下子把孩子逗乐了。

讲到做鬼脸，有一件趣事给我的印象很深。有一个青年很善于做鬼脸，邻居纷纷请他去解决孩子的情绪问题。每当他做出一个怪相时，孩子们都破涕为笑，一下子紧张的气氛就缓解了，这个方法很管用。您也可以试试。

5.多反思自己的教育情况

父母应经常认真总结、回顾自己对孩子的教育情况。您可以不断反思自己在孩子身上所花的时间和精力，看看哪些方面有问题，需要改进：最近有没有冷落孩子，是不是应该更主动地亲近孩子，工作再忙也要抽空和孩子一起玩、一起交谈，及时消除彼此间的隔膜；家庭教育有没有遵循一致性的原则，别一个唱红脸、一个唱白脸，影响孩子的情绪，等等。

第 **26** 课

如何面对"攻击性"宝宝

一位家长反映："我儿子现在 15 个月，有一件事我特困惑。我觉得他的攻击性特别强，不管是家里人或是他不认识的小朋友，他都喜欢去抓和咬，并且动作特快、特敏捷。要是你反应强烈的话，他就更有劲。平时在家，他有一个比他大 5 个月的表哥，不知是不是由于平时他们俩争夺玩具所造成的。如果是，我该如何正确引导他呢？"

对于这个问题，我觉得首先要分析一下幼儿攻击性行为产生的根源。

一、孩子缘何攻击性强

国内外的心理学家在研究儿童行为时，把儿童攻击性行为的发生归结为三方面的原因。

1. 受挫触发攻击性

幼儿在有目的的活动中，一旦受到干扰或障碍，其动机得不到满足时就会有这样的情绪状态，通俗地来说叫"挫折感"。我想，我们成人恐怕也有这种状况，比如，工作上挨了批，回到家就拿老婆、孩子撒气，就是这种表现形式。

2. 模仿

父母打小孩或是夫妻打斗，孩子都可能会模仿，甚至电视里出现的暴力行为,他也会去学着做,所以,对此我们要很小心。

3.强化

孩子因为某些目的去攻击别人,如果达到目的,这个行为便得到了强化。如果再加上大人对孩子攻击性行为的不干涉、默认,甚至是赞许,这种行为就会不断加强、强化。

二、应对的4个方法

对于此类孩子,我建议用以下的方法。

1.借助游戏进行受挫训练

比如,孩子刚搭好的积木倒了,我们要鼓励他:"没关系,再来一次! 我相信你这次会搭得更好!"

这里需要提醒家长的是:当我们在与孩子进行竞争性的游戏时,一般会让着孩子,让他赢的机会多一点,我们的目的是为了鼓励他,激发他的自信心。但是同时,我们必须要让孩子输几回,让他知道不可能每次都赢,输是很正常的现象。这时,除了安抚孩子的情绪外,可以教会他通过敲打(枕头、鼓)等游戏来发泄自己的消极情绪,而不是去打人。

2.营造和谐的家庭氛围

在家中,作为父母,我们要树立和睦相处的良好家庭氛围,尽量不要打骂孩子。因为家长打孩子其实就是一种强者对弱者的欺凌,是一种错误的行为示范。同时,我们要努力不让孩子看有暴力倾向的电视,包括类似的卡通片,并尽量避开那些有攻击性行为的同伴,这样才能远离不良的模仿对象。

3.及时制止和应对攻击性行为

一旦我们发现孩子有攻击性行为,就要及时制止,并及时剥夺他因攻击性行为而获得的成果,比如,他抢来的玩具。同时,我们一定要他把玩具立即还给同伴,并教他向同伴道歉。

4.可适当运用惩罚手段

惩罚在纠正不良行为中有明显效果。当然,惩罚手段仅限于暂时剥夺他喜欢的一些活动的权利,或暂时不满足他的某些要求等范围,并且让孩子明确惩罚的理由。请注意惩罚是及时的,而不是事后的。

孩子走路晚、说话晚怎么办

生活中，有一些孩子走路晚、说话晚，家长很着急。一位家长在来信中写道："我想问一下，我家的宝宝现在已经 15 个月了，但是还是不会走路和说话，我想问一下这个有没有什么影响，我们应该如何去指导他。我一直为这件事情着急，我希望专家能为我解答。谢谢！"

对于你的问题，我分为两方面讲。

一、15个月的孩子不会走路，怎么办

根据我们大面积的测试，15 个月的孩子不会走路的比例很低，所以你需要引起足够的重视。这时，建议你通过一些游戏的方式来促进孩子学会走路。

游戏 1：让孩子手拿响铃，并鼓励他将响铃推着向前滚动。借着推响铃的辅助作用，孩子无意中就能独走几步。如果孩子还不愿意走，你可站在他的前方叫他的名字，或说"宝宝真棒，会自己走到妈妈这里"之类的话，鼓励他独走几步。

游戏 2：准备孩子喜欢的玩具，把它放在玩具柜里。大人高兴地抱着孩子，说："宝宝，你去把汽车拿来！"或者说："宝宝，把洋娃娃拿给妈妈，好吗？"然后，你边说边朝着玩具的方向指，说完就把孩子放到地上。一般来说，孩子看见玩具后，就会高兴地向前独走。

总之,这时我们再不能坐等他会走,而是要主动采取一些方法促使他尽快学会走路。

二、15个月的孩子还不会说话,怎么办

15个月的孩子还不会说话的比例要比不会走路的比例较高一些,但它仍然是个值得注意的问题。这时,你不用过分着急,但也不能等闲视之,要积极地想办法促使他开口说话。

方法1:阅读法。

比如,你可以和孩子一起看画册,一边看一边说出其中的动物、人物的名称,并指着问他:"这是什么""跟妈妈说,这是汽车"等。

方法2:鼓励他开口。

当孩子能有意识地叫爸爸、妈妈以后,我们就要引导他有意识地发出一些字音来表示一个特定的动作,如走、坐、拿,等等。当我们叫他,他能回答或说出来时,我们要及时表扬。注意切不可在孩子将要用语言表达之前,我们就抢先阻碍了他开口的机会。比如,球掉到地上了,他指着球,意思是叫你帮他捡起来。这时,你不要着急,先不捡,而是说:"这是什么?你说球,说了,妈妈来捡!"当他说出"球"这个词时,我们可以高兴地边捡球边夸他:"宝宝真棒!"

方法3:充分利用儿歌、故事等形式。

每天坚持给孩子念唱儿歌、故事中成段的独白语,并鼓励他跟着念。当你念某一首儿歌时,孩子会被这种押韵、朗朗上口的语言所吸引,然后会把每一个字念出声来。告诉你,这可是一个不小的进步呢,继续往下念、反复念,他就会逐渐地跟着把一个一个的字蹦出来。当他主动发声了,你就可以放心了。

以上的游戏要天天坚持,不断重复,如果你有时间就多陪孩子玩,多和他说话;如果你没时间,则可以在孩子玩的时候将儿歌和故事的CD、磁带作为游戏的背景音乐,这样孩子会在潜移默化中得到足够多的词汇量,为他开口说话打下良好的基础。

TIPS :专家提醒:孩子不会走路的现象最好不要挨到18个月,不会说话的现象最好不要挨到2周岁。在这之前,父母不要着急,要多利用游戏来刺激孩子自己走或开口说话。

早教中心是拔苗助长吗

　　早教现在是越来越受家长追捧了，一位家长来信写道："我孩子已 21 个月了，上海的早教活动可谓如火如荼。我了解了一些早教园、亲子园等的活动内容，有的每周一次，一次 2 个小时，8 周为 780 元；有的 45 分钟一个课时，12 个课时起售，每课时 250 元，贵得让人咋舌。具体内容有的是教些生活自理能力；有的是教认识数字、颜色、形状等；有的美其名曰音乐才能、艺术才能的培养，让人很是迷惑。对其效果，我是将信将疑。投资教育，我觉得是值得的，但是我不知道怎样做才能让孩子在玩中学习，开心地学习，我感到很难选择。我有几个问题，希望杨老师为我指点迷津。

　　问题1：什么是早教？适龄范围？

　　问题2：早教中心、亲子园教导的东西是早教的内容吗？还是拔苗助长？

　　问题3：如果早教中心的内容是可取的话，面对良莠不齐的早教市场，家长该怎么选择呢？

　　问题4：早教中心的收费是否符合国家规定，还是没有规定？

　　问题5：家长在家对孩子各种方面的教育，和早教中心相比有哪些优势和劣势呢？"

　　正如我在上面说的，如今，越来越多的父母开始重视 0～3 岁的婴幼儿早期教育,亲子园就是在这种形势下应运而生的。

一、亲子园的存在有其积极意义

亲子园的适龄范围,一般指 0.5 岁～3 岁,也有的延伸到 5 岁、6 岁。

亲子园主要针对 0～3 岁婴幼儿,根据其不同年龄阶段的生理、心理发育特点,结合幼儿个体的发育水平,通过游戏的形式,有目的地、有步骤地进行训练,全方位开发孩子的运动、语言、认知、社交、情感、创造、艺术等多方面的能力,帮助孩子初步完成"自然人"向"社会人"的过渡。近几年来,已建立了较完善的理论和服务体系,所以,它的存在是件好事,是进步。

二、家庭教育和亲子园教育有所不同

家长在家进行多种方面的教育,和早期中心相比有以下几方面不同:

①家庭育儿缺少伙伴关系,缺少合作游戏,不利于幼儿的社会化进程。

②早教中心拟定的教程,具有科学性、目的性和针对性。尤其对家长有指导性,家长可以将从亲子园里学到的内容,因地制宜地在家里进行延伸和拓展。

③亲子园可以实现三个交流:婴幼儿之间的交流,家长之间的交流,专家教师和孩子、家长之间的交流,而在家里没有这种条件。

三、选择亲子园的 3 点建议

目前,对亲子园的行政管理尚未有明确的法规,各地的教育部门仍比照幼儿园的管理执行,所以,使得早教市场的收费、教学质量等问题出现良莠不齐的现象。对此,家长一定要选择,我提出几点看法:

①选择教育方式和理念先进的早教机构。尤其是家长可以从中得到科学的育儿知识和指导的早教机构。

②选择那些因地制宜的、适合本国本土的教育模式的机构。我不反对吸收国外先进理念和方法,但这些理念要经过科学的改

良、发展和延伸,这样才能够适用于中国的孩子。

③选择不仅能开发幼儿智能,同时又能促进其形成健康人格,并能促使父母自身素质得到不断提高和完善的机构。如果亲子园的教学内容只限于幼儿唱唱跳跳,虽然宝宝很乐意、很开心,但它仍然没达到目的,因为它没有促进孩子形成良好的情绪、性格和行为习惯的相关内容。

④至于学费贵得令人咋舌,我个人认为值得商榷,不是什么都越贵越好,而是越适合、越实用越好。

下辑

请权威专家答疑解惑为您指点迷津
——育儿中家长最关心的190个问题

如何做一个合格的父母

我看了很多书刊，但各家有各自不同的情况，究竟怎样才算一个合格的父母呢？

我觉得，做到以下三件事的父母就是一个合格的父母：

①培养孩子好习惯的养成。

习惯养成教育是家庭教育的核心任务，它是培养孩子健康人格的基础。父母的榜样示范、身体力行，家庭的耳濡目染，是孩子养成良好习惯的保障。

②开发孩子的智能发展。

在生活中激发孩子探索和学习的积极性，随时随地启发他思考，在对话中引导，在游戏中点滴提升。每个父母如果有这种育儿的意识，孩子成为一个"智者"是不成问题的。

③促进孩子的身心健康。

抵制社会不安全因素的冲击，防范危害儿童身心健康的干扰，帮助孩子成为身体健康、心理健康的人，积极地适应社会，这是父母需要努力的。

孩子交给长辈带，长辈爱打骂怎么办

我宝宝现在 1 岁 10 个月了，以前都是我在家带，新学期宝宝就上幼儿园托儿班了，我也开始上班了。因为宝宝的爸爸常年在外出差很少回家，我也是在邻市工作，一个礼拜才回家一次，孩子平常的吃喝拉撒就由他外婆负责了。可最近我回家发现了几个问题：2岁不到的孩子，父母不在身边，有时仅仅想让外婆抱一抱，会被外婆铁面无私、毫无商量地拒绝，正常的情感需求得不到，孩子只能哭，却又招来外婆的打骂，并说："穷人的孩子早当家，我不能让你养成娇生惯养的毛病！"认字、数数、儿歌等教一两遍，孩子还没有记住，就训其"傻瓜""笨蛋"等。孩子的优点不肯定和夸奖，一点小错误却会被外婆成倍放大，稍不对就对孩子大发脾气，弄得孩子成天在家哭闹，又被外婆训为"哭神"。外婆认为孩子既然给她带，那就必须什么都依照她的规矩来，还责怪我们没有把孩子培养好交给她。我虽然理解外婆在精力、体力上不济，但对于上述状况，我还是不能接受。孩子以前学东西非常有积极性，现在他宁愿不出门也不下楼；外婆强行要求他怎么玩，他宁愿把玩具扔了，也不愿意服从；什么事情非要拿棍子来，才肯行动；在外也比以前更胆小、内向了。我想咨询一下，这种情况下，我还有必要继续把孩子交给外婆带吗？对孩子以后的人格、性格等方面有什么影响吗？烦请专家给予指导意见！

一、隔代教养要注意方法

隔代教养已不是个别现象，很值得注意，但这位家长说的外婆对待外孙的教养方式有些不一样。大多数祖辈对孙辈的教养常表现为溺爱，如轻易满足、偏袒、特殊照顾、过分保护等，而这位外婆是严格要求。

其实外婆的出发点是好的，但显然在方法上欠缺正确的指导。比如，给外孙贴上"傻瓜"、"笨蛋"等标签，这是教育之大忌，这将关闭孩子的"动力系统"，使他自卑。另外，规定玩具只能这样玩，不能那样玩，是扼杀了孩子独立创新的能力，很不可取。

当然，当孩子犯错误时，不是不批评、不管教，而是要注意方法，更多的时候应是鼓励和表扬。外婆提出的"不娇惯孩子"还是有一些道理的，但是当孩子有一些进步时，及时的表扬更重要。

二、隔代教养下，不中断亲子关系

我们不排斥隔代教养。因为从某些意义上来说，隔代教养有优势。但我们特别强调在这种情况下，千万不要中断"亲子关系"（亲子关系是指父母和子女的关系）的纽带，因为亲子关系是不可替代的重要关系。因此,我建议,这时还是主要由你们来带孩子,这样对孩子的成长更有利些。同时,也不妨隔三差五地送到外婆那里去住几天。

孩子在陌生人前被批评爱哭怎么办

我女儿现在是 21 个月,一直比较胆小,不大跟陌生人讲话。最近我发现一个问题:在陌生人面前批评她,她就很委屈地放声大哭。如果是在家里,甚至打她,她都无所谓。最早是她 18 个月的时候,我带她到一个朋友家玩。我们正聊天的时候,我发现她站着尿尿了,她当时正吃着饼干呢。她没到 18 个月已经会自己蹲着大小便了,不用大人提醒。我立刻批评她(这时她已完全能听懂大人的话了),她很委屈地大哭,好不容易才哄好。我猜她尿裤子是因为在陌生环境不敢蹲,不敢讲。后来类似的情况又发生过两次。请问专家,我女儿 18 个月就有自尊心吗? 是不是自尊心太强了? 我们需要引导她吗?

21 个月的孩子当然有自尊心了,这不是一件坏事。对此,我提出以下的建议:

①不在有外人的情况下指责孩子。

当孩子在外面犯错误时,我们最好找机会单独跟孩子指出,而且应是小声地,并清晰地告诉她错在哪里。轻声说话,会使孩子感到这是母女两人的秘密,尊重和保护了孩子的自尊心,这一点很重要。

②遇事时平和地淡化。

18 个月时偶然站着尿尿,不是什么了不起的事,所以大人对此事应平和地看待,并淡化这件事。我们需要做的是及时纠正她,并避免由此而产生紧张和焦虑。

③在外人面前多夸奖孩子。

平时在和邻居、同事等外人聊天时,不妨当孩子面多夸奖她几句。比如,我们可以夸她说:她进步很快,不像以前好哭了,也不站着尿尿了。这种积极的暗示很有效,不妨试一试。

宝宝玩上瘾不肯走怎么办

我是《为了孩子》的一位忠实读者。现在，我的宝宝已22个月了。有一个难题，我特向杨老师请教：小宝宝每天走到公园门口时，就会迫不及待地跑到钓鱼的地方，看得出宝宝很喜欢这种玩法的，玩上一个下午都不肯走。天黑了，我告诉宝宝明天咱们再来，或者说阿姨要下班了，但宝宝还是不肯走。若你拿走他的渔竿，他就哭。在这种情况下，我们做大人的该怎么办呢？

一个这么小的孩子居然对某一项活动产生如此的迷恋，这是罕见的，您应该感到高兴。

①认识宝宝的兴趣。

所谓兴趣，即对某一事物产生特殊的认识倾向，是一个人良好心理品质的表现。当然，我指的是健康的兴趣。孩子的兴趣结构最理想的应是倒"T"字形，也就是"横线"代表广泛兴趣，"竖线"代表中心兴趣。孩子一旦形成广泛兴趣加中心兴趣，就会有很大的进步。

②培养宝宝的广泛兴趣。

从您的信中来看，您的宝宝已经有了中心兴趣。但是这样还不够，还应培养他的广泛兴趣。因此，当孩子不肯走、还哭闹的时候，一方面您应理解和肯定这孩子有执著的追求是好的；一方面还得转移他的视线，用其他更好玩的东西吸引他。必要时可采取强制离开的手段，但一定不能用斥责的方法。

我建议您平时刻意把一些好玩、漂亮的玩具或物品呈现在孩子面前。一般来说，两三岁的孩子对他平时经常、反复、大量出现的东西会表现出极大的兴趣。我们把这种特殊的心理现象叫"获得敏感"。比如，经常播放一些好的音乐，他会获得"音乐敏感"；经常给他讲一些故事，他会获得"故事敏感"，等等。这样，他由此会形成许多方面的兴趣探求，形成广泛兴趣。有了广泛兴趣的基础，再加上"钓鱼"这个中心兴趣，那么，这个孩子将会沿着激发兴趣的道路，建立良好的心理品质。这样的孩子好教，怕就怕对什么都冷淡，也不配合，那才是让人着急呢。

胆小的孩子在群体里会吃亏么

杨教授好！现在的家长由于怕自己的孩子吃亏，所以常常教他们"他打你，你也要打回他"。我知道这样的教育方法不对，但由于我的孩子是个性格内向且胆小的女孩（2岁半），所以我很担心她上幼儿园后被人欺负，我心里非常矛盾，不知道该怎么办，我该如何教育才是正确的呢？期待你的答复。

孩子的性格、气质千差万别，父母忧虑那些胆小的孩子在群体生活中"吃亏"，不敢争取自己应有的权利，这是可以理解的。

①打的方式不可取。

一些父母教孩子"他打你，你要打回他"，这种教育方式不可取。因为"你打过来、我打过去"，这两个行为都是错误的，不可能构成正确的行为。告诉孩子这个方法，等于告诉孩子"打"可以解决一切问题，只会让孩子间充满"暴力"和"仇恨"。

②"先退后进"应对孩子的"被欺负"。

幼小时，可退让。

对于年龄小或胆小的孩子，我们可以让他采取"退让"的方法，具体如下。

第一，您可以告诉孩子：当别的孩子欺负你时，你要告诉老师，让老师来帮助你。

第二，别人抢您孩子的玩具，您可以告诉孩子：让别人先玩一会儿，你玩别的，待别人玩好了，你再玩。

第三，对个别行为粗暴的孩子，就鼓励孩子远离他，和其他小朋友玩。

稍大时，想办法应对。

顺便说一句，当孩子长大了一点、开始懂事时，我们要鼓励他坚强、不畏惧，让他明白：他是有能力对待各种挫折的，并激发他开动脑筋，想办法应对这些事情，这样可增强他的自信心，让他学会面对困难和挫折。

③积极地看待"被欺负"。

冲突对孩子来说并不一定是件坏事，可以帮助他学习、成长。

而且，别小看孩子，他会有自己的处理方式，所以，请家长不必过分担心。当然，需要提醒父母的是，当孩子没能力或勇气面对困难时，我们应该鼓励他，别当着他人的面，讥笑他胆小、无用，这种做法会助长孩子的懦弱和自卑。

宝宝从小就很倔，反抗力很强，怎么引导

我的宝宝2岁了，有自己独立的想法了，总想让父母按她的想法做事情，也特别爱自己做事情。有时你帮她做事情，她总要取消你的做法，按自己的想法和要求再做一遍，比如，拿某样东西，你刚拿过来，她又放回原处说："宝宝拿。"然后她就再拿一次。这样的行为该鼓励呢，还是该有节制地引导？

这位2岁的宝宝很"倔"，从小就有"反抗力"了。但我要说：从小反抗力愈强的孩子，愈有独立性，愈有判断力。

德国的儿童心理学家曾追踪调查了100名2~5岁的幼儿，其中一半是脾气很倔、很有反抗力的幼儿，另一半是与此相反成对照的幼儿。等到孩子们长成青年后，心理学家发现前者有85%成长为意志坚强、深具判断力的年轻人，而后者只有24%，而且后者中大多数的人都成为无判断力、依赖性很强的青年人。

2~5岁正是孩子自我意识萌发的时期，大人对此不必忧心忡忡。在中国家庭教育中，使用频率最多的一个词就是——听话。我们得把这个观念改过来。所以，我向这位家长祝贺：您的孩子有独立性，有主见，是好的苗头。当然，对于孩子的独立意识，家长要有针对性地处理，尤其对于那些可能产生消极影响或出现危险后果的行为应加以制止，甚至态度严肃地制止。比如，他执意要去玩刚烧开水的茶壶，怎么办？这时就要严厉制止，并打一下他的小手，让他知道这是不可以做的事。

宝宝说话发音不准确并拒绝家长纠正怎么办

我的宝宝已经3周岁了。他有一个很明显的特点，就是如果他说话中哪个字的发音不准确，我给他纠正超过3次（我的态度

很好，不是批评的口气），他就生气了并开始胡说。如果批评他，他就更生气了。这种情况让我很困惑，希望老师能教教我，谢谢！

当家长发现孩子说话不标准时，可以及时而不是事后纠正，但我这里所说的是"可以"，不是说"必须"。因为学说话的孩子们都是经历了一个先发音不准而后回归到正确发音上来的过程（发音器官有毛病的除外）。在这个过程中，有的孩子花的时间很短，有的则很长。

对此，我的建议是每天用标准的普通话，为孩子有表情地朗诵一些故事或幼儿读物（也可以定时播放童话故事或儿歌的磁带），这种潜移默化的语言熏陶要比"纠正发音"的效果好得多。

1岁半的孩子，是顺其发展，还是参加启智训练

我的宝宝1岁半了，我是顺其发展，还是让他参加启智训练？

我的回答：这里所说的启智训练，是指现在广泛流行的各种培训机构开展的亲子教育活动，有的叫"亲子园"，有的叫"母婴教室"，名称各异，但都是孩子、家长、教师同堂上课，开展各种游戏活动。我认为这是一种很好的活动，尤其是对于独生子女家庭的孩子来说。在上幼儿园之前，他们几乎没有什么群体活动，加之现代生活方式的改变，这些孩子缺乏活动空间和伙伴关系，容易形成"儿童生活都市化"，对其人格发展很不利。所以，建议有条件的家庭可参加这类活动。

目前，这种亲子教育活动在北京、上海等大城市已经普及到社区。北京市政府甚至还提出要求：在2005年底，实现90%的0～3岁婴幼儿参加亲子教育。可见政府对此事的支持和肯定。但这里需要提醒父母的是，参加之前要注意选择，即选择一些有一定教学质量、有科学的育儿理念支持的亲子教育机构。

另外，亲子教育不是单纯的"启智"，还应注意培养孩子的交往能力、生活能力、意志力等，所以即便是参加了亲子教育活动，我仍建议父母将亲子活动的游戏内容在家庭因地制宜地做扩展和延伸，不要顺其自然。

宝宝特别内向、安静，该怎么引导

跟其他同年龄的孩子相比，我的宝宝特别内向、安静，该怎么引导？

一般来说，婴儿早期就已表现出个人的性格特点，我们甚至可以从产房里看出新生儿的个体差异，这种差异就是所谓"气质"。人的气质涉及人的先天特征，但也受环境、人际关系、刺激和活动条件的影响。气质无所谓褒贬，你的孩子倾向于内向、安静，在某种意义上说，是好的。古人很强调一个智者必须"入定"、"静心"，这种人往往能从事高难度的研究工作，所以这位家长不必担忧。

虽然婴幼儿气质存在着稳定性，但也有一定的可变性。因此，你可以考虑采用以下的抚育方式：有事没事多和孩子说话或讲故事，让孩子学会表达自己；鼓励孩子多参加一些运动和游戏，体验快乐的感觉；鼓励孩子多与同年龄伙伴交往，参加一些群体活动，培养他人际交往的模式；多带孩子出去走走，接触大自然，以此来引导他向活泼、开朗的方向发展，并帮助他建立适应性强的性格和社会行为。同时，父母要注意不要勉强孩子，或强制干预孩子安静来往——这种难能可贵的心理品质。

宝宝很任性，不听话怎么办

我的宝宝1岁4个月了，很任性，一不高兴就坐地上，很不听话，我真拿他没办法，请问我该怎么办？

对于这个问题，我觉得要从两个方面来看。首先从观念上看，一般来说，中国父母最烦的就是孩子任性，说得最多的、希望孩子做到的就是"听话"。而在西方国家，父母则十分关注孩子能比同年龄的孩子更早地说"不"或"我不喜欢"。他们认为这是孩子独立、有主见的表现，从中可见中西方观念的差异。其次，则是从心理学上来看，宝宝任性在心理学上叫做"违拗行为"，对于这种违拗行为，父母不能一概加以否定。

那么怎么对待宝宝的违拗行为呢？我觉得要注意以下几点：

第一，对大多数不会产生不良后果的违拗行为，你不妨"网开一面"，给孩子有足够的发展自我的空间，这具有十分积极的意义。

第二，对少数会产生不良后果的违拗行为，比如，执意要去摸刚烧开水的热水壶，父母则应严肃地加以制止，中途不要变卦。这种严肃的制止，对孩子决无痛苦而言，而且孩子会在朦胧中意识到：父母并不是每件事都同我作对，而只是一小部分反对我。久而久之，他就会形成是非感和行为判断能力。

最后，父母还要注意：严肃的制止和批评一定要贯彻"家庭一致性原则"，即不要"一个唱红脸、一个唱白脸"。因为只有父母态度一致，孩子才不会寻找保护伞、有空可钻，才能走改正错误这一条路。

孩子由奶奶带，"欺负"奶奶怎么办

我的女儿是由她奶奶带，最近我发现我女儿有点"欺负"她奶奶，奶奶让她干啥，她偏不干啥。比如说，我女儿给奶奶发出要小便的信号时，奶奶让她用坐便器，她就是不听，如果奶奶强行抱她坐，她便会大发雷霆，最后只好以奶奶的妥协告终。但是，要是我或者是她爸爸让她用坐便器方便的话，她便会马上服从。请问：我们应该怎么教育孩子？

①隔代教养，容易"溺爱"。

这是一个"隔代亲"的例子。看得出来，平时是奶奶在带孩子。值得注意的是，祖辈对孙辈的教育，比较容易演化成溺爱与娇惯。老人带孩子，生活上"包"下来，行为上"容"下来，把孩子惯成有恃无恐的"小霸王"。于是，孩子在奶奶面前撒泼，往往还当着父母的面，以表示自己的"霸气"。

②祖辈、父辈齐配合。

其实，在家庭血统伦理中，祖辈对孙辈的感情超过对子辈的感情，并不是坏事，但关键是不能"溺爱"。所以，这位妈妈应说服奶奶，带孙子应有"严"有"宽"，严而有格，不应一味宽容。

同时，父母一旦看到孩子对奶奶有不礼貌的行为，要以十分严肃的态度予以制止，切记不能放纵这种行为，不能摆出一副无可奈何的神情。须知，教育者一旦表现出无可奈何的表情，则宣告教育失败，孩子可以敏锐地感觉到他的行为是天经地义的。所以，父母的态度此时十分重要，这样才能使孩子有明确的是非感。

另外，针对孩子对老人的不礼貌行为，父母可以适当采取一些惩罚手段。因为这是一个涉及孩子今后如何做人的大问题。

如何让宝宝独自入睡

杨教授好，我的孩子睡觉一定要我陪在身旁才肯睡，我该怎么办？

婴幼儿入睡，一定要坚持"自然入睡"，即无条件入睡。所有的附加条件从一开始，即不能存在（比如，睡前讲3个故事才肯睡，睡前要轻轻拍打，然后摇摇等），这一点，家长一定要狠下心来。

我认为唯一值得保留的附加条件是播放音乐——播放舒缓、悠扬的摇篮曲、小夜曲等。每次播放的乐曲不要随便改动，音量由大逐渐变小。我们曾在很多家庭推广这种方法，效果很好。孩子一旦形成条件反射，自觉入睡就很容易做到。

另外，为达到夜间自然入睡的质量，在开始的一段时间尽量避免让幼儿白天睡眠太好，甚至可以考虑暂时中断白天的睡眠，以确保夜间自然入睡的效果。须知，只有夜间睡眠才能使脑下垂体分泌生长激素，有利于婴幼儿的生长。

什么是涂鸦期，家长该怎样引导

我的女儿15个月，最近拿笔和纸让她涂画，发现她好像有洁癖一样对不小心画出纸面的小线点、颜色非常在意。与画纸上画的内容相比，她更在意那些不小心碰涂的小线点，而且要求我立刻帮她清洁掉，不然就会小闹，不画了。这让我不解，这是儿童涂鸦期吗？我该怎么样做？

　　1～2岁孩子的确正处于"涂鸦期"，他们常常一边画一边玩，一边涂还一边嘴里叽里咕噜地说着什么。他们为自己的手指居然能创造出这么多奇异的线条和色彩而惊讶，于是他们有一种快感和冲动。

　　这个年龄段的孩子由于手部小肌肉群的发育还不完善，他们只能在纸上乱涂乱画，他们的兴趣也仅仅是停留在通过笔、纸和自己手指的划动后所产生的让人兴奋的效果上。不要小看这项活动，这可是孩子手眼配合的一项创造性活动。

　　现在的问题是这位15个月大的宝宝，有不能容忍自己在涂鸦中出现不喜欢的"缺点"，总要求家长"清洗"掉，家长担心其是否有"洁癖"。这里我要做如下的回答：

　　15个月的宝宝对于具体、抽象事物的认识和理解只能说才刚刚开始。由于个体个性的差异，她不喜欢画纸上出现"小线点"，这完全和"洁癖"无关，家长不必担忧，更不能认为这是"认识缺陷"。随着时间的推移，孩子的视野会逐渐开阔，她积累的生活经验也会逐渐增多，这种"吹毛求疵"的小毛病就会自动消失，她将关注更多的其他问题。

　　所以，我建议家长最好"忽略"此事，鼓励孩子继续"涂鸦"，实际上这是学习绘画的开始，家长应对这种兴趣和爱好倍加爱护，不管孩子画成什么样都一律赞美。这样，孩子就能从小在心里撒下爱好艺术的种子，为以后的绘画活动打下良好的基础。

孩子快 4 岁不爱写字怎么办

　　我孩子现在不到 4 岁，总不爱写字，请问专家该如何引导？

　　我不赞成教 4 岁的孩子写字，因为此时孩子的手指小肌肉群没有发育成熟，不适宜练写字，除非个别孩子有这种需求。

　　另外，在幼儿教育中，我们提出一个原则——"略超前"，即在早期教育训练中，把有一定难度的教育内容提前教给孩子。但这里需要注意的是，稍微超前一点就好，不要盲目超前。因为盲目超前的后果可能是事倍功半、无功而返。

为什么我的孩子更喜欢奶奶、爷爷,而不是妈妈呢

杨教授,请教下:为什么我的孩子更喜欢奶奶、爷爷,而不是妈妈呢?

这是一个隔代教养中常见的问题。婴幼儿在认知、情感方面有一个特点,叫"获得敏感",即对他来讲,凡是经常、大量、反复出现的人或事物,他会形成一种特殊的认知倾向,即特别喜欢。如果在此期间,经常、大量、反复出现的人不是妈妈,而是奶奶,或者保姆,他就会形成"奶奶敏感"、"保姆敏感",而不是"妈妈敏感"。

解决这个问题的唯一途径,就是做母亲的尽量多腾出时间和孩子在一起,陪他玩,多与他说话、沟通,日积月累,他就形成"妈妈敏感"。顺便说一句,这种敏感和血缘没有关系,抱养的孩子一样可以形成"妈妈敏感"。

孩子与同学发生矛盾时家长应怎么处理

当孩子和同学发生矛盾时,我们家长应该怎么处理,如何帮助孩子加强他的人际交往能力?

现代社会很重视交际能力,孩子们之间的交往是孩子社会化过程必不可少的环节,他们与伙伴的交往意味着他们由"自然人"向"社会人"过渡。但这种交往难免会产生矛盾,大多数家长往往把这种冲突看得很重。其实,孩子相互之间的冲突也是一种学习过程,他们在每一次冲突中,学会如何与人交往,并随时调节自己的情绪和与他人的关系。

对此,欧美国家的家长往往在一旁采取冷眼旁观的态度,看看孩子如何自行处理这些矛盾,只在事后对自己孩子的行为加以评点和指教。

值得提醒各位父母的是,下面这些做法是不可取的。

①告诉孩子:"他打你,你就要打他,一定要还手!"

②对孩子说:"以后你不要再和他玩了。"

③告诉孩子："你要再这样,我就不带你来玩。"

父母长期到外地工作,孩子从哭闹变为不愿接父母电话怎么办

我是一位3岁孩子的母亲。去年9月,我儿子上幼儿园了,最近由于工作原因,我和丈夫都要去外地(长期),孩子只好放到我母亲那里。我们离开后第一次往家里打电话刚好是儿子接的,儿子在听到我的声音后一直在不停地哭,还喊着说:"妈妈,我想你了!"这是儿子长这么大第一次这样地叫喊。当时我真有立刻回到他身边的冲动,冷静下来,想想孩子也是需要锻炼的。我告诉他要坚强,说了些道理。可从这以后,我们再打电话时,他说什么都不愿再接了,而且在家也不爱说话了,脾气变得很大,谁说他,他就要打人或是不理别人了。我想咨询一下:像我们这种情况,该怎样去应对孩子的变化,这样下去会对他将来的性格成长有影响吗?我们非常担心,作为父母,我们该怎样去做呢?

幼儿与他最接近的人(通常是母亲)的依恋关系,使得他们在陌生的环境中产生"分离焦虑",这是这一时期所特有的一种反应,这正说明母子之间的相互作用是十分重要的,这种依恋的情感肯定是好的,因为这是他早期社会能力及人格发展的必要健康因素。但是,由于多种原因,不得不中断这种亲子关系,这又是当前很现实的一种现象,如何对待?我觉得以下几点要注意:

①尽可能给幼儿多一些与父母交往的机会。比如多打电话,多增加回家的次数陪陪孩子等,千万不要因为你们的离开而引起亲子"情感剥夺"的现象,这样会造成孩子抑郁、孤僻,有时甚至会产生拒食、消化紊乱、夜惊等精神障碍。

②设法让现在的抚养人(外婆)尽可能多地与孩子交往。比如,陪孩子念歌谣、讲故事、外出散步等,做一些情感上的补偿,以减轻他的不安全感。

③鼓励孩子交朋友。事实证明,有幼儿园的伙伴,能帮助孩子转移情绪、减少分离痛苦,使孩子逐渐学会面对与依恋对象分离的日子。

怎样教孩子轻松识字

我孩子5岁了，请问如何在日常生活中教他轻松地识字呢？

一般来说，3岁以前适合通过多种游戏识字。不施加压力，不规定指标，大多数孩子在这样的轻松中可以认识不少汉字。但是，根据我20多年的研究，3岁以后，再做这种"文字游戏"，孩子往往不干了。为什么呢？因为3岁以后孩子的视野开阔了，玩的花样多了，老是这样一个一个地去认字，他觉得没劲了，所以许多家长问我怎么办。

我十分负责地回答：这个时候要巩固识字成果，唯一的途径就是进入阅读。一旦进入阅读，孩子会惊讶地发现：原来他认识的这些美丽的"方块字"，居然可以组合为朗朗上口的儿歌、生动有趣的故事，此时，他会乐此不疲。

对于儿歌，可以让孩子先背后认。先让他背熟，然后再"对号入座"，一个字一个字地指认（注意一定要指，不指不行）。

对于故事，可以先从中选出几个字，比如带"月"的字。然后在讲故事的过程中，把这些带"月"的字一一提取出来，接着，在复述故事时一一放回原来的语言环境中去。

阅读时，还可以带孩子跟读，从一字一顿地带读（顿读），一句一句地带读（顿读），到最后家长读上句、孩子读下句（跳读）。相信日积月累，孩子一定会爱上阅读，识字就自然在其中了。

怎样对孩子进行挫折教育

现在常听人说挫折教育，怎样的挫折教育适合孩子？请问对于3～6岁的孩子，我们家长平时怎样做比较合适？

有位记者曾问美国著名作家海明威："一个作家最好的早期训练是什么？"海明威回答："不愉快的童年。"他的意思是，多经历一些挫折、磨难，对一个人的成长具有重要的意义。所以，我赞成适当的挫折教育，这是很必要的。

有一位家长为了锻炼他 4 岁儿子的勇敢独立，把孩子悄悄地"丢"在闹市区，看孩子是否能想办法对付。当然，早在孩子身边安排了人看护，几经周折，孩子居然会去找交警，并被爸爸"认领"了回去。还有一位母亲，为了锻炼 5 岁的女儿，叫她独自去看小姨，自己在后面"跟踪"。女儿按母亲的要求，过马路时找大人帮助过马路，最后安全地走了一趟"亲戚"。还有的父母把孩子带到山区看亲戚，当孩子看到同龄的兄弟姐妹的生活状况以及他们在恶劣环境中吃苦耐劳的精神，加上自己也吃了些"苦"，所以受到很大教育。

对孩子的挫折教育，每位家长都应该从现在做起，再不要自己吃粗茶淡饭，却为孩子准备丰盛的早餐，也不要不忍心让孩子做些力所能及的劳动，要还孩子一个真实的世界！

国外有专家建议，在孩子的房里种一盆鲜花，教他自己给鲜花浇水、施肥，在朴素的自然接触中，给孩子一个完全自主的机会。

孩子在家霸道，在幼儿园欺软怕硬怎么办

我儿子 6 岁了，在家里很霸道，可是在幼儿园却欺软怕硬。最近他跟我说，在幼儿园有个 A 小朋友很喜欢和他玩，可是他不喜欢 A，他喜欢和 B 小朋友玩。A 小朋友知道了，就威胁他说："你要是不和我玩，我就不让你和 B 小朋友玩。我儿子怕了，就只好勉强自己和 A 小朋友玩，然后，再和 B 小朋友玩。"我听了以后，觉得很吃惊，没想到才几岁的小朋友，也有这样复杂的人际关系。请问杨老师面对这样的问题，我该怎么做呢？

人的第一性不是生物学意义上的，而是社会学意义上的，儿童也不例外。既然如此，通过观察、倾听、询问等方式识别他人的情绪、意图和动机是儿童进行人际交往的首要能力。

所以，首先我要祝贺你，你的孩子在这方面完全及格。其次，选择适宜的交往策略也是十分重要的人际交往能力。孩子们在与他人交往中，尤其是与同伴交往中开始运用这种策略，这可是一个不小的进步。请注意，交往策略除了表示友好态度以外，也

包括服从、交换等。你孩子采取的策略是：为了达到与 B 小朋友玩，我只好先同 A 小朋友示好。这是何等高超的策略，说不定他长大以后会成为一位外交家或领袖。

请不要急于从道德评判去评估你孩子的做法，没那么严重。你可以仔细观察，但不要妄下结论，你只需多从正面去引导，比如，给他提供你处理人际关系的态度和精神，通过图画、故事传递正确的人际交往方式等。但更重要的是，让孩子在与他人交往中，学会合群、学会分享、学会关心和体谅他人，逐步学会组织、协调、合作能力。

孩子快 3 岁了特别不听话，
是不是进入第一个反抗期了

我女儿快 3 岁了，最近，我发现她特别不听话，比如，早晨叫她洗脸，她不洗，我哄她说，洗好了可以擦香香。她说，不洗，要擦臭臭。一不高兴，就睡在地上打滚。我打也不行，恐吓也不行。我听别人说，3 岁是孩子第一个反抗期，请问是这样吗？

家长一定要先认识：孩子的这种反抗其实是自我肯定与保护的集中体现，是他成长中一个必然的过程。有了这个认识，我想家长的担忧就去掉了一大半。我还进一步告诉你，3～4 岁是孩子反抗的第一巅峰期。4 岁以后这种表现很快会消失，他会变"乖"、变得愿意和你合作了。不过，你要知道，这个时期又是进入第二反抗期的前奏。

如果此时你想假借家长之权威使之服从，恐怕会徒劳无益。而且你的态度一旦过严，会加重孩子的反抗。所以，最好的方法不如"疏导"。

①你是否能通过游戏、玩具等想办法转移他的注意力，而不是正面去斥责和威胁。

②仔细分析一下，当孩子说"不"时，是否有些道理。

③要使孩子服从，关爱和体贴是必不可少的。事实上，孩子的反抗常常是模仿来的。比如，父母当着孩子面吵嘴，孩子就会学你们的龇牙咧嘴。所以和谐、温暖的家庭和亲子关系，有助于

缓解孩子的反抗态度。

④你是否能横下一条心，忽视孩子的错误行为，转而夸奖他一切良好的表现？很多家长常常把重点放在孩子的缺点上，却忽视了赞美和鼓励。你试一试吧，孩子需要这种"精神营养"。

⑤你是否能把孩子看作一个与你平等的独立的个体来对待？比如说，少一些命令，多一些商量。当你想让孩子收拾玩具时，你可以换一种口吻说："来，我们比一比，看谁先让玩具回家。"

孩子嫉妒心强，容不得别人比他好怎么办

我女儿从小就对"你的"、"我的"分得很清，现在快6岁了，我发现孩子的嫉妒心很强，总以自我为中心，总说别人的缺点，让她说说人家的优点，却一点也找不到，容不得别人比她好，我真不知道该怎么教育孩子才好。

孩子出现嫉妒心理，这是幼儿心理发育的正常反应。父母不能用成人的道德价值理论去评判、去理解，只需注意，不要去强化他就行了。以下几点，你可以试试。

①迂回的表达。对孩子的嫉妒心，家长不宜正面去斥责，最好巧妙迂回地告诉他：你是很棒的孩子，但别人也是有优秀的地方。我们绝对不要说："你看，人家贝贝多聪明呀，哪像你这么笨，还嫉妒人家，真是的！"

②利用讲故事来讲道理。这种方法对于孩子也是十分有效的，例如"龟兔赛跑"、"骄傲的孔雀"等故事都十分适宜。通过讲故事来讲道理，孩子比较容易接受，印象也比较深刻。

③多和其他孩子交往。如今大多都是独生子女，在他们从家庭到集体和社会的过渡过程中，最重要的是有意识地培养孩子的集体观念、合作意识。只有在和他人交往和合作的过程中，孩子才能理解他人，明白自己在集体中的地位和作用，从而明白是非，逐渐克服以自我为中心的意识。

给孩子音乐启蒙，听什么音乐为好

我是一个女孩的父亲，很想给女儿听些音乐，但不知道什么好，能给推荐一下吗？

我这里推荐的是人类的艺术精品——欧洲古典音乐（不排除中国古典音乐和儿童音乐）。

它们是：舒伯特《圣母颂》、《小夜曲》；海顿《小夜曲》；舒曼《梦幻曲》；马斯内《泰依丝冥想曲》；亨德尔《最缓板》；圣桑《天鹅》；莫扎特《G大调第十三号小夜曲第二乐章（行板）》、《小步舞曲》；古谱《圣母颂》；勃拉姆斯《摇篮曲》；格里格《苏尔维格之歌》；肖邦《降E大调夜曲》；贝多芬《月光奏鸣曲》；柴可夫斯基《如歌的行板》、《花之圆舞曲》。

孩子4岁精力还不集中怎么办

我儿子已4岁1个月，一直就有精力不集中的问题，最近尤甚。经常是正在做某件事时，任何一点声音或一点动作都能把他的注意力转移了。更要命的是现在让他找某件东西，他眼睛盯着就声称找不到，然后就开始东翻西找，必须要人提醒才看到眼前的东西，我们深感恐惧，请专家给予帮助，谢谢！

让孩子重复您的话：孩子注意力不集中有一种常见的现象，就是他很难做到注视说话者，所以首先父母一定要保证孩子确实听见了你的要求，然后让他看着你，把话重复一遍，这对于爱走神的孩子很管用。

玩"盯人"游戏：你还可以同孩子玩"盯人"游戏，看谁盯着对方的眼睛时间最长，孩子们很喜欢玩这个游戏。

用时间控制：比如，让孩子阅读图画书，可以让他上好定时器，不要长，5～8分钟。然后，逐步增加时间。重复多次，如果每次定时做到，就给予鼓励和赞扬，甚至发奖品，孩子注意的时间定会增加。

至于这种情况——明明东西在眼前,却"看"不到,如果偶一为之,不必挂在心上;如果长期为此,则有可能是感觉统合失调的症状,应去检查。

孩子运动时平衡和协调能力不太好怎么办

我女儿3岁半,各方面发育都不错,只是运动时平衡和协调能力不太好,有什么好办法吗? 谢谢!

平衡和协调是由中枢神经系统支配肌肉活动中的生理表现。如果家长在平常能对孩子加强指导,让孩子有目的地锻炼,以加强他体验形成动态活动的条件反射,孩子自然就会平衡和协调了。我推荐几种活动供参考。

①斗鸡:家长和孩子面对面站立,每人都屈一条腿在腹前,用双手圈住屈膝腿的脚腕和脚背,让另一只腿单脚站立,两人都用单脚跳来跳去,见机用肩去碰对方肩,如果对方被碰并撒开手,双脚落地即失败了,然后再来。

②踢沙包:用布缝一个小包(包内可装豆类、玉米、沙等),包上缝一根绳,让孩子手拧着绳,脚踢包,也可以手扔着包玩。注意:踢时需要准确性和节奏感,不仅眼要看准,而且手要拧得高低合适,脚又要踢得准。

③拍手接球:孩子双脚分开左右站立,双手拿球从胸、腹前往上抛球,在球没有落下前拍一下手,再去接球,逐渐增加抛球的高度和拍手的次数。

孩子有错,我们一教育她就跑到老人家里怎么办

杨老师,您好! 孩子发脾气时总会冲最疼爱她的人来,老打人,而且很敏感,一不对就发作。由于工作的缘故,我们没有从小带她,老人有些溺爱包办,我们现在似乎很难重新给她树立规矩。即使接回来住,她仍是一发脾气就逃到祖父母家。我们该如何改善这种局面?

你孩子的这种行为表现出的是由于溺爱而产生的任性。这时候孩子打人，是不会考虑这样做是否会伤害她最亲近的人的感情的，因为此时她缺乏考虑别人感情的能力。那么，联系到她一受指责便逃到爷爷奶奶家里这件事，似乎可以从中找到一些原因。我们强调"家庭一致性"原则，就是希望家庭成员对孩子的缺点、错误，采取一致的否定态度，切忌"一个唱红脸，一个唱白脸"。不然，孩子就不会从是非判断出发，调整自己的行为，而是立刻在家庭成员中窥探出谁是她的"保护神"。只要有了"保护神"，她就会扩大自己的任性。当有人指责她时，她会首先想到找"保护神"庇护自己，然后将愤怒加在指责者的头上，这样下去是很难指望她改正的。因此，家庭成员(尤其是祖辈)对待孩子的缺点和错误态度应一致，不要去祖护孩子，应该让孩子感到只有改正缺点和错误这一条路才可走。

单亲妈妈面临孩子不爱和自己说话怎么办

我儿子7岁了，上小学一年级，由于种种原因我和孩子的父亲在孩子很小的时候就离婚了，孩子一直跟着我。我发现他近一年的时间不太爱和我说话，做什么事情都很慢，穿衣服、写字都慢得不行，为此我很着急，请问杨老师有什么好方法能让他改变一下？

对母亲来说，离婚是不幸婚姻的一种解脱，但对无辜的孩子来说，却不是一件好事，他或多或少会在一段时期内陷入一种无所适从的心理困境，表现出来的行为可能就是这位母亲说的"不爱与母亲说话"，我认为这是家庭结构变动以后的一种自然反应。一方面，家长应认识到，经过一段时间的调整，这种现象会得到缓解；另一方面，家长应采取积极的应对措施。

①不要当着孩子的面诋毁另一方(爸爸)对孩子的关爱之心。

②找机会单独带孩子外出旅行，旅行中那种相依为命的感觉，能迅速弥合母子关系的沟壑，母亲身上那种独立承担一切的精神，能很快唤起孩子的敬仰、爱慕之心。

③把你的精神世界展示给孩子看，比如和孩子谈未来，谈你

对孩子的期望,谈你对孩子的爱心。然后,你会发现孩子开始主动接近你。

而对于孩子行为迟缓,可采取"最低限度辅导法"。比如做作业,根据内容给他定一个最低限度标准,比如 30 分钟完成,以后每次把限度缩短一点,25 分钟。同时,家长可以在旁进行辅导、帮助,使他逐渐形成一种时间限制和紧迫感。一般来说,这种方法是可以克服他迟缓的毛病的。

3 岁孩子几乎连一个字甚至是数字也不会认怎么办

我女儿 3 岁了,给人感觉聪明活泼,语言表达和运动能力很强,记性很好。上幼儿园快一学期了,《字宝宝》里学的内容都会读,却几乎一个字也不会认,就连数字 1、2、3 教了很多次都不会认。请问这种情况正常吗? 我们该如何教宝宝认字?

这个问题反映出在教孩子视觉语言时的一种现象。3 岁的孩子注意力有限,他会读实际上是由于他的印象记忆很强,是背出来的。如果要让他把背的内容和每个字对上号,我有一个长期从事这方面教学的经验之谈,那就是以手指字——也就是"眼睛看这个字,口里念这个字,用手指这个字,脑子记这个字"。眼、口、手、脑综合利用,其中关键是"指",缺乏用手指这个中介,孩子们很容易滑过去了。

那么,每次阅读都要指字,是否长大了也指呢? 放心,不会的,他什么时候不指字也会读,他自然不指了,但在这之前,一定要指。这种做法是让孩子通过阅读,把每个字的"音"和每个字的"形"对上号,这叫"音形重合"。

孩子总爱买学校门口小摊上的东西怎么办

我儿子今年 6 周岁了,在读学前班。他上学和放学时,总要买学校门口摊位上的小东西,和他讲了无数次,可是没效果。儿子说:"班里的同学都有,都在玩"。所以每次彼此都弄得不开心。请问杨老师,面对这样的问题,我该怎么办?

家长管不了摆摊的，却可以管住孩子，关键是作为教育者，不要摆出一副无可奈何的表情。只要在孩子面前摆出一副无可奈何的表情，就是宣告教育失败。对此，我们可以"约法三章"：一、家长承诺确保孩子每日的物质供应；二、孩子每天的零花钱记账，一旦发现购买小摊上的东西，就取消第二天的零花钱；三、一个月内做到不买小摊上的东西，给予一次大的奖励。

西方发达国家的许多家长认为，对年龄尚小的孩子无法用道理说服时，采用契约形式往往奏效，可以规避不良习惯的滋生。

孩子爱拽人头发怎么办

女儿快3岁了。有天她跟我闹着玩，突然用劲拽我的头发，我当时第一反应就是要让她知道这样会很疼的，就稍用劲拽了她的头发一下，她当时很吃惊，但我问她疼不疼时，她却笑着说不疼，我又用劲拽了她头发一下，这次的劲很大，她一下哭了，我不知道她是因为疼得哭了，还是被我的行为吓哭了。事后我也有点后悔，别人说我心理有问题，但我遇到这样的事该如何处理呢？

对于3岁的孩子来说，拽别人的头发，只是一种游戏，或者是试图引起大人的注意。改变的方法是找一件让孩子认为比拽头发更令人高兴的事，比如，对着她唱歌，表情丰富，手舞足蹈，让她感到你在关注她。如果她还要试图拽你的头发，你应该握住她的手，态度严肃地说："不可以。"

如果她再要拽，可以采取不理睬的办法，让她感到妈妈很生气。其实，孩子很在意母亲这种态度的，你可以延长这种冷处理的时间。不过，要注意一点：当她改用其他方式引起你的注意，比如，叫、喊，你要及时回应她，并换成笑脸相迎。久而久之，她会形成一种认识，只要不拽头发，妈妈是喜欢我的。

至于你在信中说你拽她的头发使她哭了，这虽然不是好办法，但也不必自责。

孩子回乡下老家后变"野"了怎么办

我宝宝马上快5周岁了，前段时间被孩子的奶奶接回乡下老家了。谁知才一个多月的时间，孩子不仅学会了说脏话，还经常和别的小朋友打架，我们知道了以后就又把他接回来了。天啊，这哪里像我们的宝宝，纯粹是一个野孩子，为这事我和丈夫还大吵了一架。我该怎么办呢？我怕自己没那么好的耐心。

大城市的孩子，由于居住条件的改善，带来了一种叫做"高楼综合征"（或曰"儿童生活都市化"）的负面影响。他们生活在高墙大院里，狭小的防盗门内，缺乏应有的伙伴，与大自然隔绝，滋生出许多问题。你有条件让孩子到乡村去住上个把月，真让人羡慕。

你看到的是孩子的"毛病"多了，但好处是不是也多了呢？他亲近了大自然，他广交了朋友，他见识了鸟、兽、虫、鱼，他解放了他的双手、双腿、眼睛、耳朵、嘴巴，这些收获是其他小朋友难得一遇的。至于添了的毛病是可以改的，我的看法是——利大于弊。

孩子因想争第一反而导致做事缩手缩脚、表现紧张怎么办

女儿快6周岁了，还在上幼儿园大班。她是一个很敏感的孩子，语言能力和数理能力都不错。但可能是太要强的缘故，所以常常因为怕做得不好而显得缩手缩脚的。因为怕露怯，所以很多时候在众人面前表现得很紧张。不知道怎么引导她才好。我总是对她说，只要尽力就好，不要总想得第一名，可是她却很在意，得不了奖会伤心，有受挫折之感。

孩子的认识能力还是有限的，我们大人认为很自然的事，对他们来说却是陌生的。儿童心理专家认为：儿童有几个阶段"认生"，其中6岁时就是一个"认生"的阶段。他们在陌生人面前沉默，做父母的不能强迫孩子，更不能斥责说："你真没出息！"你可

以采取一些方法增加她说话的机会,比如,你们一起"预演"一下,让孩子在表演中练习向人问候,并同她讨论一下,这里她可以说些什么。而当陌生客人到来时,不要把孩子置于交际的中心地带。如果此时她还是难为情,也不必去提醒她,而是自己做出表率,从容应对,这样她在生人面前不说话的情况会逐渐减少。你越少让孩子成为大家注意的焦点,孩子的感觉会越好一些,以后再不断训练就是了。

至于抗挫能力差,这就需要家长常常设法让她接受一些挫折教育,学会等待和忍耐。

怎样培养独生子女的吃苦耐劳精神

现在的孩子都是独生子女,娇生惯养的,怎样培养他吃苦耐劳的精神呢? 在家里可以做哪些活动呢?

"娇骄"二气十足,是当前独生子女中较为普遍的现象。更令人惊讶的是,我们对武汉市一千个家庭的调查居然得出一个结论:男孩的"娇骄"二气比女孩还稍重。我理解可能是因为"重男轻女"的遗风仍有一定影响的缘故。那么,如何来克服呢? 我觉得要从以下四方面去努力。

不要过分关注孩子,让孩子无所适从。比如,有的孩子在家里玩,难免有点磕磕碰碰,产生一些"破坏行为",如果父母过分干预,这也不让干,那也放不下,只会使得孩子不知怎么才好。为此,正确的做法是,要关注孩子的行为,但不要过度关注,给孩子一定的自由活动空间。

鼓励孩子做一些力所能及的自我服务性劳动,如洗手绢、洗袜子、扫地、擦桌子、给花浇水之类。也许有家长会说:"宝贝疙瘩就一个,疼都疼不过来,还让他劳动吗?"其实,家长只是用自己的角度看问题,他并不知道这种力所能及的劳动,对于孩子来说,其实是件愉快的事。作为家长,我们宁可因孩子做得不好而事后返工,也不要不给孩子尝试、锻炼的机会。

冷静对待孩子的哭闹。有的孩子把哭闹作为一种要挟家长的武器,对此,家长不要害怕,要采取冷静态度。对于孩子合理的要求,我们不要马上满足,以此让孩子学会等待和忍耐;对孩子不合理的要求,则从一开始就坚决拒绝,而且中途不要变卦。这样做对孩子来说,并没有痛苦可言。

家庭成员的原则和立场要统一,对孩子的错误,家庭成员应一致表示反对,切忌"一个唱红脸,一个唱白脸。"不然,孩子会很快发现,家长里有"保护神",他会失去是非感,专找"保护神"来保护他,于是,他积重难返,很难克服他身上的毛病。

怎样培养孩子的自信心

我孩子3岁3个月了,很活泼,整天喜欢跑、跳,也喜欢说话。以前没上幼儿园时,他能很好地在人们面前表现自己,可自从上了幼儿园就不那么自信了。据老师说,每次让他上台独立完成一件事,他总是扭扭捏捏,缺少男孩子的大气。还有几次,我去参加他们的公开课。面对很多孩子的家长,他就不配合老师,趴到了桌子底下或坐在那里一动不动。他常跟我说,怕别人笑他。可我们很注意这一点,从没有伤害过他的自尊心。请问杨主任,我们该怎么培养他的自信心?

你说到的孩子在幼儿园的表现状态,如扭扭捏捏、不配合老师等行为,被称作"群体生活的假性适应",其本质是缺乏自主意识的培育。如果我们仔细观察,会发现在幼儿园里,总有部分幼儿会出现类似的情况。他们缺乏主动性,不愿努力进取,因而丧失很多宝贵的学习机会。对于这种孩子,家长的主要任务是提升他们的主动性和进取精神。以下几种做法不妨一试。

①创造一些条件,比如多走亲串友,把孩子介绍给亲友,鼓励孩子积极表现,如唱一首歌、跳个舞,大家积极鼓掌。由于是在熟悉的人群中进行,一般情况下,孩子乐于接受。然后逐渐扩大范围,到相对不太熟悉的朋友家去,做同样的事,同样给予积极的暗示和鼓励。不知不觉,他会欣然接受,并觉得:这有什么呀,我还是很棒的。

②和幼儿园老师多沟通,并请老师在一日活动中有意给你的孩子多一点表现的机会。可以先从容易的事做起,比如,请他帮

老师给小朋友发书,然后在游戏中让他充当一次主要角色,鼓励其他孩子积极配合。

③在你所在的社区,找一两个与他年龄相仿的孩子,带到家里,引导他们做"合作游戏",比如"老鹰抓小鸡"。开始时,家长可以参与其中,然后让孩子自己去玩。在游戏中,家长的配合和赞许会增加孩子的信心,使他开始习惯这种合作的氛围。多进行几次,再扩大人数,让新朋友参加进来。你会发现,孩子变了。

孩子没主见,总喜欢模仿别人跟着瞎闹怎么办

我儿子3岁半,他特别喜欢模仿身边的小朋友,而且非常机械。无论别的小朋友年龄比他大,还是比他小,只要在一起玩,他就不停地模仿。别人怪叫,他就怪叫;别人不小心跌倒,他就故意跌倒。只要跟小朋友玩,他就失去主见,总是学着别人的一举一动。其实我们与他交流过很多次,让他不要总是模仿人家。可一与小朋友在一起,他就变成了那个爱模仿的小朋友。请问杨老师,他这样算正常吗?我们应该怎样应对?

模仿是人类一种最直接的学习行为。其实孩子们学很多的东西,无需刻意去教他,仅凭模仿就行了。所以,利用幼儿善于模仿、喜欢模仿的特点去达到意想不到的教育效果,心理学家对此十分肯定。但是模仿也有负面作用,即孩子不分好坏一律模仿,于是出现了你所说的困扰。

对此,我们不要制止孩子的一切模仿行为。我刚才说过,模仿的积极意义大于消极意义,凡是有益于他身心健康的模仿行为,要鼓励他去做。但问题是对于一个坚持"机械"模仿的孩子,父母一定不能因为心软而放弃制止,一定要摆出"你无论如何不能这样做"的姿态。当然,开始他根本不听,但你不能因此而停止。由于你的态度坚决,他最后还是会按你的意思做。但前提是你不能中途变卦,要坚持采取否定态度,不作让步。

另外,有一点很重要,那就是我们要帮孩子建立独立自主的性格,让他体会有独立意识的乐趣。比如,鼓励他模仿爸爸昂首挺胸走路的样子,看看他有多神气;让他在规定时间内用积木搭

一所房子;让他到厨房里把酱油瓶找到,并送到妈妈手上,等等。他能独自吃饭就不要喂饭,他能自己穿衣就不要代庖,这样一来,他的独立人格逐渐建立起来,他就不会喜欢步他人之后尘。须知,凡独立性强的幼儿是不屑于跟着学别人的一举一动的。

孩子很聪明但数学方面始终表现不好怎么办

我女儿已经上小学二年级了,她的语言表达能力、记忆能力都很强,朋友们见了都夸她聪明。可是她在数学方面表现得不太好,10 以内的加减法还要掰手指算,稍微拐点弯的题就不会算。我认为是她的逻辑思维能力不行,现在训练她的逻辑思维能力是否已晚,期待着专家的答复!

训练儿童的数学逻辑智能,不能只局限在计算能力的培养上,而是重点放在构建他的基础概念上,这是家长需要知道的。

我觉得,就提高孩子的计算能力而言,家长的主要任务应放在口算训练上。首先,你可以训练她迅速说出 10 以内的组成和分解,并进行一些口算游戏。

"找朋友":给她一张"7"的卡片,让她找到可以和 7 组成 10 的"朋友"——"3"。

"开火车":和孩子共同进行口算比赛,预先写好一些口算题,比赛看谁算得又快又准,即开的火车的"车厢"越长越好。

以此,由易到难,反复练习,逐渐加大难度,再进行乘法练习。

孩子非要挨打才肯听话怎么办

我是一个 6 岁孩子的妈妈,现在遇到一个麻烦:就是每次我说的话,他都不爱听,而且脾气特别坏,让我气得够呛,有时非要"打"字上身。他还对别的小朋友说:"不想待在自己家,因为爸爸妈妈老会打我,要搬到别人家去住,要离家出走……"想想儿子马上要上小学,我真不知如何才好,恳请给予指导。

6 岁的孩子正经历着他人生中的第二个心理反抗期(第一个

反抗期在 2～3 岁）。从实质上说，这个时期也是他独立性萌发和个性形成的时期，非常重要。他表现出来的行为就是你所说的"不听话"、"脾气坏"，等等。

如果家长用"打"来解决问题，显然是下策。我的观点是，家长打小孩是一个强者对弱者的欺凌。

这时，肯定会有人反问我：是不是绝对不能打孩子？

我得十分慎重地回答这个问题。

有两种情况可以打孩子，但绝对没有第三种理由：一种是当你的孩子去接触危险而不自知，甚至可能危及生命的情况下，此时你不可能同他讲道理，也来不及讲道理，"啪"地揍他一下，使他产生深刻的印象。比如，他硬要去抓刚烧开了水的开水壶，他执意要去摸带电的开关，怎么办？打他一下，让他长点记性，未尝不可。第二种情况则是他作为强者去欺凌弱者，比如 6 岁的孩子去打 3 岁的孩子，你作为更强者，揍他一下，让他体会到作为弱者被欺凌是一种什么滋味。

除此之外，你不能打你的孩子。但是，家长不应放弃对孩子的制约，要让他明白"该做"和"不该做"这两个词的含义。这个时期的孩子想让他放弃他想做的事或放弃他想拿的东西是不容易的，他不会轻易服从这种"禁令"，但重要的是要他记住：这不该做，那可以做，这是教育的关键。家长的态度应十分明朗和坚决，他不得不考虑对这些规定的遵从，他会从中去掂量、权衡。

最后，不要以为这时期的孩子伴随出现的只能是顽皮、任性和违拗这些毛病。如果大人试着改变自己对孩子的作风，多培养孩子的独立性，多和他一起做游戏，带他出去散步，多与他交流（6岁的孩子甚至比 3～4 岁的孩子更需要这些，只是需要的内容不同罢了），孩子就会变得容易相处，他会更少拒绝你的制约，而是更多地配合你的要求。

是否让孩子参加蒙氏班

我的孩子原在某个较有知名度的幼儿园里就读了一个学期，我给她选择了蒙氏班，因为国外流传学蒙氏好，所以当时没有考虑到孩子的身体状况就选了这个班，而此班又是年级当中学生最多的一个班。后来孩子因体弱多病上学的机会很少,现在面临着要交下一学期的学费,我不知道是该给她调班好还是转园好。如果选择调班,她会不会因不能重新适应新的同学和老师而去找过去的同学和老师呢?影响大吗?如果选择转园的话,孩子面对新的环境、老师和同学,不知会如何,新的同学会欺负她吗?我的孩子比较文静、胆小,不知道这样的性格该如何选择为好。

蒙氏教育有它的科学性和实用性,应该是一种好的教育模式,但并非适合全体幼儿。你的孩子性格文静、胆小,与适不适合蒙氏教育并无直接联系,主要是看她喜不喜欢,她感兴趣就让她继续学,不感兴趣就得改变。

倒是你提到的怕她不适应新环境的顾虑,让我不得不多说几句。

大多数家长都有一个共同的看法,即尽可能不去换环境,比如上了一家幼儿园,尽管不尽如人意,但不可更换,理由是,他不适应新环境怎么办?别人欺侮他怎么办?

国外的研究表明,在幼儿时期,有必要适当改变一下孩子的原有环境。打破原有的格局,有利于增强孩子的社会适应性,提高孩子的人际交往能力。通俗一点讲,就是让他开眼界,更多地接触不同类型的人和不同类型的外部环境。当然,这需要大人正确的引导。

我认为,与其因为孩子胆小而焦虑,倒不如有意识地改变一下,鼓励他在陌生的环境中锻炼自己。

孩子画作很简单也不怎么像怎么办

我儿子今年 4 岁 1 个月,上幼儿园中班,班上的老师都说他是一个挺聪明的孩子,现在 10 以内的加减都会算,就是个别数字不太会写,如 2、3、8,写得不怎么像。另外,他画的画也特别简单,通常经他的想象力画出来的画,我们都看不太懂画的是什么。我想请教杨老师,我儿子和同龄的孩子相比是不是这方面很差?如果是,以后该注意哪些方面的培养?另外,4 岁的孩子可不可以学珠心算?

我可以很负责地告诉这位家长，4 岁 1 个月的孩子写不好阿拉伯数字，非常正常。

我这里要多谈谈的是绘画问题。家长千万不要看重孩子画得像不像、好不好看。你的孩子根本不比其他孩子差，我敢肯定。他画的画，你看不懂，这就对了。因为该年龄段孩子的绘画，叫"自主性绘画"。他们选择自己的绘画方式，主动表现自我，充分享受思想和操作的自由；他们大胆、浪漫、无拘无束地表现童心、童趣；他们张冠李戴、天马行空、超然物外，何等潇洒。当然，适当地从技巧方面进行指导是可以的，但这种指导不能以扼杀他们的天性为代价。

另外，只要孩子感兴趣，我赞成 4 岁的孩子学珠心算。

怎样判定孩子是否有多动症

我家有一个快 3 岁的男孩，比一般的小孩淘气。每当与同龄孩子一起看电视时，他就坐不住，乱动，注意力不集中。可有时自己看时，却很老实，不仅能背诵广告，主持人也认得。我们怕孩子有多动症，请问：多动症到底有哪些表现？怎样才能判断孩子是否有多动症？

多动症（MBD 综合征）是一种常见的儿童行为障碍综合征，它也叫"注意力缺陷综合征"，注意力分散是多动症的主要特征。

很多家长把"好动"等同于"多动"，这可冤枉了大部分孩子。因为我们曾发现过不动的孩子患多动症的事例。

一般来说，多动症的孩子由于轻微脑功能失调，所以注意力难以集中。同时，这些孩子往往行为盲目、情绪波动大、冲动任性，在学习期间会出现阅读困难和计算障碍等问题。但我要对这位家长说的是，3 岁左右的孩子基本上不在考虑之列，因为多动症多发生在小学低年级阶段。除了生物遗传因素外，后天的教养不得法也是造成多动症的一大原因。

有的孩子精力充沛，翻箱倒柜，这是他主动性强的表现，是一种积极的探索行为。从你的描述来看，你的孩子"会背广告"、"主持人也认得"，我能肯定地说：他不是多动症。至于说他注意力不集中，我觉得可能是你在用大人的标准去要求一个 3 岁的孩子。

左撇子对孩子上学有影响么

我孩子从小就是左利手，平时我们也教他练习用右手画画、用筷子，但如果不提醒，他还是习惯用左手。现在他已经 5 岁了，开始学写字。不知道左手写字对他今后上学有没有影响，会不会造成写字速度慢？毕竟汉字比较复杂。我曾咨询过当地的儿科医生，但没有比较确定的解释，盼望您指点迷津！

首先，左利手的人有优势。一些杰出人物，如达·芬奇、爱迪生、爱因斯坦等都是左撇子，美国历届总统中，也有相当比例是左撇子。而且，左撇子对外界的反应速度比惯用右手者快 0.07 秒，所以，较多左撇子成为网球、羽毛球、乒乓球世界冠军也就不足为奇了。另外，左利手对激化、活化右脑也很有好处。

至于对写字的影响，有关专家对汉字书写做过研究，发现左手书写与右手书写并无明显区别，不影响其速度和质量。

对此，我的建议是：一、不要强迫孩子"纠正"过来，因为纠正得不恰当很可能引起"口吃"等其他问题。二、积极利用"左撇子"的优势，对孩子进行"左右开弓"的训练。也就是让孩子左手用笔，右手也用笔；左手拿筷子，右手也拿筷子。这样的"左右开弓"，既体现了孩子的优势，又进行了"全脑教育"，可谓一举两得。

孩子胆小怕事怎么办

我儿子 3 岁多了，给人感觉很聪明、活泼，语言表达能力和运动协调能力很强。但他现在上幼儿园小班，已经半年多了，总不敢和别的小朋友争抢玩具。而且，小朋友打他，他就抱着头，不敢还手。在幼儿园的教室里，他总喜欢坐在后排。平时在家里，家人稍微训斥他几句，他就哭起来。我是一名现役军人，常年不在家，请问该如何教育、训练儿子，让他坚强、勇敢起来。

孩子有羞怯感，性格偏于内向，你可以试试以下一些办法：

①每天晚上临睡前，请你爱人花点时间陪孩子，抱抱他、亲亲他，千万不要忽视这一点。对于孩子来说，这一天无论多么糟糕，你们如果用这种方式结束一天，会使他心情得到调整。

②不失时机地赞美他几句，发现他身上的闪光点。孩子一旦获得心灵上的满足，会增强自信心。

③帮助孩子用积极的方式对付沮丧情绪。首先，可以告诉他：你可以讲出心里不痛快的事。孩子在讲述时，不要打断他的倾诉，更不要批评他，要站在孩子的角度去分析原因，为他提出一些可行的建议。比如，可以告诉他用自言自语的方式来鼓励自己："这没什么了不起。"

④鼓励孩子交一两个好朋友，使他在与同伴的交往中，学会共同生活，学会处理人际关系。家长可以主动做牵线人，比如安排一些活动，刻意请一些小朋友来家里玩，让孩子有机会接触更多的小伙伴。这种同伴间相互影响的作用往往是父母无法替代的。

孩子到底是早点上小学还是晚点上小学好

我儿子4岁半多了，正在一家私立幼儿园上大班，按进程，再上一年多的学前班，就该上一年级了。以9月1日为准的话，孩子离6周岁还差一点。我看幼儿教育书上说，最好在7周岁正式上学。我爱人的意见是年龄小点没关系，可以送进小学，因为儿子在幼儿园学东西还可以。可我觉得儿子个头偏矮，心智还很稚嫩，我想让孩子读完私立幼儿园学前班后，再上公立幼儿园学前班读一年。请问到底是早上学还是晚上学好？我想听听您的意见。

我不赞成盲目提前入学，也不赞成推迟入学。针对你孩子的情况，我赞成你爱人的想法。如果推迟一年，孩子会发现同班同学中大多数都比他小，也许他会一时得意，因为他可以当"老大"。但接下来，他会在潜意识中隐隐有一种自卑感，这种感觉实在不妙。

我曾对小学一到六年级学生中的不同年龄群体作过调查,结果发现:学习成绩较好的群体并不是年龄偏大的那一部分,而是相反。此外,推迟一年,这一年的光景,成年人无所谓,但对孩子来说却是非常宝贵的。

我想离婚,但又担心孩子,我该怎么办

我在两个月前发现老公网恋,非常伤心,所以经常和他吵架,也不顾孩子是否在场。最近,我发现 4 岁的儿子经常发脾气、摔东西。我想离婚,但又担心孩子以后的性格和婚姻,请帮我出主意。

请不要轻易谈离婚。

美国一位儿童心理学家说:"父母的离异和争斗,给孩子带来的心理创伤,仅次于死亡(指父母的死亡)。"父母当着孩子的面争斗,会极大地刺激孩子幼小的心灵。因为对于一个 4 岁的孩子而言,父母就是他的一切,父母就是他的整个世界。这种争斗对他来说,如同"天塌地陷"一般。

另外,父母吵架时那种暴烈的态度,孩子极易模仿。他发脾气的模样,大多都是从大人那里学来的。如果你们一定要吵,最好到附近的公园里去吵,吵完再回来。当然最好是不吵。我的意思很明确:家庭的和谐氛围是孩子健康人格发展的重要因素。

应不应该让学前的孩子练写字

我儿子现在 7 岁了,读学前班。空余时间挺多,所以他爸爸和我商量决定教他练习铅笔字。可是儿子一点也不想写,每次都是迫于无奈才写,一点也不主动。他爸爸看他这样就生气,每次都不开心。现在,儿子的字有不小的进步,可我们有些犹豫:继续练习吧,弄得大家都不开心,怕他以后会反感写字;不练吧,又怕孩子养成遇到困难就退缩、半途而废的坏习惯。请问我们该怎么办?

学前的孩子要不要练写字？我觉得应该掌握这样的原则：当孩子的确有这方面的兴趣爱好时，我们要以一种游戏的方式去激发他、引导他；但如果孩子反感习字，我们应该尊重他的意愿。

另外，上小学以后，不会写字的孩子一定会有学习困难吗？我可以很负责地告诉你，根据调查我们发现，上小学前学过写字和没有学过的孩子两者并无明显差异。真正的差异不在学习的技能、技巧方面，而是在家长对孩子的情感、态度、性格、习惯等方面的培养上。凡是受到过良好培养的孩子，他们往往会很快适应小学的学习环境，处于有利而非被动的地位。另外，学龄前儿童手部的小肌肉群尚未发育健全，此时所花工夫，有事倍功半之嫌。所以，孩子在上小学之前并不一定要学会写字。

孩子爱咬指甲怎么办

我女儿是小学一年级的学生，成绩和各方面表现都不错。但她有咬手指甲的习惯，而且经常无意识地咬——上课听讲时，看电视时，甚至是坐在马桶上时……回想她小时候，她在睡觉时需要拿一块小毛巾，睡前在手里捻来捻去，睡觉时翻身也要找到毛巾才放心。4岁上幼儿园后，午睡时老师不让小朋友拿玩具，把她的小毛巾也收掉了，从那时开始她有了咬指甲的毛病。过了很长一段时间，她在教室的琴凳下面找到已经很脏、很旧的小毛巾，把它拿回来，非常伤心。后来，通过帮她涂手指甲油的办法，我总算把她这个毛病纠正过来。入小学后，我们让她睡自己的房间，开始，她每天半夜都要起来说睡不着，又开始咬手指甲，我只好在她的房间陪她睡到现在，但咬手指甲的毛病却纠正不过来了。我心里很着急，道理也讲给她听了，但她根本意识不到自己在咬手指甲。另外，我女儿喜欢把她画过的纸张、家里拆下来的小包装盒都收集起来，不舍得扔掉。请问我该怎样帮助孩子克服这些毛病？非常希望能得到您的指点。

咬指甲肯定是一种不良的习惯，它和挖鼻孔、耸肩膀、眨巴眼、做怪相等一样，一旦形成不良动力定型，改起来就很痛苦，但是一定要改。

根据你的介绍，可以知道：咬指甲是孩子寻找自我安慰的一种方法，这说明她的生活中发生了某些有压力的事情，她通过咬指甲这种行为来宣泄和解脱。对此，请你不要因为孩子有这个习惯就严厉地斥责她。因为这样做有可能会增加她的忧虑，甚至有可能加剧这种行为。这时，家长只有对她多一些爱和关心，她才会逐渐放弃这种寻求自我安慰的习惯。

一般她在下意识地重复这种动作时，自己并不知道在做什么，这时，你可以及时提醒她："看看，你又在咬指甲了！"这样，她会意识到自己的行为，进而有意识地终止。当然，你可以采取一些小措施，比如，在她的指甲上贴上橡皮膏，一方面使她感到异样而增加警觉；另一方面，她咬起来也不那么方便。然后，你可以通过她感兴趣的玩具、书刊等来吸引她转移注意力，或是让她做些有意义的事情。

至于你说的收集纸张之类的习惯，不属于不良习惯，无须担心。

孩子爱无原因地大哭
又常常傻笑，是不是有精神疾病

我儿子今年 4 岁半了，经常无原因地大哭，而且哄都哄不住。最让人头疼的是他经常做一些怪动作逗自己傻笑。无论我们怎么讲道理，都不管用。好几次，他爸爸把他的嘴都拧紫了，可他还是控制不住地不停傻笑。幼儿园老师经常反映，他上课注意力不集中，爱动别的小朋友，而且叛逆情绪很强。他爸爸是个十分要面子的人，为了孩子，我们争吵了无数次。现在他几乎很少回家，他说他不想看到孩子那副傻样。请帮帮我吧，我的孩子是不是真的有精神上的疾病？我该到哪里去治疗？他还能变成一个正常的孩子吗？

小孩情绪波动很大，有可能是"对立违抗性障碍"的行为。研究发现，"对立违抗性障碍"的行为对亲子互动有着极端不利的影响。当然，大多数表现为"对立违抗性障碍"的儿童，并没有进一

步发展为更为严重的"品行障碍"，但应引起家长足够的重视。

我认为家长的态度十分重要。像他爸爸那样把孩子的嘴都拧紫了，这显然是强化和延长了孩子的违拗行为。另外，夫妻为此争吵，如果是当着孩子的面，则会产生更严重的负面影响。为此，我提出两种途径来解决这个难题。

不直接干预孩子的违拗行为。如他逗自己傻笑，家长可以漠视他，这是一种不赞同的漠视。对此，家长最好建立一种特定程序来改变这种行为，这种程序可以这样设计：

首先，用不赞同的眼光看他，但无需讲道理。因为孩子还小，讲不通，但他能从父母的态度中揣摩出父母的不悦。其实，孩子是很在意父母的态度的，这种每次产生的不赞同态度，终究会影响他的行为，他会有所调整。

其次，关心孩子生活的每一个细节是十分重要的。孩子有时会通过一些叛逆行为甚至是恶作剧来抱怨父母对他的关注程度不够，以此引起父母的注意。如果父母因此改变过去的态度，更加关心、体贴他，经常与他做游戏，并对他在游戏中的点滴进步给予极大的热情和鼓励，孩子就会有明显的改变。

至于你说的治疗，从目前反映的事实来看还不需要。不过，听取心理医生的一些建议是可取的。

孩子 6 岁了还不会 10 以内加法怎么办

我女儿 6 岁了，平常她活泼好动，非常喜欢提问题，语言方面发展得很好，但对数学却一窍不通，6 岁了，10 以内的加法都做不了。看着比她小的孩子都会算，我很着急。每天我让她做 30 道题，重复做，可她还是不知道 4＋2＝6，且反应迟钝。一天，我又让她算很简单的数学题，她怎么算也算不明白，连点数都点错。20 道题错了 10 道。失望、难过扯痛我的心，我在孩子面前放声大哭。女儿站在我身边："妈妈，对不起，我不对，我不好，你别哭。"她的泪水刷刷流下来。"你想学吗？""想！"女儿拼命点头。思前想后，我想，一定是我的方法出了问题，可我不知该怎么办，希望您能在百忙之中抽出宝贵的时间帮帮我。

千万不要同别的孩子攀比。你的孩子语言发展很好,至少证明她的智能是正常的。一般来说,孩子3岁以后,由于视野的逐渐开阔,他会对某些东西产生明显的认识倾向性,而对另一些东西缺乏兴趣,我们把这种现象称之为由"无选择探求"过渡到"有选择探求"。你的孩子对数学不感兴趣,表现出来的形式就是"怎么算也算不明白",但这就很严重吗? 我认为不见得。

在幼儿成长的过程中,认知能力的发展往往会出现不均衡,即部分儿童偏重发展某几个方面,而忽视其他。如果家长以平常心去评估,就会平静下来。因为全面发展不等于平均发展,我们应允许孩子优先发展智能的某些强项,以此来带动其他领域的智能发展。不瞒你说,我在对儿童智能进行大面积评估时,经常遇到有些孩子在某些领域表现出惊人的天赋,而在其他能区却表现平平,但他们的智商并不低。所以,你首先要克服消极情绪,建立起信心。

当然,数学逻辑智能太差也不能不说是个问题,对此,我要提出一些建设性建议:不要急于教孩子做算数题,而是应先构建最基本的数的理解判断能力。以下三关,她必须通过。

第一关:通过游戏让她理解数与物的对应关系,即理解数的实际意义。比如到了冬天,我们可以问她:"你穿了几件衣服?"她说:"妈妈,我穿了6件衣服。"这就对了。6是数,衣服是物,她把它们对应起来了。

第二关:通过游戏让她理解数的逻辑关系。比如大小关系、多少关系、序列关系等;比如第一、第二和一、二的关系。

第三关(最为重要):让她理解数的分合关系,即任何数都是可以分解,也可以组合的。比如10,可以分解为3和7、4和6、2和8;反过来,3和7、4和6、2和8也可以组合为10。

阅读对孩子的成长影响大吗

我处在偏僻的山区小县城,从2004年来一直购买《为了孩子》看您的专栏。杂志上提到图画书对孩子很重要,但这里买不到,所以我邮购了4本,后来发现图画书比较昂贵。现在我儿子快6岁了,老公不赞成我买这么多,加之周围朋友也不知道图画书为何物，很少买。请问图画书到底需不需要多买、多看？它对孩子的成长影响真的很重要吗？

当我们为人师、为人父母后，面对天真无邪、求知若渴的孩子，儿时那些钟爱的儿歌、故事、童话会时时泛起，特别是我，总记起坐在母亲温暖的怀抱里，静静聆听她朗读故事的情景。有时蓦然回首，竟发现那些孩提时听到的东西对自己的人生观和价值取向产生了多么大的影响！我之所以讲这些事，是因为这位家长提出一个非常值得现代家庭思考的问题：阅读对孩子的成长有多大的影响？

在如今电视机、游戏机的猛烈冲击下，许多孩子越来越不爱读书了，但我认为从小培养孩子对读书的渴望，使他从小爱读书、爱买书，这是人生的一大喜事，所以我的观点是"阅读"乃学习之母！

每天抽出 20 分钟与孩子共读，孩子会拥有不一样的人生。古今中外优秀杰出的人物，大多数都是如饥似渴的读书人。而他们最初获得阅读的快感几乎都很简单：因为他们幼年时，家里都有一个经常给他读书的爸爸或妈妈。从歌德到列宁，从白居易到郭沫若，我们都可以从这些伟人的传记里找到线索。

其实最简单的理由就是最好的理由。这个看似简单的理由背后却是一个非常优秀的文化传统——家庭中的阅读教育。我们在西方电影中经常可以看到这样的温馨画面：在摇篮边，在壁炉旁，在床前，在书房，在闲暇时，尤其在入睡前，父亲或母亲为他们的孩子朗读。美国总统布什的母亲也在支持这项"朗读运动"，她在接见发起人吉姆·特米里斯时曾不无自豪地说："你们的总统就是我用这种祖传的教育方法教出来的。"

图画书在孩子的阅读初期有利于吸引孩子，帮助孩子理解故事内容，增强阅读兴趣，因此我也赞成让孩子多看。关于图画书的数量问题，我的看法是，在某种意义上说因条件所限买不起更多的书并不是件坏事，孩子会因此而更加珍惜它们，他会反复去读这几本书，而反复阅读恰恰是我一直在提倡的一件事。

怎样辅导孩子学外语

我是一名乡村医生，由于当初高考失利，所以，现在除了学自己的专业知识外，也在多看英语方面的书。现在我想给孩子辅导英语，但不知道该选择哪类英语书籍，也不知道怎么教。是激发兴趣以听为主，还是既要认识单词又要会讲呢？我自己现在有一套《少儿剑桥英语》书籍，这套书单词量大，适合我的5岁孩子吗？

5～6岁的孩子可以学习第二语言了。当然，方法很重要。我提倡"母语教学法"，即让孩子像学母语那样耳濡目染，在生活中学，在游戏中学，在对话中学，在情境中学。当前，幼教界推荐的"侵入式"教学法（immersion，又译为沉浸式、沉润式），也与之相似，就是把第二语言作为儿童生活中只能使用的语言（在母语已具备基础的前提下），教育者为孩子提供使用第二语言的机会，并让其体验。这样，孩子既不耽误母语的学习，又可以逐渐形成第二语言的机制。

基于上述考虑，我们可以选择以下的书做他的启蒙课本：选择那些以生活常用语句入手，而不是以单词量掌握多少入手的；选择那些重点放在听、说两方面，而不是重点放在读、写两方面的；选择那些只起到辅导作用，而不是作为教科书作用的启蒙书籍。

孩子拿主意老爱反复怎么办

我是一名3岁零10个月男孩的母亲。我发现他从学走路起，就表现出"反复病"，例如，刚会走路时，他会向左走到一定距离，突然转身向右走，走几步又会转身向左走，如此反复很多次。现在发展到选择东西、选择游戏、选择跟谁在一起，也是如此。我们曾试过让他只选择一次，但效果不大，每次都是在他的哭闹中疲惫收场。儿子与我接触多时，他"反复病"的发生频率会高些。我也曾咨询过心理专家，专家表示属正常现象，不予强化，但是儿子表现得太强烈了，请问我该怎么办？

　　我在所有有关儿童异常心理的书里找不到你说的"反复病"。虽然强迫症的表现是患者多次反复做一件事，但从您的描述来看，您的孩子不是强迫症，他只是在多项选择中无法选出最佳方案而已。因此，专家说得对，这不是一种病。

　　对此，我们不妨进行行为分析或行为功能分析，也就是分析一下他这种"反复"行为的多种前提，从改变前提入手，从而达到改变结果的目的。比如说，你接触他多时，他发生频率高，这有可能是他的依赖性所造成的。对此，我们不妨改变一下前提，也就是你在暗地里观察他，让他独自行动、独自选择，以削弱因为你的在场而对他的"反复"产生强化作用。

　　又如，你们采取只让他选择一次的方法，结果使他在哭闹中疲惫收场。那么，我们可以去掉这个前提，不限制次数，让他去选择，同时大人也不反对他做任何一种选择，看看这样是否能提高他的自尊和满意度。

　　我觉得，通过改变前提，他的行为会有相应的变化。因为这只是一种小毛病，随着时间的推移，会得到改善的。

孩子什么时候该与父母分房睡

　　我儿子已经 3 岁了，独立意识越来越强了，什么事都要他自己来，虽然做得不是很好，但我还是鼓励和表扬他。我和他爸爸一直都睡在他的房间，他一个人睡小床，现在我想趁这个机会，把我和他爸爸的大床搬到另一个房间去。不知道这个时候分开合不合适？如果不合适，那应该在什么样的条件下才能够很安妥地分房呢？谢谢！

　　西方发达国家的家庭，在孩子还处于婴儿期时即分房睡。考虑到东方家庭的特点，我们一般提出"同房并床而睡"的方式，即孩子独睡一床，但和父母同在一室，但到了孩子 3 岁时，则一定要分房。不仅如此，我们还要求房间布置一定要符合幼儿的内在心理需求，至于理由，这里不再赘述。

孩子有诸如吸鼻涕的坏习惯怎么办

我儿子快5周岁了，最近遇到一件很头疼的事，就是发现他常常会有意无意地用鼻子吸一下后又吸一下。开始我以为是他有鼻涕，让他用纸巾，其实不是。后来我观察，发现他是有意识地这样做，说穿了就是个坏习惯；接着，我就说他，越说还越厉害了。我老公还当此是鼻炎，给他买了治鼻炎的药水，警告他再如此就要带他去医院了。他说"我改的"，可还是如此。类似情况以前也发生过，比如有意无意地眨眼睛，也是好久才改过来的。请问专家这是一种什么样的表现？我该如何去引导孩子改掉这些坏习惯呢？

你的孩子可能有一种强迫性神经障碍，但请不要惊慌，这是一种常见的心理障碍。有的幼儿因气质和性格的关系，对父母提出的要求会看得过于严重，导致他去找一个宣泄口，于是他把专注力集中在嗅觉上，反复去嗅气味，来缓解自己的焦虑。你所提到的他曾反复眨眼睛，其实是一个道理。

对此，家长可以运用行为疗法，挖掘孩子产生强迫性想法的潜在心理机制，并在一段时间内，放宽对他各方面的要求。比如，先帮助他舒展一下紧张的情绪，暗示他，用合理的想法替代不合理的想法，从而改变强迫性的想法和行为。你的孩子不是什么都用鼻子去闻一闻吧？那好，我们就引导他，这东西不仅可以闻，还可以看：它是什么颜色，什么形状；还可以摸，它是硬的还是软的，是光滑的还是粗糙的，等等。

其次，有一种方法叫"思维停顿法"。比如，先在孩子的手腕上套上一根橡皮筋，和孩子约定：一旦产生想用鼻子嗅一嗅的想法时，便让孩子立即拉弹橡皮筋，这时他会产生一种痛感，这种痛感会迫使他终止想去嗅一嗅的强迫性动机，如此反复，必有效果。

此外，家长在孩子出现强迫性行为时，不要指责他，更不要以此去体罚或变相体罚他，因为这样反而会强化他的强迫性行为。此时只能采取"认知干预"，及时的"认知干预"会使他的强迫性行为得到明显改善。

孩子自制力差，注意力不集中怎么办

我的孩子 5 岁了，在幼儿园上中班。老师反映孩子的自制力差，有时上课注意力不集中，容易受到别人的影响，而且特别容易兴奋，不太能控制自己的情绪。针对孩子的这种情况，作为家长，我们应该怎样做才能有所改变呢？急切希望得到您的指点和帮助，谢谢！

注意力不集中，几乎是幼儿的通病，也是家长咨询最多的问题。

我们一定不能用成年人的注意力和自控力的水平去衡量他们，我们甚至不能把 6 岁的孩子和 3 岁的孩子去比，因为幼儿好奇心强，活动量大，而且，当他们饿了、累了或情绪不好时，注意力也会明显降低。我们应该仔细、客观地观察孩子的行为，以下几点值得参考：

①他是否有听觉和视觉的感觉统合失调问题。如果属于感统失调，则应进行感统训练。

②孩子周围是否有太多的刺激物。比如玩具、书籍过多，会使某种东西对他形成短暂的吸引力，他玩着积木，却想着汽车。

③家庭生活节奏是否太快。家庭生活节奏过快，会使得孩子处于"快、快、快"的节奏中，根本无法专注在一件事情上。

④家庭气氛是否过分热闹。过分热闹的环境会使孩子无所适从，无法养成安静、专注的性格品质。苏联著名的儿童教育家苏霍姆林斯基说："在一个有儿童的家庭里，在一天的 24 小时内，至少有半个小时是要绝对安静的。"

⑤你是否每天和孩子一起做一些静态游戏。所谓"静态游戏"是指那些坐得下来的活动，比如搭积木、玩拼图、下棋、穿珠子等游戏。只要有一项他坐得下来，就不愁第二项，心理学把这叫做"迁移规律"。

⑥当孩子的专注时间比平常多一点（哪怕一点点），你都要由衷地赞美他。因为这是最好的"注意力添加剂"。

⑦你是否和他玩过"盯人游戏"。注意力涣散的孩子有一个

共同点,就是很难做到注视讲话者,易走神。这时,你就和他玩"盯人游戏":你同孩子比赛并计时,看谁注视对方的时间长,鼓励他每次增加"盯人"的时间。

⑧你是否考虑过使用定时器,通过定时器来增加孩子的自控能力。比如,要求他用橡皮泥捏一个小人,但要限时完成,这样会促使他调节好情绪,开动脑筋。

孩子爱炫耀又不愿与伙伴分享怎么办

女儿今年 4 岁,最近发现她很爱在别的孩子面前炫耀。比如,买了新玩具,她一定要走到别的小朋友中间去玩,在玩的过程中,她会非常注意别的小朋友的反应。当小朋友提出想玩时,她就很神气地拒绝。当我发现这种现象后,我问她:"要是别人在你面前玩,你也想玩,但他就是不给你,你是不是很伤心?"她的回答很干脆:"我就不玩!"听到她这样回答,我就说:"妈妈认为你这样做不好,好东西你如果想自己玩,就不要走到别的小朋友面前;如果你到他们中间,我认为你应该拿出来与他们一起玩,而不是在他们面前炫耀。"我觉得女儿的这种行为不利于良好人际关系的建立,所以我和她爸爸说过她很多次了,但还是不见效,怎么办呢?

一个 4 岁的孩子,应该开始学会与他人分享玩具和食物了。

在我国,独生子女在家庭中拥有特殊地位,再加之长辈的呵护,容易养成"以我为核心"的意识,这种自我中心意识的强化,会给孩子带来成长的阻力。

对于你女儿这种爱炫耀却又不愿与伙伴分享的态度,我们暂时不要从道德品质的角度去评判它,而是将其看做是自我中心意识比较强的一种表现形式。对此,家长要有耐心,仍要坚持带孩子和别的小朋友一起玩。在玩的过程中,家长应参与进去,用自己的行为让孩子逐渐意识到合作游戏要比单独玩有趣得多。

我们还可以先提供一个机会,即先动员其他孩子主动和她玩,让她玩同伴的玩具,接着顺理成章地动员她也献出自己的东西,让她体会与别人分享的乐趣。

孩子"结巴"怎么办

我儿子今年5岁，有一个问题困扰我们很久了。自从儿子会开口说话起，讲话就很吃力，往往第一个字很难讲出来。他讲不出来就踩脚或拍东西。我查过很多资料，说这是语言发育障碍，俗称"结巴"。我们家没有家族遗传史，而且我们带他看过儿保科，医生也没明确告知是何原因引起，只说孩子还小，语言发育还不健全。等他长大了，与人交流多了，这种现象会消失的。可是让我担心的是，儿子一天天在长大，时间长了，养成习惯不说，以后在学校里和日常生活中也难免会受影响。所以恳请您给我指点一下，我该怎样去帮助他？

大多数儿童的语言能力会在学说话的进程中逐渐改善、提高，直至趋于正常，这是自然的过程。只是有的孩子快些，有的慢些，所以医生的话有道理。

但家长不能消极地等待那一天的到来，而是要积极主动去促使它早些到来。以下的方式不妨一试：

①利用识字卡，一字一顿地教，这对孩子的正音十分有效。

②充分利用儿歌。因为儿歌朗朗上口，合辙押韵，孩子们喜欢读、喜欢背，久而久之，就会变成他的"独白语言"。这对于形成流畅的语言大有裨益。

③任何情况下，当孩子出现张口结舌时，我们都不要讥笑或斥责，而应淡化它、忽略它，然后用正确的读音去教。

怎样才能提高孩子的社交能力

我儿子5岁多，目前他最大的问题是不大爱与别人交流。每次遇到熟人，他都要我们提醒后才肯打招呼，交流起来也不像其他小孩开朗热情，每次都是别人问、他来答，很少主动表达自己的意思。作为家长，我们也尽量为他创造与人交流的环境，如到别人家做客，与小区的小朋友一起玩，到户外活动等，可他就是改不了这性格。周围的小孩都喜欢和他一起玩，因为他很谦让，从不和别人发脾气。说他内向也不像，因为他在家是个开朗乐观、爱动脑筋、善于思考的孩子。请问我该怎么做，才能提高他的社交能力呢？

这孩子有典型的"社交焦虑"。"社交焦虑"的孩子会在与陌生人的交往中退缩，或依附父母想躲起来，这些孩子其实特别希望别人喜欢他，但是焦虑又使他担心自己丢脸。有些孩子发展下去，会形成"社交恐惧症"。患有"社交恐惧症"的孩子会引起口吃、出汗、胃部不适、心率加剧等问题。根据你的介绍，你的孩子在家里落落大方，这是"选择性缄默症"，但仍属于"社交焦虑"。怎么办呢？

先从小范围入手。当家里人与他正常交往时，不妨促使他说话落落大方，清晰表达自己的见解、要求；然后逐渐延伸到邻居或亲戚中的熟人，鼓励他讲故事；接着，偶尔增加少许陌生人，然后再逐渐增加更多的陌生人。由于采取渐进的方式，他会慢慢适应在陌生人面前说话。最后，鼓励他在大庭广众之下口若悬河地出口成章，大家报以热烈的掌声。许多小孩就是这样克服"社交焦虑"的，劝你不妨一试。

孩子对数字的接受能力差，是低能吗

我的儿子现在 3 岁 3 个月了，最近发现他对数字的反应很迟钝，我教他 1 到 10，他都没记住几个，而且是刚教一会儿后问他，他又都不认识了。幼儿园的老师也说他接受能力不好，而我教他认字，他倒还好，特别是跟小朋友有关系的他都记得比较牢，老师教他的歌他也能唱，就是数学不好。杨老师，您看他是不是有什么问题？会不会低能啊？

儿童对数的理解和判断力的萌发稍后于语言的发展，所以你孩子的这个现象并不特殊，我们不能用"迟钝"来形容。当然，根据你讲的情况，3 岁 3 个月的孩子，不能从 1 数到 10，应是稍微滞后了一点，但每个孩子智能发展的各个能区不会都是平衡发展的。比如，有的孩子在语言方面表现出很好的发展势头，但有可能在空间能力方面较欠缺；而有的孩子在数的方面有独特的能力，语言却不如同年龄的孩子。

从现在开始，按以下顺序让孩子闯过 3 关，你就会看到，他不"低能"。

第一关：让他理解数与物的对应关系，即数要落到实处。

比如，冬天，问孩子："你穿了几件衣服呀？"他数了以后告诉你："我今天穿了 6 件衣服。"这就对应起来了。此外，如 3 个苹果，4 把椅子等，这也可以让他理解数的实际意义。

第二关：让他理解数的简单逻辑关系。

比如，3 和 5 谁大？5 个人和 7 个人哪个多？还有相邻关系，第一和第二、第三的关系等。

第三关：让他理解数的分合关系。

比如，10 可以分解为 3 和 7，4 和 6，2 和 8 等；反过来，2 和 8，3 和 7 又可以组合为 10。这一关，说穿了要会计算，掰指头不算哦！说明一下，这一关应在 4 岁以后进行。

记住了，你的孩子能说会唱，不可能同时又是低能、迟钝，关键是训练。

该不该给儿子换个环境宽松的幼儿园

儿子 5 岁半了，我觉得他是一个不喜欢被人约束和严管的孩子：在幼儿园不喜欢集体活动；排队时站得歪歪斜斜，有时还靠墙，有时抱着别人的肩；排队上楼梯，总落在最后，草地上看看，小树边瞅瞅。上课时，小动作很多，摸摸这儿，摸摸那儿，跟别人说话，总是不专心，回答问题声音很小，但下课到楼下玩时声音很大，也很活泼。

我还发现，快开学的时候，头天晚上他会哭着说"不想上幼儿园"，还总会找些理由：幼儿园没家里好玩，在幼儿园画的画老师要贴在走廊上不还给小朋友的，等等。

请教杨老师：面对这样一个孩子，我该怎么办呢？我想给儿子换一个私立幼儿园（离上小学还有一年时间），环境比较宽松一点的，这么做对孩子是不是有影响？

孩子上幼儿园是离开家庭走向社会的关键一步,甚至可以说是由一个自然人向社会人过渡的重要环节。

当然,孩子入园后,需要改变以往的生活习惯,必须服从老师,不能想干什么就干什么,也不能独占玩具。家长如果能巧妙地运用这些变化来开导,激发孩子对环境的适应能力,就能使其在心理、行为上提高一步。

我提出我的看法:

①一定要坚持上幼儿园。"两天打鱼,三天晒网"要不得,面对孩子不上幼儿园的种种理由,家长应不为所动,必要时可以带点强制性。

②当孩子大哭大闹不愿去幼儿园时,不要简单地斥责、威胁、欺骗,要向老师了解情况,看看问题出在什么地方。如果是孩子太依恋父母而不愿去,家长应加强对孩子独立生活能力的训练,要让孩子认识到"离别也是家",比如可以让孩子到亲戚家暂住几天,换换环境等。

③不建议换幼儿园,尤其是你理解的那种"环境宽松"的幼儿园。现阶段,正是孩子适应群体生活,建立人际交往的关键期,适当的约束和管制,不仅无害,而且还是必需的,这叫"强制性的行为纠正",对孩子至关重要。

儿子的语言表达能力差,爱看商务电视怎么办

我儿子5岁半了,上幼儿园中班,平时在家看他动作灵活,运动机能协调,自理能力强,胃口好,体质好,很少生病,记忆力也好,但我有两个问题很是担忧。

第一,总觉得语言表达能力比起同龄人要差得多,稍微复杂一点的句子组织不起来,表达不出来。不喜欢阅读,理解力似乎也弱,看似很简单的因果关系,也很难回答上来。

第二,上课不注意听老师讲,老师在上面讲课,他看似安静却看着其他的东西出神。平时在家我们大人讲话他从不插嘴,跟他讲话似乎很难。最令我费解的是,他不爱看少儿频道的节目,偏爱看商务电视,且平时喜欢学着商务电视主持人的言行自得其乐,可小朋友听不懂呀,所以不喜欢和他玩。请问他是不是感觉

统合失调？要怎样引导他？

孩子身上出现的问题，似与感觉统合失调无关。

先说第一个问题，5岁半孩子的语言，开始出现带关联词的复合句，如"如果今天不下雨，爸爸会带我上公园"等。从这一点看，你的儿子的言语发展不够理想。

我提两点建议：

①大量运用儿歌、故事、谜语，这些都是经过加工提炼的规范、优美的成段独白语言。与他一起谈，一起背，久而久之，可以内化成他内心的独白语言，有的甚至管用一辈子。

②平时与他交谈，可以有意识地增加结构复杂的句子，如"去问你爸爸今晚有什么好的电视节目""你虽然有缺点，但是只要你改正了缺点，你还是一个好孩子"，等等。这种语言的熏陶，会使他不知不觉也会运用。比如，他就会说"爸爸说今晚有足球比赛"等。

第二个问题，是这个孩子独特个性造成的。从他看商务电视节目，还能模仿主持人的言行可以看出，他的注意力并不是有毛病，而是你们对他的期望值偏高，他至少对他感兴趣的事保持较好的注意力。5岁多的孩子已过了"无选择探索期"，他开始对某些事情有特殊的认识倾向，比如他不爱看少儿节目，喜欢看商务电视，我看没有什么不好的。顺便说一句：一定要严格控制看电视的时间。说不定过了一段时间，他的偏好又会转移的。

孩子不好好吃饭，是厌食吗

我儿子4岁，他的饮食问题一直令我很头疼。先和您说一件事：

那天，接儿子放学回家，看到有卖冰激凌，他就要我去买。因这几天气温低再加上他还咳嗽着，我没答应，他就拉着我的自行车不让走，任凭我怎么说都不行。我很生气，掰开他的手，推着车子走开了，他哭喊着追过来，我俯下身子，擦去他脸上的泪水，心疼地对他说："好长时间没吃了，是不是？"他委屈地点点头。

"可是你还咳嗽没好，吃了会咳得更厉害、更难受，妈妈会很着急的。等你病好，天也暖和了，妈保证给你买，好不好？"

"好。"儿子哽咽着答应了。然后，我带着他到别处玩，想使他"受伤"的心灵得到安慰，我这样处理是否正确？

现在，儿子都已经上中班了，就是不肯吃饭，即使大人喂他，把好话说尽，也是慢腾腾的，边吃边玩边说话，还特不爱吃菜。他爸气得有时打也打了，责备也责备了，还是没用。因为厌食的缘故，身体经常闹毛病，长此以往怎么办呀？

对孩子不合理的要求，一开始就拒绝，而且不要中途变卦，才能达到教育的效果。这么做对孩子没有什么痛苦，你处理他要吃冰激凌这件事就十分得体。

比较难办的是厌食。厌食是由生理和心理两种因素而引起的进食障碍。生理原因是体内缺乏某种元素、胃酸分泌减少或其他某些疾病，但多数可能是心理因素引起的。如失去母爱、受到惊吓，或在进食时经常遭到家长的斥责等。

矫正的方法：

①首先分析原因。如果是家庭教育不得法造成的，则要进行亲子关系和创造良好心理环境的教育。

②多进行一些体育性活动，运动可以促进消化。

③孩子进食之后，进行"放松训练"，如听轻音乐，讲故事给他听等。

④切忌在孩子吃饭时斥责孩子，天大的事情吃完饭再说。

⑤如果是神经性厌食症，即生理原因导致的厌食，应到医院诊治，积极配合医生共同治疗。

儿子亲奶奶不亲妈，是没良心吗

孩子从小和他奶奶睡，十分依恋奶奶，和我却不大亲。我平时陪他的时间也很多，每天要讲故事，周末带他出去玩，能给的我好像都给了，所不同的是，我有时会打他。为了改善关系，我最近特意带他到外地玩，他睡觉的时候又想奶奶了，是哭着睡的。我真的好心酸，为孩子付出那么多，他却一点不领情，是不懂，还是没良心？

妈妈必须想到，孩子和奶奶更亲，是因为他的依恋情结转移到了和他经常睡一起的奶奶身上，这种转移叫"正转移"，并不是什么值得大惊小怪的事。随着时间的推移，我们将会看到一幅动人的母子情深图。

话是这样说，儿子的依恋情结以后也不会无条件地就转移到更亲近的妈妈身上。

心理学家认为，如果父母心理成熟，就能自然地表达对孩子的爱；反之，父母的心理年龄如果还在童年，爱同孩子怄气，情绪好时爱怜有加，情绪低落时随意斥责，孩子会把精力放在察言观色上，因得不到安全感，产生不安和焦虑，于是会更加强化对祖辈的亲和。

要扭转这个局面，父母的情绪稳定很重要，必须恒定坚持自然地表达对孩子的爱，而不是与祖辈"夺爱"。我们常说亲子关系是儿童人际关系中最重要的、不能中断的关系，因为这是他今后情感和信仰的源头，请小心翼翼地呵护和培育。

孩子丢三落四怎么办

我儿子现在6岁9个月，上小学一年级。上学以来，孩子的成绩不尽如人意，不能很好地理解老师的话，老是丢三落四，不是把作业忘得一干二净，就是把卷子丢了。而且他很怕老师，比如忘记交作业本了，我们让他第二天补交，他都不敢。他几乎每天都把带到学校的铅笔和橡皮丢得精光，我们实在没办法，打也打过，骂也骂过，每天都提醒他要认真上课，记着交作业，但他还是做不到，我们该怎么办？

丢三落四的行为从本质上讲，不是记忆力的问题，而是注意力的缺陷。这个问题往往与孩子神经发育不成熟有关，它牵涉很多复杂的生理、心理问题，乃至出生前后的某些病症，现在还无法深究这些原因，但应该有信心帮助孩子克服这种缺陷。

首先，家长可以为孩子提供一个指定的范围供他活动，并建立清晰、明确的纪律或制度，经常将你期望的行为提示给他，比如在家写家庭作业时,提醒孩子"橡皮用完后,放回文具盒里"。

另外,可以在孩子的小书桌上放一些卡片或图片,多多提醒他,如爱惜文具,卷面要整洁等。通常,这种干预会有正面的效果。

至于打骂,于事无补,切忌实行。

孩子不爱上幼儿园怎么办

我小孩现在已经3岁多,前一年还好好的,但最近幼儿园升班了,而且分了班,老师也跟原来的不一样。近一个星期不知怎么,他老是不愿意上学,有时已经到他们教室了,还要拼命地哭着往外跑。晚上跟他聊过,他说幼儿园有小朋友欺负他,但我问过他们班的老师,老师说没有;而且他哭闹完后,跟其他小朋友玩得好开心,还乐意帮老师做事。再问孩子什么原因不想上学,他说:"我不喜欢上学,我不想上学。"杨老师,能否给我一个好的解决方法?切盼!

从表面看,似乎有一个原因可以解释:升班以后,原有的同班伙伴分开了,孩子有一种失落感,情绪低沉。但从家长的表述来看,似乎也不尽然。因为他和新班的伙伴们玩得很开心,足见他还能适应新的环境。

那么,是什么原因在困扰您的孩子呢?

我的答案是:焦虑。

所有儿童的正常成长过程,无不体验过焦虑。产生焦虑的原因是多方面的,而这一类的焦虑大多数是轻微、短暂的,并随着时间的推移和经验的积累会逐渐减弱。比如,您的孩子曾出现过您不希望有的思维:他认为有人欺负他,但事实上并不存在。他把幻想当现实了。可以这样说,我们小时候都会有这种情况发生,因此,这种焦虑情绪的出现,应视为成长过程中普遍发生的现象。

如果这种情绪体验持续、反复地发生,那就可能导致孩子负性情绪的加剧,甚至出现恐惧和情绪低落。时间长了,就可能出现焦虑障碍。

我几乎可以断定:您的孩子目前并没有形成焦虑障碍,您要做的就是积极鼓励并坚持让他上幼儿园;有必要与老师沟通,共同用积极、健康的情绪影响他，消除这种焦虑，帮助他获得社会和身体环境的控制感，使他的世界变得更加宽容和具有安全感。

孩子为什么爱打人

随着儿子慢慢长大，懂的东西也渐渐增多之后，他会分不清对错，一不称心嘴里就嘀嘀咕咕的；他还有一个很不好的习惯——打人。平时，我对他的要求比较严，只是前段时间，他跌倒或是自己撞到桌子或椅子时，爷爷奶奶为了让他不要哭，就说"来，打桌子""打椅子，看你还敢不敢欺负我家宝宝"，这样的话使他觉得无论发生什么事都是别人的错，别人的责任。当我发现时，再怎么努力纠正似乎已起不到什么作用了。此时此刻，能有什么好办法来改变他呢？

家长应首先检查自身的行为，是否常常有恐吓、威逼、严惩重罚孩子等现象？如果有，一定要下决心改变这种教育方式。父母之间是否有当着孩子争斗？如果有，一定要彻底改变。上述情况是造成孩子行为暴烈、忤逆的直接因素。这种情感甚至对孩子的个性形成产生终身影响。

遇到类似状况，要对孩子的这种违拗行为进行冷处理，不要去注意他，不要做出任何有强化作用的反应，甚至可以转过身去不理他。这样，他的违拗行为起不了作用，或是自己觉得无趣时，他会缓解甚至开始厌倦这种行为。

这时，家长才可以开始给一些可接受、可操作的是非观、行为准则，很具体、很简单、切实可行。如不许打人，不许在地上打滚哭闹……如果违反了，家长可以有一些惩罚，如今天不让看电视，取消周末去公园等。这些基本要求，家里的长辈应统一口径，切忌出现个别"保护神"，孩子只要看到"保护神"露面，便会十分敏锐地捕捉机会，坏毛病可能卷土重来。

另外，当孩子有新改进时，应及时奖励。任何时候，家长都要气定神闲，千万不要显露出无可奈何的神情，"无可奈何"意味着教育失败。

孩子在幼儿园和家里的表现判若两人怎么办

我的儿子已经 4 周岁了,在幼儿园已经度过 3 个学期。最近我发现,他在家和在幼儿园的表现判若两人。在幼儿园,不和任何孩子接触,对老师也不感兴趣,也不参加任何活动;回家后,则特别调皮。对他的这种表现,我特别不理解。快要开学了,他应如何面对新学期的生活?

这种在群体生活和在家庭生活中判若两人的现象并不鲜见,这是一种"选择性缄默症"。原因在于家长对他的社会适应性的训练缺乏重视,使他缺乏社交技能,不善于进行"角色转换"。

人必须具有与熟悉的人和与其年龄相当的人建立社会关系的能力,马克思说过"人的本质其实就是社会关系的总和"。这句话,同样适用于儿童。

首先,一定要坚持上幼儿园,不管他如何抵制。没有这个环境机制,关起门来是改变不过来的。

在这个前提下,家长要在日常生活中带孩子"走亲串友",向大家介绍自己的孩子,这种在家长带动下进行的社交活动,其实就是一种很好的社交礼仪启蒙培训。

别忘了在自己所在社区,找一些与他年龄相近的小朋友,鼓励他去接触他们,与其他孩子分享食物和玩具,教他如何和伙伴进行合作游戏。

这里,家长的参与和指导起着重要作用,因为与其他孩子相比,他会需要更多家长的参与和指导。过一段时间,他就可以独立地与他人交往了。

孩子爱摸小鸡鸡怎么办

我是一个 4 岁半孩子的妈妈,从去年下半年开始,我发现孩子有时会把他的小被子压在他身下,有时还弄得自己满头大汗,问他怎么回事,他说自己的小鸡鸡难受。带他去儿童医院检查,也没什么毛病。很多时候他知道不对,但他不能控制自己。前几天，他回家时说，"中午睡觉时，看见女同学穿的连裤袜，他就想摸他的小鸡鸡。"我儿子这么小就有性意识了吗？是性早熟吗？如果是，应该怎么办？

儿童"摆弄"生殖器的现象并不罕见，男孩尤为常见，但不是您所认为的"性早熟"。弗洛伊德把从性器官得到快感的时期定在3岁以后的"奥狄浦斯期"，这说明儿童从3岁开始就有一定的性感觉，他们在朦胧中对异性感兴趣。

我特别强调：幼儿期的性教育是人生中十分重要的一个时期，它将很大程度上决定儿童今后一生的"性性"（指有关性的一切特征、特点等）。因此，我向您提出以下三点忠告。

第一，让孩子形成正确的"性别角色确认"。

说白了，就是让他知道：男孩就是男孩，女孩就是女孩。男孩应该如何，女孩应该如何，不得含混。也就是要认识到，社会对男女不同性别角色的期望，以及角色行为的性别差异。西方发达国家的家长到商店去买儿童用品，一定要明确告知售货员，他的孩子是男是女，不要拿错了。作为家长，我们更不要把男孩当女孩养育，或反之，把女孩当男孩养育。这样的后果可能导致以后的"性倒错"等心理疾病。

第二，要防止形成性抑制。

例如，您看到他玩弄他的小鸡鸡，如果采取怒斥"不许动！这东西脏！""羞死人，不要脸！"来阻止，或用手强制拉开，甚至打孩子的处理方式，会令孩子从小形成一种错误观念：生殖器是脏的，见不得人的，摸不得的，所以凡是与生殖器有关的活动是要抑制的，否则会受到惩罚。这种有害的"性心理"一旦形成，并不断强化，就会产生性抑制。有的人一生都难以改变，女孩子长大以后可能出现性冷淡、无性高潮等性机能障碍；男孩则可能在成年以后出现阳痿，成为一种严重的性功能障碍。

正确的做法是听其自然、不理不睬。当然，可以用玩玩具、讲故事等手段将其兴趣转移。须知：儿童摆弄性器官属下意识行为，其理由与咂手指头相同。

此外，孩子与异性小朋友结伴玩耍，家长一律采取赞同态度；不要怕孩子见到任何人的裸体，当孩子问到外生殖器名称时，请坦然地用学名应答,如同说眼睛、鼻子等名称一样。

这种对身体的自然态度,对于性的自然态度,都有益于形成一个人健康的性心理,有助于减少青少年时期出现如"窥阴癖"、"易性癖"、"暴阴癖"等这样或那样的性问题。

第三,正确回答孩子提出的性问题。

儿童天生的好奇心是难能可贵的,对性的好奇当然也不例外,家长应坦然面对,无须回避。而且,还应把它看成是进行性教育的好机会,不能用伪科学去蒙孩子,更不能严厉斥责。

有一个问题,孩子迟早会问你:"我是怎么生出来的?"为此,我们发过一个问卷,收到的答案令我惊愕:大约 60% 左右的家长说:"你是从妈妈胳肢窝里生出来的。"还有的说:"垃圾堆里捡来的。"有位家长最逗,说:"邮局寄来一个邮包,打开就是你。"邮局给您寄婴儿来了?我的观点是:一定要如实回答,当然是在孩子的理解范围内如实回答,因为他迟早会知道的。

3 岁孩子不能主动说一句整话怎么办

我的女儿已经 3 岁多了,不能主动地说一整句话,而且还不能和我们交流。她在 1 岁多的时候摔了一跤,蛮严重的,下唇缝了好几针。这是否会在她的心里留下阴影?会不会是孤独症呢?不过,她和她哥哥玩起来会很疯。有时,她有点像多动症,我们看了杂志上关于多动症的介绍,又觉得不是。她看到喜欢的电视和广告可以很安静,而早上起床总会瞎闹一阵子,这是为什么?

您怀疑 3 岁多的女儿有孤独症,但又自己否定了,因为发现"她和她哥哥玩起来会很疯",接着又说"她有点像多动症",但又发现"她可以安静地看电视和广告"。

显然,您还是懂一点儿童心理学的,因为孤独症的孩子不可能同他人配合,甚至包括他的母亲。而多动症患者不可能集中注意力,因为多动症的主要症状是注意力缺失。

所以,排除了上述两大因素,我要同您谈家庭环境对孩子的心理发展的影响。

弗洛伊德认为,一个人的发展深受早期经验的影响。通俗一点讲，孩子有这样或那样的心理问题，作为家长，有着不可推卸的责任。父母的情感态度对孩子的修改导向作用是十分明显的。女儿不愿与父母交流，有可能是父母的行为方式、情绪情感铸成了孩子的"问题"。

那么，一个充满活力和有效沟通的家庭应该具备哪些特点呢？

①家庭成员对倾听他人的讲话饶有兴趣。

②家庭成员的表情较为轻松。

③家庭成员乐于接触并表达情感。

④在教养方式上，父母非常注意倾听、抚摸、理解孩子。

⑤选取最恰当的时机与孩子沟通。

她不是不能主动地说一整句话吗？告诉你们一个办法，就是促她说话。举个例子，当她把球扔到床底下，示意你帮她捡起来时，有两种处理办法：一种是立即上前，捡起球，交给她，问题显然解决了；另一种是"装聋作哑"，明知故问，非要她说出"球掉到床底下去了"（她实在不愿说，可以教她说一遍，不说就不捡）。等她说了，你发现床下不仅有球，还有昨天掉进去的小汽车，你故意把小汽车捡出来给她，她当然不干，于是你可以问："这是什么？"直到她说出"这是汽车，不是球"时，你再帮她把小球捡起来。显然，后一种方法是明智的。她也开始懂得：只有说话，才能解决问题。很多家长老是面面俱到，以为这样孩子才感到幸福，殊不知有时设置一些"障碍"反而促使她多开口、多说话。

至于你提到的摔跤缝针，担心会留下"阴影"，我看无关大局，可以不去考虑。

孩子不爱和大人说话怎么办

我儿子3岁5个月了，2岁8个月的时候上的幼儿园。最近我发现，他在幼儿园的时候从不和老师讲话，有要求也不提；发点心不说"谢谢"，宁愿不要也不说；走的时候也不说"再见"，最多就是摆摆手。老师越问，他越不说话。但平时跟小朋友玩得很开心，也很爱说话；回家也喜欢问我，自己玩的时候爱嘟囔着说话。还有，他不和其他的大人说话，比如我的同事或者邻居，别人和他说话时，他都不吭声。我想问问，这到底怎么回事？

您小孩的这种表现，属于轻微的异常表现，但从程度上说，也不至于是什么心理疾病，但这些现象要引起家长足够的重视。

我建议从以下几方面入手，及时进行行为矫正。

首先，培养孩子适应社会规范的行为。比如：日常生活中的行为规范，像饭前便后要洗手，自己穿、脱衣服，拿筷端饭，甚至过马路走人行横道，等等。

不要小看这些训练，这将使他从细微处与别的同龄孩子一样，孩子获得认同感之后，对他心理发展会产生有利的影响。

其次，提高孩子与大人被动交往的能力。目前要他主动与大人交往可能还有困难。他不善于用语言来表达自己的想法和需求，但他听得懂大人的话。因此，父母多与他说话，尽量让他先与最亲近的大人沟通，然后扩大到稍微亲近的人。

另外，在生活中也要多给孩子创造一些机会，如走亲串友，每次都主动向其他人介绍自己的孩子。鼓励他学会根据对方不同的年龄叫出不同的称谓，比如说："你应该叫他叔叔，还是爷爷？"如果他叫对了，予以表扬。

这种有点内向的孩子，也不要事事都满足他，有时也可以打破一些固定的生活程序，让他知道生活内容是可以变化的，比如：他可能有点胆小，我们故意突然把灯关掉，然后在黑暗中用声音引导他找我们，在这种特殊情况下，他可能大声叫唤，并试图找到大人，一下子，灯亮了，他会开心大笑，性格上会有一些变化。

最后，要与老师取得联系。老师对这样的孩子采取关注和特殊的教育方式，将对孩子待人接物的改变起关键性作用。

孩子自己拿钱偷偷去花怎么办

我的孩子5岁半，现在上学前班。她活泼可爱，就是做事情速度太慢，尤其是吃饭慢，早上我这边等着去上班，她嘴上答应着"快点，行"，可还是慢条斯理的。怎样才可以让她快起来呢？

另有一个问题最让我头痛——她现在学会花钱了。想买东西时不是问我要钱，而是在存钱罐里自己拿。她分不清钱的大小，经常把1角当做1元。刚发现时，我心平气和地和她谈了一次，告诉她"你还小，分不清钱的大小""等大点时妈妈会给你零花钱的""有些坏人见小孩手里拿着钱会把他抱走的"……她答应我不再自己拿钱，可是过了几天后老毛病又犯了，她爸爸很严厉地说了她一次，还说她那是偷。我也怕她这样养成习惯，就给了她一次1元钱，可是昨天我又发现她拿了4个5角的硬币。真不明白，她为什么会这样呢？要是她改不了，我们又不让她拿家里的钱，她会不会去拿别人的？我们应该怎么办？

先说说孩子动作慢，这个毛病表现在你女儿身上，根子恐怕还应从家长身上找。儿童心理学家认为：孩子被大人催促之时，他们会有意地用"慢一点"的动作来抵制大人的"快一点"，这可是他们有力的"武器"，以此向大人表示抗议。

面对孩子的"慢动作"，家长手里难道没有武器了吗？有，我们可以不常常催促，而是耐心地把时间限度告诉他，留给他行动时的准备时间。比如告诉他："你还有10分钟的吃饭时间。"到时间后，毅然把碗筷撤了。"妈妈，我还没吃完呢。""下餐再吃吧！"你看他下次还敢不敢磨蹭。建议家长用这种方式提示孩子应有时间概念，而不要用催促和斥责的方法。

至于金钱教育，这不仅仅是有关金钱知识的教育，家长应更加关注金钱背后的品质教育。让孩子认识金钱，计划用钱，培养他们艰苦朴素、勤奋节俭的品质非常重要。

首先，父母可以对孩子明示：钱不是天上掉下来的，也不是从ATM机里吐出来的，而是工作换来的。美国的专家建议，从孩子3岁左右就开始让他自己管理一点零花钱。可以每周领取数额不高的零花钱，并鼓励孩子把每周的零花钱积攒起来，几周以后买个喜欢的玩具，这样可以培养孩子的主动性，并合理地支配资源。

其次，孩子有时动用了父母的钱，是因为他对金钱的社会功能有了初步的认识和体会，从而产生了对金钱的支配欲。这未尝不是好事，请不要用道德品质的标准去评价这种行为，更不要责怪他。建议利用这个机会，引导孩子初步掌握货币之间的简单换算，如：10个1角就是1元，2个五角也是1元等。孩子通过了解简单的金钱换算，培养社会生活的经验。平时，家长也可以和孩子商量去超市购物的计划,让孩子学习合理地、有计划地用钱。当然,随便拿钱这种行为不应鼓励,需要钱可以和父母商量,而不是擅自去拿。

孩子感觉统合失调怎么办

我的儿子今年3岁了,非常聪明,对见过的东西可以说是过目不忘。但是,今年上了幼儿班以后,有一些问题开始显现出来,比如:好动,坐不住,不喜欢和他人同乐,不喜欢做游戏等。前不久,给他做了一次感统测评,前庭评定是重度,本体评定和触觉评定是轻度。想请教您,给儿子做感觉统合训练是否有效?对于这种现象有没有好的解决办法?

3岁的孩子坐不住,通常不会考虑"多动症"等问题。但是,他不喜欢与别人一起玩,倒是应该引起注意。以我为中心是3岁左右孩子的特点,想让孩子学会与人分享,可以从一个单独无法完成的任务或游戏入手,让他在与人合作的成功喜悦中尝到分享的快乐。比如:搭积木,如果他一个人能够把他想搭的形状搭出来,他自然不会让别人掺和。如果大人有意识地增加难度,比如建议孩子搭一个复杂的、他一个人完成不了的城堡,情况就会有所不同。在游戏中,家长不必太主动积极,而是面露为难状;然后让大一点的孩子来帮助他,那么,他一定不会反感伙伴的参与。

感觉统合失调的现象,目前在儿童中较为普遍。南京市曾做过专项调查,该市34.9%的儿童存在不同程度的感统失调。

对于你儿子的问题,我的建议是:无论是否患有感统失调症,或是有这方面的边缘问题,或没有这个方面的问题,都可以开展感觉统合训练,但不一定非要到专门机构去进行。在家里,大量的活动都可以作为感统训练的内容,比方说:在家里玩过独木桥的游戏,利用球做拍踢、定向投掷、移动投球等游戏;用夹子夹玻璃球、套圈圈;跳房子、捏橡皮泥,以及抛接沙包,玩"石头、剪刀、布"……这些锻炼手眼协调、身体平衡、反应能力的活动,无疑都对他感觉统合的发展有十分积极的帮助。

儿子为什么"倒退"了

我儿子今年4岁多了，在他进幼儿园之前我们全家就十分担心他，因为他老是坐不住，静不下心来；现在，他跟小朋友玩的时候，总是喜欢抢人家的玩具玩，怎么说也说不好，真是伤脑筋！我感觉他3岁时的接受能力挺强的，可不知为什么现在的接受能力反而降低了，教他认颜色和数字，总是记不住。请问我该怎么办？

你在信中所讲的几种情况，比如老坐不住，抢同伴的玩具等，都不是你"伤脑筋"的理由。为什么？因为这些都是孩子在成长过程中"题中应有之事"，不必大惊小怪。

这里，我想着重解读一下"接受能力下降"的问题。一个正常的孩子，幼儿时期正处于脑部发育的关键阶段，这一时期也被西方的学者叫做"窗口期"，即阳光通过窗口照到室内最亮的时期。无疑，这个时期的孩子会像海绵吸水一样吸收他所接受的各种信息，他的接受能力不可能如你所说的会"下降"。

可是，为什么你会产生"孩子接收能力下降"的认识呢？

家长对这个时期所施的教育是一种潜意识教育。所谓"潜意识"，是区别于大脑成熟定型以后的显意识教育，它不追求立竿见影的效果，而是一种远期效应，比如说：识别红绿灯，你们教导他说"红停绿走"，他当时记住了，但很可能过一段时间他又忘了，这并不能说明在他大脑里没有留下任何痕迹，现在教给孩子的内容，之后遇到同类信息出现时，一定会因产生联系而显现出来的。教他认颜色和数字，也是一样。家长只管耕耘，不去计较一城一池的得失，日积月累，一定会产生好的效果。

多元智能皮纹测试真的有效吗

我们带孩子参加一个讲座，主办方赠送了一个免费皮纹测试的机会，但我不知道这种测试是否真的有效。想问一下杨老师，我们有必要带孩子去做这种测试吗？做这种测试对孩子会不会有影响或伤害呢？

关于皮纹测试,我对此了解一点,先客观地描述一下。

西班牙巴塞罗那大学的几位科学家在对 140 名孩子的手纹进行研究之后,得出结论:不同的手纹是大脑智能的一种反映。目前流行的多元智能皮纹检测,是经由逻辑的交叉比对及科学统计出的常规模式形态资料加以判断的方法,以此来了解孩子的优势及行为形成的原因,从中可以预知孩子可能发生的困难与瓶颈,并在孩子的学习道路上预先做好准备,而不是事后的补救和治疗。

以上不是我的观点,而是摘录有关资料简单加以表述,下面才是我的看法:

①如果是免费的,不妨试一试。

②有哲学家曾说:"手是人类外在的脑。"通过手纹客观地反映出人脑的状况,应该有一定道理。

③人的智能主要受后天教育和环境提供条件的影响,千万不能一锤定音,也不要迷信一种预测终身的指标。有了这个前提,把测试作为一种参考是可以的。

④皮纹测试对孩子无伤害。

儿子想妈妈,爸爸要不要再婚

我今年 29 岁,男性,有一个 3 岁不到的儿子。我和前妻离婚有 2 年了,中间也试图挽回,但最终失败了。一方面,我对婚姻有了一定的恐惧感;另一方面,随着儿子的逐渐明理,我又无法给自己一个理由不给他寻找一份母爱,我真的担心缺乏母爱会导致他心理扭曲。听见儿子有意无意地喊妈妈,我心如刀绞,不知道该迈出哪一步。

从人类情感的源头探讨,母爱毫无疑问是人类一切情感之源。因此,在幼年期,缺少母爱这种亲子关系的重要纽带,无疑是一种遗憾。但母爱不能狭义地理解为血缘爱,如果你能再婚,对孩子的身心健康将十分有益(前提是,这位未来的继母一定要真心爱孩子）。

这里，想重点谈谈父爱。

父爱作为一种独特的存在，对孩子有一种特别的力量，单亲家庭中若由父亲带孩子，父爱尤为重要。事实上，父爱对孩子的影响远不止在智力反面，它还涉及性格、情感、体格等诸多方面。单亲家庭中的父亲，因角色比较特殊，要求自然更特别。

①应在平时多亲吻、拥抱、抚摸孩子，特别是在孩子的生日、节日或有些进步的时候。

②在孩子面前表现出对他母亲的夸奖、赞扬，切忌贬损母亲的形象。

③坚持每天与孩子共度一段时光，孩子的记忆深处将长期保有这些美好的时光，同时，于潜移默化中接受父亲情感、智力等方面的影响。

④多方满足孩子的求知欲，关心孩子的学习和内心想法。

⑤缺少了母亲的陪伴和照顾，父亲更应细腻地关心孩子的生活起居。

⑥训导孩子时，不能以惩罚代替教导。惩罚的作用很小，而充满爱的教导则是给予孩子最好的礼物。

儿子身上"毛病"多，如何是好

我的儿子刚上中班，每天早晨，他总是慢吞吞的，不想去幼儿园。平时只要一提起幼儿园就愁眉苦脸，还总是问"今天是不是星期天"这样的话。

儿子还有一个毛病——乱讲话。每天讲的话好像都是乱讲一通，如老妈屁、澳大利亚妈等。前些年我们让儿子接受了早期教育，所以他现在认识两千多个字，他看过很多的故事书，喜欢看动画片和翻阅书籍，脑海里词汇量特别丰富。我们感觉他总是处在一种超兴奋、没正经的状态，加上他很好动，就带他去省儿童医院检查，结果证实他没有多动症。

请教杨主任，他的这种情况是否正常，我们大人又该怎么办好呢？谢谢！

孩子上幼儿园是其社会化进程关键的一步。这一步跨得好，就能使他在心理上、行为上提高一步，家长务必重视。

您的孩子不想上幼儿园，这正是他在家里骄纵任性、依赖性强的表现。

家长不要简单地斥责、威胁、欺骗，而要向老师了解情况，看看问题究竟出在什么地方。如果是孩子太依赖父母而不愿意去，家长应加强孩子独立生活能力的训练，要让孩子认识到"离别也是爱"，比如可以让孩子到亲戚家住几天换换环境，这样对培养他生活上的适应能力有好处。

当孩子从幼儿园回到家后，要及时表扬他在幼儿园中的表现。有的孩子在幼儿园表现挺好，可一回到家就变，表现为闹、找借口，第二天怎么也不愿去幼儿园，这样的情况，父母应该配合幼儿园老师给他制定一个"嘉奖图表"。每次如果能按时上幼儿园，就在他的"嘉奖图表"上贴一个"小红星"。这个图表要挂在家里和幼儿园，让他和其他孩子都看得见，小红星积累到三个或五个时，就给他一个奖励。

第二个问题，讲话乱讲一通。我请家长注意，这被称为"前概念语言现象"，该年龄段的孩子由于不能对相关种类的概念进行正确的理解和推理，才造成"乱讲话"，应属正常现象，请放心。随着时间的推移，这种暂时出现的语言现象将会消失。当然家长有意识地进行规范化语言训练，比如：教他朗诵一些经过加工提炼的优美语言，像儿歌、谜语、故事、散文等，这种熏陶会使上述暂时性的语言现象消失得更早一些，也更有利于其语言的发展。

顺便说一句，孩子的好动不是"多动"，儿童医院的检查也证实了这一点。切记，我们不要轻易地给孩子扣上"多动症"的帽子。

女儿脾气怪怪的怎么办

女儿今年4岁，上学期开始脾气变得很坏，只能夸奖不能批评，一批评她就跳，还经常对大人说"不行"、"我很生气"这一类的话。可是在幼儿园，她又很胆小，有小朋友欺负她，不敢报告老师，也不敢大声哭，只是自己默默地掉眼泪，每次都是别的小朋友帮着报告老师。请问，我该怎样做才能帮到她？

孩子的气质类型是多种多样的，您正好生养了一个感情脆弱还有一点内向的女儿，倘若做父母的都不理解她，您的女儿会非常痛苦的。

的确，她很敏感，听不得别人批评，但从另一个角度来看，她何尝不是一个自尊心很强的孩子啊！或者说，她很在意别人对她的评价，抓住这一点，我们就可以在适当的时候多多采取鼓励策略，提升她的自信心，使她在潜意识里认为自己是一个十分优秀的孩子。在这个前提下，不失时机地、巧妙地将她的缺点指出来，相信她会接受的。这种孩子需要他人更多的关爱，更多的鼓励和赞许，请牢记这一点。

此外，从她受到欺负后不报告老师、不敢大声哭泣来观察，其实是从另一侧面反映出她个性的一致性——这正是她自尊心过强，很在意别人评论的结果。关于这一点，家长所持的态度至关重要。

首先，不必对孩子采取激化的态度。如果用"你怎么这么没用！他打你你不知道打他"等言语去刺激她，这只会使她更加怯懦。正确态度是平心静气地向她陈述你们的观点：别人欺负你，你不要怕，要向老师报告；或者暂时远离那个欺负她的同伴。

其次，帮助她在同伴中物色一两个特别要好的伙伴。友谊对儿童社会技能的发展起着重要作用，这一两个十分要好的朋友将由于相互的作用而有助于她的自我观念和自我价值的发展；友谊对发展她的群体归属感，对她学习如何处理人际关系，也会起到十分重要的作用。当然，在她遇到上述困难时，好友还能帮她脱离困境。所以我认为：好朋友是孩子心理发展的影响源，建议您不妨一试。

最后，请家长一定要区别，受到同伴的欺负属于"一般性伤害"，不属于"恶性伤害"。前者带来的心理影响一般只会造成困惑及不愉快，不会形成长远的心理创伤，基于这一点，家长可以重视这个问题，但不必过分担忧，相信孩子会在生活中调整自己的情感，增加社会经验，处理好与他人的关系。

3 岁的小孩子怎么就会撒谎呢

我的小女儿 3 岁半,上幼儿园,每天回来问她话,她都没兴趣。比如问她:"你今天干什么了?"她回答:"没干啥!"在幼儿园发生的事情,她也从不对我们说;晚饭还没吃,她的眼皮就开始打架,问她在幼儿园睡觉没,她说睡了。开学有一段时间了,老这样,我就觉得她在说谎。周末我在家带她睡午觉,她可以眼睁睁地看着我"睡"一下午,所以我才这样怀疑。问幼儿园老师,老师也不知道,他们还以为我的孩子睡着了呢。杨老师,您说我的孩子是不是在说谎? 她为什么不愿意告诉我们她的事情呢? 我应该怎样引导她把自己遇到的、看到的、碰到的、想到的都说出来呢? 请您帮帮我吧!

3 岁半的孩子会撒谎,但他们并不知道此种行为的后果。撒谎的原因有两种:一种是把幻想当现实,比如他想要一架玩具飞机,而父母却没有买,于是他会对同伴们说:"我爸爸昨天给我买了一个大飞机……"另一种是因为受到某种压力。您的孩子属于后者的情况。

从您反映的情况可以看出,她在幼儿园里午睡时并没有睡着,她说睡了,是因为她把大人是否高兴作为衡量自己行为对与错的标准。所以,这不是一个品德问题。

另外,孩子不愿与父母沟通,原因可能是性格上有敏感、胆怯、感情脆弱等因素。她用一种消极性的行为来控制或影响他人。

当然,父母必须注意:首先给孩子创造一个轻松愉快的环境。不要因为孩子说了谎而生气,要营造一种良好、温馨的家庭气氛,对孩子来说,这是消除恐惧心理的良药。

但是,不要让孩子得出一个结论——说谎能够救自己。您可以不急不躁、耐心具体地向她解释"要说真话,爸爸妈妈才可以帮你";而不是责问、惩罚,当她不愿讲幼儿园的事时,不宜追问,因为越追问,她越紧张。直接问他"你今天干什么了"是不会有答案的;您不妨从侧面谈其他小朋友在幼儿园的情况,或者与她一道议论幼儿园有哪些新鲜事。

最后，帮助孩子分清幻想与真实。对 3～4 岁的孩子而言，可以开始教她学会分辨什么是假的，什么是真的。同时还要帮助孩子认识到，说错了是可以改正的，改正了仍然是好孩子。尤其是当她纠正过来之后，应及时表扬和鼓励。这样，可以避免孩子将说谎演变成为一种习惯。

儿子啊，怎么就不能在家好好吃顿饭呢

我儿子 4 周岁了，已上幼儿园，各方面表现都还可以，就是在家不好好吃饭。每到吃晚饭的时候，他老是跑来跑去，或者找玩具玩，吃一口饭就含在嘴里不肯咽下去。我们和公公婆婆住在一起的，老人比较宠孩子，见他不肯自己吃，就喂他，要喂很长时间，一顿饭要吃上 50～60 分钟，而且他饭量很小，在一两左右，再加点菜。可在幼儿园里，他都是自己吃的，老师说"饭菜吃光了，就是吃得稍微慢了点"。为了让孩子养成自己吃饭的习惯，我和我老公不止一次和公公婆婆闹别扭。不知道杨老师有什么好的建议，能让我家宝宝养成自己吃饭的好习惯，以及吃饭的速度快一点呢？

祖辈隔代养育，是当前一个较为普遍的现象。隔代养育有优势，他们往往是离退休人员，有充裕的时间；他们比较有耐心，同时又有养育下一代的经验。但是，恕我直言，隔代养育最大的弊端正好被您赶上了，那就是面面俱到，唯恐照顾不周。就拿孩子吃饭这件事情来说，在幼儿园能自己吃了，为什么到家里得一点一点地喂？这样一来，孩子好不容易在幼儿园通过的行为规范训练，全都白费了！

在西方发达国家，家庭育儿非常注重尽早地培养孩子独立自主的行为。再看看我们的孩子，明明自己能穿衣了，大人还帮他穿；明明能独自吃饭了，我们还在喂饭。一句话，不让孩子长大。

我的意见很简单：让他自己吃，而且不能磨磨蹭蹭。顶多让他比大人多 10 分钟。如果没吃完，对不起，收拾餐具，等下一餐再吃。两餐之间不要给零食补充。你看他下一餐还敢不敢磨蹭。

有人说，这样太过分了，孩子会饿着的！请放心，"饿一餐"与"养成良好的进餐习惯"孰轻孰重，衡量一下就知道了。

幼儿的进食、睡眠，都应无条件地按规律进行，形成良好的动力定型。什么是教育？教育就是养成良好习惯。

儿子脾气太暴躁怎么办

我儿子快4岁了，近几个月不知怎么了，脾气变得很差。幼儿园老师也反映，现在他变得很犟，不让他怎样他偏要怎样，经常和小朋友闹得不愉快。在家也是，什么事都讲条件，不答应就威胁"不上幼儿园了"，谁也不能说他的不是，不能揭短，谁说他，他就骂人家"混蛋"。开始我们还劝他，但他非但不听，还把全家人都骂上了。我们道理也讲了，劝也劝了，骂也骂过，打也打过，可他就是油盐不进。没事时，他是个聪明伶俐的宝贝儿，脾气一上来就像变了个人。我们真不知道该怎么办了，能有什么好办法来改变或帮助一下他吗？

孩子一出生就经常大哭大闹，手脚乱动，容易形成暴躁的脾气，但大多数孩子脾气暴躁是后天形成的，比如父母当着孩子的面争斗，那种龇牙咧嘴的神态，善于模仿的孩子一下子就学会了；又如家长对孩子一味地溺爱，有求必应，百依百顺；此外，对孩子合理的要求也加以拒绝，使他的欲望总是求之而不得，也会使他变得脾气暴躁，有时甚至产生怀恨心理。

所以，首先家长应找一找孩子好发脾气的原因：是孩子自我调节能力低，缺乏自控能力；还是孩子对自己的要求是否合理缺乏判断力；又或者是合理要求遭到多次拒绝。

其次，大人对孩子的态度一定要一致。当孩子发脾气时，他周围的大人只要有一个持祖护态度，他就会很快因为尝到"甜头"而愈演愈烈。大人应该让孩子明白：吵闹无用，今天无用，明天无用，将来也无用。家长这种坚定的态度非常重要，可以避免孩子经常使用哭闹这种"武器"要挟成人。

当然，家长平时要多与孩子沟通，了解孩子的需要，关注孩子与伙伴之间的交往。家长可多方面了解别的伙伴在玩什么、想什么，当孩子提出要求时，你就更能体会孩子的心情了。

千万不要认为"孩子的脾气是天生的"，更不要用发脾气来对付孩子的发脾气。这样只会强化他的暴躁。正确的态度是冷落他，甚至不理睬他的大喊大叫，等他不叫喊时再处理。也不要把他推给其他人管教。这样会产生"妈妈对他发脾气已毫无办法"的认识，下次他会专门冲你发火。

此外，注意培养孩子的业余兴趣。有了广泛的兴趣爱好，孩子的生活变得多样化，他的注意力会转移到他感兴趣的事情上，发脾气的次数会明显减少。调查证明，在有广泛兴趣尤其有中心兴趣使他专注的情况下，孩子的性格明显表现出豁达和乐观，一般不会使性子。

后妈怎样和继子做朋友

两年前，我和爱人结婚了，他带着一个男孩，5岁半，婚前大部分时间都是老人带着，可能大家都觉得亏欠孩子，很娇惯他，因此孩子脾气很怪，只能顺着，遇到不顺心就哭。婚后，我带了他两年，只要我教他学习，他都不好好学，再说他，他就哭得特委屈。

这孩子知道老人护他，在自己家和在爷爷家的表现，就像两个人。在家做错了事会认错，在爷爷家做错了我还不能说，一说就哭，搞得大家都用另一种眼光看我。

我知道后妈难当，孩子越大越难当。结婚之前，我不顾家里反对接纳了继子。可现在我都不知道该怎么走下去了。毕竟不是自己的孩子，不知道是不是没优生优育好，带他很费劲，因为上课不注意听讲，幼儿园里学的东西回家来什么也记不住。眼看着秋天就要上学了，您有什么好的办法教教我吗？我真的很想把他培养成人。

你的继子耍小性子，其原因是在你之前，家庭对他溺爱所致，其中包括家庭里祖辈对孩子的祖护。我们一贯强调"家庭教育一致性原则"，即对孩子的缺点和错误，大人的态度应是一致采取不赞同态度，切忌一个唱红脸，一个唱白脸。因为如果这样教育的话，孩子很快便揣摩到谁是他的"保护伞"，他会缺乏是非感，缺乏对缺点和错误的恐惧感。结果，这个难题摊到你的头上，加上"后妈"这个特殊身份，于是你困惑，甚至感到无助。

我提出一个方案，希望对你有帮助。

首先自己端正态度。"后妈"的帽子不要戴在自己头上，而是理直气壮地行使母亲的神圣职责。血缘关系和非血缘关系在教养孩子方面并没有本质区别，何况你和孩子在一起的时间要比其他人多得多。你的一举手、一投足直接影响到孩子。同样，你身上的毛病（如果有的话）也会不知不觉移植到孩子身上。

许多家长一见到孩子要性子就让步，最后以失败告终，孩子这一次"胜利"了，下一次又会故技重演。

帮助孩子克服这一毛病最好的办法是暂时不理他，也不要唠叨，一句话也不要说，甚至连看也不看他一眼，让他单独留在那里哭闹。四五分钟后，你还是像没发生什么事似的继续你对他的要求。如此几个来回，孩子明白了，哭闹无用。之后，在他心情舒畅时，晓之以理，动之以情，慢慢地帮他改正缺点。

不要认为孩子是"没有优生优育"，而要坚信只要教养得法，任何孩子都是可以教育好的。你抱着一种不自信的态度教孩子，结果可想而知。

和家里约法三章：我在教管孩子时，其他人不要当面袒护或提出相反意见，即便认为我处理不当，也只能事后交换意见，而且要背着孩子；否则，我无法教育孩子。这一点很重要，你要坚持这一点。请理直气壮地担负起教育孩子的责任。

儿子的规则意识差，如何是好

我儿子 4 岁多，上小班，非常聪明，学东西一遍就 OK 了。最近老师说我儿子规则意识有点差，感兴趣的就学，不感兴趣的学一会儿就坐不住了。我需要怎么做呢？是顺其自然，还是加以纠正？我怕上小学之后他学习时无法集中注意力听讲，这种担忧多余吗？

一个 4 岁多的孩子，要求他有很高的规则意识显然是不合适的。但我不是说要顺其自然。

想促成孩子的良好行为,不要指望"一蹴而就",而应采取逐渐养成的策略。如果孩子集中注意力有那么2分钟,不可能一下子变成集中注意力达半小时,你可以每次要求他增加1分钟,并不断鼓励巩固。

其次,采用"相互抵制"法,即强化鼓励他好的行为,抑制、弱化他不良的行为,如:他听从你的劝告,多坐一会儿并积极做游戏,你就给他一个亲吻,或给他一样心爱的玩具;反之,则用一种不赞同的态度故意冷落他。注意:孩子其实很在意家长的这种态度。

怎样才能让孩子好好睡觉

我儿子2002年1月出生,即将上小学。他的依赖性比较强,为了锻炼其独立能力,我于今年3月底让其独自睡小房间。为了吸引他,还特意将小房间按他喜欢的样子布置过。可是睡到小房间后,他总觉得孤单,晚上需大人陪他才能安心睡觉,半夜总是要起来小便,然后就说睡不着,要大人再过去陪他才能睡着。每个晚上至少起来一次,可以前他晚上基本是不起来小便的。我也曾经用各种激励的办法,鼓励他晚上起床后再自己睡下,但总是做不到。

还有一个问题,他的睡眠时间很少,不管他晚上多晚睡,晚上有没有睡好,到早6点肯定醒了,有时候甚至4点左右就醒了,然后就不再睡觉。白天在家也不肯睡午觉,平时在幼儿园里也基本不睡午觉,而且不管头天晚上睡多少,第二天晚上仍不肯主动去睡觉。为此曾经到医院看医生,我担心他会不会缺少什么元素。医生看他长得挺壮实,个子也高(现在已接近130厘米了),吃饭也好,就认为他没有什么问题。可我总担心,这么小的年纪不应该睡得这么少的,不知您认为怎样? 有什么办法能让他多睡点? 非常感谢!

分房分床而睡应该是一种很好的睡眠方式。但可以考虑不那么急,先是同房并床而睡,即跟孩子床是分了,但并在一起(中间没有缝隙),当他处理能力变强一些了,再考虑分房而睡。

近年来受西方"让孩子单独睡"这个观念的影响，很多家长担心孩子缺乏独立性，早早地分房分床。我的观点是不要一概而论，先从同房分床开始，再过渡到分房。

睡眠时间少，可不是个小问题，当然，我注意到，他在白天并没有萎靡不振的现象，但也不能大意。

正常的作息规则是保证人体生物钟正常运作的前提，每日睡多久、醒多久都是有"配额"的。所以，培养良好的作息习惯，保持正常的睡眠节律，避免昼夜节律紊乱，是需要家长注意的首要问题。

其次，在孩子睡觉前，每日重复固有的程序，可帮他形成条件反射。我推荐一种很好的方法：睡前洗个温水澡。沐浴后使用润肤露轻抚全身，然后播放舒眠音乐（舒缓且音量渐小），如舒曼的梦幻曲、莫扎特的 G 大调弦乐小夜曲等，帮助他平静情绪，进入梦乡。我曾在广州、深圳两地做过实验，效果极佳，请现在就试试！在播放时，当孩子进入浅睡阶段时，千万不要关上音乐，继续持续半小时，此时进入孩子大脑的音乐是最好的效果，因为大脑里呈现的是 α 波（平时大多数是 β 波）。接受舒缓优美的欧洲古典音乐有利于孩子的睡眠，但意义绝不止此。

入睡前，爸妈的情绪一定要平静，不能恐吓孩子，切忌发怒、大声斥责孩子；不要亮灯入睡，不要穿得太厚，盖得太多；爸爸妈妈不要大声喧哗，但不必屏声敛气，普通家庭的谈话并不会影响孩子睡眠。

4 岁不会说"整句"，是语言发育迟缓吗

我儿子 4 岁，上幼儿园小班，语言能力好像不太行，只会说一些简单的话，如："昊昊吃饭""车车是昊昊的""妈妈，脚脚疼，揉揉"……

听老师说他在幼儿园里不太愿意与同学玩，也不太愿意跟着老师唱唱跳跳，有问题从不会主动提。老师说孩子还是很聪明的，全班同学中只有他能把老师教的中文识字与英文单词全部说出来。但是，同他说话，他都听得懂，就是不愿意主动说完整句。这种情况是不是语言发育迟缓？

纠正一个你的说法：你说的"昊昊吃饭"等，其实就是整句，即主谓句，一个名词加一个动词。这种双词句从孩子口里说出，基本上可以得出结论：他不是你所担心的"语迟"，没有言语障碍。所以，请放宽心。

幼儿的语言发展影响到他的终身。我理解你说的"整句"是指结构更复杂的句子，甚至是复合句。按此要求，你的孩子虽然没有"语迟"，但也稍微有些滞后，我提出下面几点建议供参考：

①多看。

生活是语言的源泉。生活内容丰富多彩，孩子拥有充分的表象材料，才会产生精彩的语言。多看、仔细观察，加深对周围事物的理解和认识，他的口语表达能力才有基础。见多识广的孩子语言表达好，就是这个道理。

②多听。

教孩子学会倾听，这是发展口语的先决条件。成年人提供的语言，他能够听准确、听明白，才有条件正确地模仿——说。多听，还包括听一些儿歌、故事之类的磁带，尤其是同龄孩子的朗诵，更具亲近感，更能被他接受。

③多说。

利用一切机会鼓励孩子大胆说话，尤其要鼓励他在陌生人面前发言，要口齿伶俐、声音洪亮地说。

④多练。

及时纠正孩子发音不准、用词不当或说错的地方。如孩子说："妈妈，我要一朵花，红的，大的"。请及时加以纠正："妈妈，我要一朵大红花。"并让他重复两遍。

老人偏心疼孙子不疼孙女怎么办

我、老公、女儿（今年 7 岁）和公婆住在一起，本来挺融洽的，3年前，小姑夫妻俩做起了生意，就把儿子（今年 5 岁半）丢给外公外婆管。

这个孩子从小体弱多病，被宠坏了，自私、暴躁、不讲理，还有许多不好的习惯。他来了之后，家里便不得安宁。大人和孩子，孩子和孩子，斗嘴、谩骂、打架，几乎每天都要上演。

女儿常向我哭诉：爷爷奶奶只疼弟弟，不疼她。站在老人的立场，两个孩子，手心手背都是肉，弟弟身体不好，父母又不在身边，姐姐自然要让弟弟一点，可这个孩子实在太捣蛋了，经常和老人吵闹，还吵得女儿连功课都不能安心做，已经成了全家人矛盾和痛苦的根源，而他的妈妈——我的小姑却浑然不觉。我该怎么办呢？

祖辈可能有点溺爱孙子的嫌疑。这样，你的女儿心里会有些不平衡，我想从另一个角度来看这个问题。

从教育心理学的观点来看，一个 7 岁的孩子应该接受一些挫折，这种挫折是她今后学着善于处理人际关系的宝贵经验。西方教育学者认为：当孩子之间出现冲突时，大人可以袖手旁观，要相信他们在争斗过程中会学到东西。同时也要相信他们会自己处理好这种冲突。忍耐是人必备的素质之一，为什么不让她从中学会忍耐呢？

有了这种处之泰然的态度，接下来，建议你做好以下工作。

首先，要与老人沟通，在对待两个孙辈孩子时，采取公平态度。我认为老人是可以说服的，至少是会改善的。

其次，教女儿把握好分寸：弟弟大多数的违拗行为，尽可能放他一马，毕竟她是姐姐嘛；但少数会产生不良后果的行为，如破坏她的学习用具，或打坏她心爱的玩具时，应严厉制止。教她学会如何制止不良行为，态度不妨坚决一点。这是一种学会共同生活的机会，你的女儿会在处理这些难题的过程中成长起来。

最后，十分清晰地告诉女儿："爸爸妈妈是你的坚强后盾，会给你带来幸福、带来力量。"凡是亲子关系良好的家庭，孩子底气十足，性格豁达，堂堂正正。因为她身后是爱她的父母，她是一个幸福、自信的人。

母子同浴，会影响孩子的心理成长吗

儿子 3 岁了，我和他一起洗澡是否会对他有影响？特别是心理方面的影响。还有就是，到什么时候，就应该让爸爸带儿子洗澡呢？

这个问题涉及性教育，是个很好的问题，也是很重要的问题。性教育必须从婴幼儿开始。

首先，要进行"性别角色确定"，即男孩就是男孩，女孩就是女孩。不要"男扮女装"，不要从小"性倒错"，等到长大后，心理问题出来了，就晚了。

其次，去掉人体各器官的神秘面纱，包括性器官，可坦然面对，无须回避。

妈妈和3岁的儿子一起洗澡，我持肯定态度，这里可以很负责地告诉你，没有负面影响。你还可以告诉儿子，男人与女人有哪些地方不同。这是一种"性启蒙教育"，况且，他迟早会知道的。

再大一点，到6岁左右，应该让爸爸介入。那时候，就有另一套性教育内容了。顺便说一句，进行家庭幼儿性教育，母亲教儿子，爸爸教女儿，效果更好些。

宝贝脾气大，骂妈妈，怎么改

我家宝贝4周岁，脾气大得不得了，吃饭的时候老是拿着玩具玩，或者找东西玩，让他吃饭，他就跟你拍桌子、瞪眼，嘴巴里还老是说"坏妈妈"、"你滚"之类的话。我真是伤透了脑筋，该如何改改他的坏毛病呢？

4岁的孩子如此耍性子与独生子女优越的生活环境有关，也与家长尤其是母亲的溺爱有关。家长身上的毛病，也会不知不觉地"移植"到孩子身上。因为孩子们善于模仿、喜欢模仿，不分好坏一律模仿。模仿是人类最直接的学习行为，很多好的东西孩子一模仿，无须培训便可学到。所以，模仿的负面影响不可忽视。比如：大人当着孩子的面吵架，孩子一学就会。

那么，现在该怎么办呢？

①大人之间要有商有量，最好别吵。如果一定要吵，建议花几块钱，到公园里去吵。

②对付耍性子的孩子要讲方法。许多家长一见孩子耍性子就轻易让步，最后只能以"举手投降"而告终。孩子吃饭时拍桌子、瞪眼，怎么办？很简单，到了吃饭的时候，叫他吃他不吃，不吃就不吃，你们吃完了，把碗筷一收，你看他下一餐吃不吃！你可能会说，这样会不会把孩子饿坏了？我认为一餐饭不吃饿不坏，比起改掉这个坏毛病，少吃一餐饭，值得！注意：中途不要给他零食吃，这看起来似乎不近人情，但是很管用，要看你是否下得了这个决心。

③决不允许说"坏妈妈"！俗话说："3 岁孩子骂娘，娘笑；30 岁的孩子骂娘，娘上吊。"家庭教育不能越过这个底线。

④冷处理。孩子发脾气时，暂时不理他，不要跟他啰嗦，也不要说教，甚至一句话也不说，连看都不看他一眼，孩子会意识到严重性，几次下来，他就会收敛。事情过后，可以好好告诉他："你发脾气，妈妈很不高兴，妈妈不喜欢这样的孩子。"

儿子活泼又好奇，如何教育和引导

我儿子 3 岁多，在教育中遇到了不少问题，真的让我很头疼！父母那一辈的教育方法对现在的小孩已经不太适合了，所以我有几个问题想请教您：

①我的孩子性格比较活泼外向，对事物有热情但并不专注。如果回回都这样，我该怎么办呢？

②有些时候，特别是在危险的地方，遇到有危险的物品时，无论严令禁止，或是讲道理，他都不听，我只好让他尝试，尝试之后他才会知道那样做是不对的。我想问，这种做法对吗？

先谈第一个问题，孩子活泼外向是很好的，还要落落大方、不怯场。家长可采取鼓励的态度。至于专注，在他这个年龄，期望值不宜太高，可以培养，主要从他最感兴趣的那件事开始培养，而不是从枯燥无趣的事情开始。当他对最感兴趣事物有足够专注之后，再培养对于次感兴趣事物的专注。心理学很讲究"迁移规律"，即在某方面的专注，是可以轻易地迁移到另一件事情上去的。

关于第二个问题，在家长的监控下尝试某些危险，恰是西式教育津津乐道的，建议不妨一试，前提是不能出现意外伤害这样的大问题。

切记，这只能偶尔为之。大多数情况下，仍然要教孩子学会规避风险。联合国教科文组织倡导儿童的"四个学会"，最后一个为"学会生存"，这是一项极具社会学意义的教育，"学会生存"应理解为：首先，教孩子如何规避危险；其次才是尝试某种冒险，要让孩子知道冒险是要付出代价的，目的仍然是规避风险。

"哈佛女孩"的经验可以复制吗

我曾看过哈佛女孩刘亦婷的母亲写的一篇文章，其中有一个观点：要培养孩子的快速反应能力。我儿子今年5岁，吃饭慢吞吞，走路慢吞吞，就连说话也是慢吞吞的；老师说他字写得最好但是最慢，我曾偷偷观察过他，每个笔画都比别人用的时间长。他做事很负责、认真，有时一横写歪了一点点，硬要擦了重写。我担心他上学以后可怎么办呢？

"哈佛女孩"的经验可以借鉴，但不宜复制。每个人有他特有的气质类型。比如多血质气质类型的人，敏锐、进取、灵巧，但往往不够深沉，也容易见异思迁；黏液质气质的人往往反应缓慢，但善于克制，稳定而执著，这无所谓褒贬。

你自己也认为孩子做事很负责、很认真，须知，唯独气质受遗传影响最大，你大可不必为之担忧。需要提醒的是，有意识地去锻炼他的反应敏捷能力，很有意义。

告诉你一个办法——最低限度辅导法，比如：搭积木，首先限定一个最低时间，10分钟必须搭好，否则即使搭成功了也不算；然后下一次稍微增加一点难度，把时间限定在8分钟，以此类推，孩子可能会在你的暗示下，加快速度，以期得到你的赞许。规定一些范围，鼓励他、表扬他、促进他适当改变一下慢吞吞的习惯。

孩子"斜视",是坏习惯,还是眼疾

孩子今年 5 周岁,近半年来,他看电视的时候,老是把头转向旁边,眼睛斜着看,上课的时候也是。这究竟是坏习惯呢,还是一种眼睛的疾病?

斜视有两种:真斜视和假斜视。真斜视是指两眼无法同时注视一个物体,即两眼视网膜上的成像无法对应重合而产生"复视";而假斜视是患儿会出现歪头、侧脸、斜眼等症状,但视网膜上的成像不重叠,近视、散光,甚至脖子肌肉异常,都有可能导致假斜视。

据你所说,孩子应属于后者,无须动手术,可找眼科医生配镜(如遮光镜)治疗。

我的孩子是"狂躁症"吗

我儿子 4 岁半,从小到大我都觉得他好像有"狂躁症"。他摆好的积木被妹妹破坏了,他就会大喊大叫,使劲摔东西;写拼音时,哪个不会写,他就摔本子、摔铅笔,等等。孩子 10 个月开始,我就带他上早教班,精细动作、大动作、语言发展等各方面都挺优秀,但他冲动、急躁,爱出手打人,越是不让他做什么,他就偏要去尝试尝试。我引导他、教育他,好话说尽却无济于事。恼火的时候,我把鞋脱了往他屁股上狠狠地摔过去。事后我很后悔,不该使用暴力,可是又没有更好的办法,请帮帮我!

大多数孩子脾气狂躁是后天形成的。如果家长一味地溺爱,百依百顺,孩子脾气会见涨;但如果家长对孩子合理的要求也拒绝,也会使他脾气暴躁,因为他欲望总是求而不得,可能会产生仇恨心理,开始"破罐子破摔"。

你的孩子还有明显的攻击性行为和破坏行为,可能是因为经常受到大人责罚,用这些行为来向大人"示威"。建议如下:

①家庭一致性原则。教育孩子,家长的态度要一致,让他记

住一个道理：哭闹无用。

②平时多与孩子沟通，了解他的需要，关心他与伙伴之间的交往，多体会孩子的心思，多开导。

③千万不要以暴制暴。这改变不了他的暴躁，却能起到相反的作用。

④注意培养他广泛的兴趣，转移他的注意力。当孩子兴趣增加了，对问题的处理态度会明显变得灵活多了。

⑤他精力过剩，那好，我们带他到宽广的场所，如郊外，尽量让他把旺盛的精力发泄一下。实践证明，这比把他关在屋子里好多了。

⑥他有破坏行为，我们应因势利导。有意买一些可以拆装、可以拼接的玩具，家长跟他一起拆装，讲述一些原理和知识，激发他的求知欲，改变他的破坏行为。

⑦对于攻击性行为，应采取严格的否定态度，不得姑息。可以采用适当的惩戒手段，比如暂时孤立他，不让他看电视和规定时间内不准玩等，一定要让他明白，以强凌弱是可耻的，久而久之，他会很在意大人这种坚决的否定态度。

孩子没耐性，爸妈怎么做

儿子5岁不到，一直以来，他表现得很没有耐心，怕困难，还有较强的逆反心理。做某件有些难度的事情时，他马上就会说："这个很难做的，我做不了。"即使我在旁边鼓励他，他也不会继续尝试；做错事情时，不管家人是批评他，还是耐心教育，他都会想法惹你更生气。您曾经提过家庭教育的"一致性原则"，我们做得不好，对于他的畏难情绪和逆反行为，我该如何应对？

你的孩子就是人们常说的"没长性"，遇事有畏难情绪，做事半途而废。

21世纪对人的素质要求非常高，人必须具备很强的生存意识和生存能力，很强的竞争意识和竞争能力，显然，孩子这种畏难情绪是他前进的障碍。要解决这个问题，我认为应从孩子的生活自理能力入手，以下几方面是你必须指导、督促他去锻炼、去实践的：

①上幼儿园前，学会自己整理书包。

②学会自己洗脸。

③家里事帮着干，如帮妈妈收拾杂物。

④在大人带领下，去菜场学习挑选蔬菜。

⑤在家里与来客打招呼，问好。

根据多年家庭教育的经验，以日常生活的实践活动来克服孩子懒散、畏难和缺乏长性，是最有效的方法。当然，开始会有一定难度，需要家长严格要求，甚至适当地给他一点压力；一旦进入实践，他会从中找到乐趣。要允许孩子出错，错了可以改，同时，对他哪怕是微不足道的进步，我们也要加倍爱护和鼓励。请相信，孩子会有明显改变的。

孩子调皮就该打吗

我儿子 4 岁，活泼又调皮。他喜欢玩饮水机，把水放得到处都是，说过好多遍就是不听，到后来只要我一出现，还没说话，他就往房里躲。我觉得他知道这样做不对，可他为什么还要玩呢？我妻子说这是没打的缘故，我有段时间也比较严厉，但是觉得没有用，反而增加他的心理阴影。我不主张打骂，可是我也没办法说服妻子。

打骂孩子是强者对弱者的欺凌！

我们家长在外面也许不是强者，但在家里，对孩子来说，肯定是强者了。所以，打小孩是典型的强者欺凌弱者。

我把这个观点告诉家长们后，立即有人追问两点：一、您打过自己的孩子吗？二、是不是所有情况下都不允许打小孩？

我的回答是：第一，我没打过自己的孩子。我有一个女儿，她在国外留学，性格十分开朗，我不仅没有打过她，连骂也没骂过；第二，当孩子以一个强者的身份欺凌另一个相对比他弱的孩子时，你可以揍他一顿，让他尝尝被强者欺凌是一种什么滋味。此外没有第二条理由可以打孩子。

你的孩子活泼、调皮，有时淘气甚至闯祸，在这个年龄段都是正常的,根本没有理由挨打,关键是因势利导。顺便说一句,不打孩子不等于不管教孩子,有时可以态度放严厉一些,让他形成一个对错误的恐惧感,久而久之,他会有所顾忌,有所收敛。

有没有让孩子长个的好办法

我儿子 2 岁 10 个月时,身高 88.6 厘米,体重 12.1 千克。现在他 4 岁半了,身高 102 厘米,体重 14.6 千克,评估值比正常值低10%。我平常也注意他的膳食营养均衡和锻炼了呀,难道是遗传的(我身高 153 厘米,丈夫 163 厘米)? 有办法让他长得高一点吗?

很遗憾,决定孩子身高的首要因素的确与父母的遗传有关。医学生理学的研究证实,除遗传之外,以下因素也很重要。

①营养。2 岁以后,身体发育所需的钙,可以在经科学验证的营养配方奶粉中获取,当然,低脂酸奶中富含钙质,可以早晚食用。晚餐时还可给孩子多吃鱼,鱼类中有大量的维生素 E、钾和钙。此外,还可适当补充一些含铁较高的食物,如猪肝、红薯、山核桃等。

②睡眠。每晚 9～12 点时,是幼儿脑下垂体生长激素分泌最旺盛的时间段。但有一个前提,生长激素分泌在孩子睡眠时才有效。所以,这个时间段睡眠充足对增加孩子的身高有利,而其他时间的睡眠达不到这种效果。

③运动。适当增加孩子的身体运动,有助于身高的增长。这里主要是指跑步、投掷、玩水等大动作,以及"老鹰抓小鸡"、"平衡木"等体育性游戏。有一个动作在这阶段要禁止,那就是从高处往低处跳。

④良好的社会和家庭环境。研究表明,急躁、受压抑等不良情绪会影响孩子的生长发育。要想让孩子长得高,必须让孩子生活在宽松、和谐、有自由活动空间的环境中。

最后说一点,在我国以谷类为主粮的区域,往往出现缺锌的现象,而缺锌可能延缓孩子的生长发育。建议:多吃面食和五谷杂粮,东北人比南方人平均身高要高出一些,与他们的主食有关。

为什么儿子一上幼儿园就要哭

儿子今年5岁了，上幼儿园中班，每天早上总是又哭又闹的，说"幼儿园有人打他"，但是送到幼儿园就好了。下午去接他放学，他很开心的，老师问他"明天上学还哭吗?""不哭了!"回答得非常干脆。可是，第二天早上他还是哭。我们什么办法都用了，还转了好几家幼儿园，结果都一样。

孩子上幼儿园是离开家庭走向社会的第一步，也是关键性的一步，我们称之为"儿童社会化进程的关键期"。

我仔细地分析了一下孩子所说的不想上幼儿园的理由，显然是借口。问题出在他的依恋情结太重，有一种叫做"分离性焦虑障碍"的倾向。必须指出的是：从7个月到学龄前，几乎所有孩子都曾因与父母或其他亲近的人分离而焦虑，不幸的是，你儿子的焦虑程度超过了一般孩子。

我们分析原因时，不可忽视孩子有可能在家里骄纵任性，一旦改变了生活方式，便可能不适应。说句不客气的话，越是这样，越要上幼儿园。教育不可能完全没有强制性行为，舒舒服服出不了人才，尤其是早期教育，从本质上讲，它的作用就是把一个自然人培养成社会人。恕我直言，社会适应性不强的孩子，有可能在今后的激烈竞争中沦为失败者!

对于这样的孩子，家长不要简单地斥责、威胁，甚至欺骗，应加强其独立生活能力的训练，也可在周末带孩子到同龄儿童集中玩耍的地方去玩，培养他的人际交往能力。当孩子从幼儿园到家后，要及时表扬他在幼儿园中哪怕是细微的进步；也可以制定一个图表，每次按时上幼儿园而不哭不闹时，贴上一朵大红花，10朵大红花可以换一个心爱的玩具。

女儿被好友孤立了怎么办

女儿今年5岁了，以前她有一个好朋友，和她一样大。最近，那女孩和一位领导的女儿走得更近，每次她们玩的时候，都不和我女儿玩。感觉孩子被她们孤立了，我就鼓励她和别的小朋友玩，可女儿每次遇见那两个小女孩就喊她们，人家不理她，我见了很不舒服……

做家长的对孩子在人际交往中出现的一些矛盾或争执，原则上是让他们自己去处理。要相信自己的孩子，他会在处理这种人际关系中增长智慧，调整心态。

当然，家长也不是不闻不问，而应疏导。你鼓励她和别的孩子玩，这就是一种疏导，但当她喊那两位伙伴人家不理她时，你看了不舒服，我相信孩子没有你这种感觉，理由是：她在进行一种叫做"探求性社交"的行为，她还不至于因为这一点而产生大的失落感，更何况小的挫折感并不是一件坏事，而是她在成长中必然会遇到的问题。回想一下，我们是否遇到过此类事情？难道孩子就不能经历一下吗？孩子将在挫折中学会如何调节人际关系。所以，聪明的家长宜静观其变，平时多增加其自信心，多鼓励她，让她逐步形成良好的自我意象，让她在潜意识里认识到：她是好孩子，她聪明、能干，老师喜欢她，爸妈喜欢她，同学们喜欢她，她今后要干大事。有了这种强烈的自信心，这种偶然发生的挫折自然不会造成什么不良后果了。

孩子一激动就打人，正常吗

儿子小宝4岁多，此前在老家由爷爷奶奶代为照顾，4岁半时接到我们身边。小宝各方面都不错，就是在特别高兴的时候，会对我们又打又踢，有时还咬一口。我们急了会打还他，他哭过也就没事了，这要紧吗？

这是一种攻击性行为，但并不严重。

首先，家长检查一下大人对孩子的态度是否一致，特别是在发生又打又踢的时候，如果周围的人有一个人是抱着好玩的心情去对待，情况就不妙了。家庭成员对孩子的攻击性行为一概采取否定的态度，他才会意识到不妥；否则，他会延续这种行为。

家长有时也会打他一下，这问题又来了。因为孩子会强化他的攻击性行为，因为"你打我，我才闹的"，尽管逻辑上不通，但他就是这样认为的。所以，"孩子打你，你打还他"不是好主意，正确的做法是制止和批评，严厉地批评。

最后我说一点，隔代养育发生类似事情的比较多。其原因是爷爷奶奶多少有些惯孩子，所以应与老人多沟通，以后不要特殊照顾，不要以孩子为核心，应把孩子当作家庭的普通一员来对待。

孩子对你们又打又踢，还会咬，请想一想，是否是亲子关系的纽带松了？请增加与孩子沟通的机会，尽力改变现状。

孩子"吃手"上瘾，怎么戒

因为孩子吃手指的问题，我很是苦恼——儿子从2个多月开始，恋上了吃手指头。当时看了很多书和杂志，上面说这个阶段孩子吮手指头正常，所以决定顺其自然，这一吃就吃到了现在。

3岁前，他都是要睡觉了才吃手，白天他想吃了，我们会想法分散他的注意力；3岁后，我不厌其烦地给他讲道理，白天基本能控制，但是一有睡意，他就会不自觉地吃，专吃左手大拇指，就像吸奶一样。如果此时去阻止，他就会歇斯底里地哭闹，讲道理都不管用。

现在，他都4岁了，如果在外面犯困了，就会吵着要回家，因为吃手瘾上来了，他自己知道难为情，就是不能控制。怎么办好呀？

世界卫生组织明确指出，孩子周岁以后吮手指头为不良习惯，何况他4岁多了，说实话，已有点"儿童强迫症"了。

心理矫正是最有效的方法，主要从改善心理环境，提高认知水平，阻断强迫思维，从强制性的行为疗法入手。

医学上有一种心理疗法叫"系统脱敏法"，它的依据是：人对某一件事的放松和紧张是两个对抗过程，两者不能相容，即一种状态出现，必然会对另一种状态产生抑制作用。

首先，让他放松3～5分钟，然后让他举起左手大拇指，问他："你的大拇指是好的吗？"他会说"是好的"。然后问："倘若你每天啃它，把它啃断了会不会害怕？"他会说"害怕"。你说："好，不要紧,现在还是好的,放心吧。"接着说:"只要你不继续去啃它,它始终是好的,记住了,不会出现把它啃断的情况,因为你不会再啃它了。"

然后,在孩子的手腕上套一根橡皮筋,反复告诉他"我的大拇指是好的,它不会断的"。当孩子出现"强迫想法"还想去吃手指时,让他去弹手腕上的橡皮筋,一边弹,一边说:"我就是不吃手指,我就是不吃手指,我的大拇指是好的,它不会断的!"反复做这个练习,相信会有改善的。

儿子特逆反,妈妈失败在哪里

我那儿子特逆反,书上说这是孩子人生中的一个阶段,可是他大概刚会走路、说话时,就有逆反倾向了,比如:说话反着说,会把我的手机偷偷放进水杯里,把爸爸的拖鞋扔进马桶……4岁时,甚至一直说"让妈妈去死掉"、"我不要你"之类的话,我气极了,和他讲不通道理时就会打他,很重地打。请问,我这个做妈妈的到底失败在哪儿呢?

从心理学上解释逆反心理,就是作用于人的感官引起感觉的刺激物的量超过了这个人的感官所能承受的限度,从而使其感官产生一种相反的感受。

儿童在不同的年龄段具有不同的心理特征。如果家长不顾及这个特点,就可能产生预想不到的结果。孩子好奇心强,你指出的他的某些行为,实际也是好奇心在起作用,像把手机放进水杯里;另外,如果你禁止孩子做某些事时方法不当,就会导致他偏要去试。

但总的来说,孩子产生逆反心理,一方面是他独立个性萌发的必然过程,而不正确的教养方法,比如你有时气极了打他一通,则可能强化这种逆反心理;另一方面,过分溺爱、纵容孩子,也会让孩子感到"只要反抗一下,就可以达到目的",而过分严厉,孩子可能表面顺从,但心里不满,行为上便会"阳奉阴违"。

要克服孩子的逆反心理,家长首先要正确认识到:孩子成长中必然有独立性逐步加强的趋向。

有了这个认识，家长就可以坦然面对了。在这个前提下，家长因势利导，尊重孩子的正确意愿，提出符合孩子特点的要求，比如规定他说真话，喜欢就是喜欢，不喜欢就说不喜欢，不能说谎话。此时，应注意给孩子讲清道理，告诉他，"把爸爸的拖鞋扔进马桶里是会受到惩罚的"。惩罚的规定要具体，比如：说两个小时不让他看电视，千万不要动辄训斥、打骂，否则会强化他的逆反心理。

此外，有些逆反行为，如果是不会造成不良后果的，家长不妨网开一面，这样反而会缓解他的逆反心理。

小小年纪迷游戏，该怎么管教

我儿子快5岁了，最近我发现他爱上了玩游戏，不管谁的手机，见到了就要拿过来，打开游戏玩了起来。我一是担心影响他的视力，二是怕他养成了坏习惯。他还这么小就玩游戏，大了该怎么办？还怎么管教呢？问了问身边同龄孩子的父母，他们的小孩也是这样，我们该怎么做啊？

孩子玩电子游戏对他的健康成长，到底是有利还是有弊，这是当前心理学界、教育界、科技界争论十分激烈的一个热门话题。目前的意见更倾向弊大于利，对于一个5岁不到的孩子，更是如此。

转移孩子对电子游戏的迷恋，最有效的办法是"迁移"。让孩子把兴趣迁移到其他活动上去，比如绘画、音乐等，家长应多方引导，甚至和孩子一起去玩，让他自然而然地走出迷恋电子游戏的误区。

其次，加强监督。一开始，不必立马要求孩子完全不玩游戏，而是让他逐步减少次数和时间，须知：强制性行为疗法对于一个5岁的孩子来说，是可以实行的，不会造成任何伤害。

最后，如果迷恋游戏已经达到严重程度的话，不妨考虑到医院进行心理和药物治疗。

制止孩子迷恋电子游戏，宜早不宜迟。我正在进行青少年防网络沉迷工作，其艰难程度比你们要大得多。

孩子晚上特难入睡及爱憋尿怎么办

儿子 4 岁半，有两个问题长期困扰我：一是晚上撒尿不知道喊，玩时憋尿直跳而不去尿；二是特别难入睡，一睡却又能睡很长时间，这说明他需要睡。请问能否采取强制的入睡手段？吃"乳珍多肽"对孩子有帮助吗？

我先谈孩子尿尿的事。尽管父母希望尽早让孩子学会控制这种自然反应，但孩子排便的生理和心理成熟度确实存在差异，因为每个孩子大脑控制中枢功能成熟的时间不尽相同。我提出几个策略。

①在照料孩子的过程中，细心观察，掌握他大小便的规律，如大小便前，孩子发出的某些"信号"：身体打战、脸红、发愣、小肚皮鼓鼓的，等等，家长应适时协助他排便。

②考虑专门为孩子设计一个光线明亮（夜间有照明）的地方，安置一个稳定安全的小便盆，让他感到小便是一件愉快的事，并形成"动力定型"。

③对孩子出现的排便不顺利采取宽容态度，避免训斥和责骂。

④晚上选择合适的时间主动叫醒他排便，每晚按时，形成条件反射。

接着，我来谈谈睡眠问题。

白天让他活动量大一些，睡前洗个澡，如果很难入睡，与其让他瞪着眼睛躺得太久，不如干脆等孩子发困时再让他睡。如果和妈妈睡一个被窝能让他更快入睡，不妨让他和妈妈睡一段时间，以后再慢慢试着"隔离"。

另外，入睡前放一点舒缓、悠扬的小夜曲，不失为一个好办法。

临睡前，母亲耐心地倾听一下孩子的讲话，缓解孩子的焦虑情绪也很重要；如果你觉得白天在某些方面伤害了孩子，那么临睡前及时地道歉可消除他的不安。

睡前吃得太多也是影响睡眠的原因之一，父母还需检查孩子睡的床是否舒适,是否有被子过厚的现象。此外,孩子肠道若有寄生虫,也会影响睡眠;如果出现夜惊,应考虑孩子是否有其他疾病。

"乳珍多肽"有免疫调节功能,有条件的家庭不妨一试。

孩子的自控能力差怎么办

我的孩子主要是自控力差,具体表现在:

①在幼儿园里对规则和秩序的遵守不够,在老师授课时尚能保持安静,尤其对自己感兴趣的科目,如阅读、识字等表现得比较专注;但在老师组织游戏、讨论、做操等活动时,难以保持持久注意,会不听劝阻扰乱同学或擅自离开座位、乱走乱动甚至跑离。

②独处时表现尚可,就是不能与小朋友融洽相处,严重时会发生肢体冲撞,常有推、拽别人的现象。给人的感觉是想跟同学玩,但不知道该怎样做。

③有和老师对着干的现象发生,这时候往往嘴上很强硬但心里又难受(曾向我们表述过)。

④讲道理都懂,能明确自己的行为对错,犯错后自己表示控制不住。

孩子已经 4 岁零 7 个月了,请您帮忙指导,看看怎样才能帮助他做一个遵守秩序的孩子。

您的孩子有轻微的攻击性行为。有时候孩子是在欺负和被欺负的过程中学会处理与伙伴的关系的,所以也不要看得太严重。

孩子成长的过程,就是从自然人向社会人过渡的过程,我们把这种过程叫做"儿童社会化进程"。孩子从入园到入学,逐渐开始独立走向社会,如果孩子缺乏人际交往的技巧和能力,不适应群体生活的"游戏规则",他就会面临多种困难。

因此,家长一定要用正确的态度在无形中调整他的行为。

首先是鼓励他通过语言而不是行动来表达他的需求。每当孩子用正确的语言方式表达自己时,就要及时予以肯定,以强化这种行为。

一旦孩子有违反秩序或有攻击行为时，父母不必大惊小怪，你的过激反应可能会在孩子的心理上造成不必要的压力，或者让孩子认为，这是吸引父母注意的一种有效"武器"。所以可以"冷处理"，视而不见，达到淡化他这种行为的目的。父母在管教时，只要把不能打人、不能违反纪律的道理讲给他听就可以了，无须一味唠叨；也不必限制孩子与其他小朋友交往，因为这样更会使他的交往能力得不到提高。

与成人相比，孩子的行为更容易受外界环境的影响，一个温馨和睦的家庭，有着良好的气氛，孩子的情绪会大大改善，如果能提供足够的玩具、书籍和其他娱乐设施（避免选用刀枪等有攻击倾向的玩具），孩子的攻击行为会大大减少。

父母每天要抽出一点时间与孩子沟通，也可以通过讲故事、聊天等方式向他明确表明你的立场。

带孩子玩一些有固定规则的游戏，如下跳棋、玩扑克牌、投球等。通过游戏提高孩子遵守规则的自觉性。一起参与这些游戏时，孩子时常会暴露出他不守规则的一面，此时正是家长教育他的好机会，逐渐让他减少犯规次数，直至孩子学会完全自觉地遵守规则，然后家长请邻居的孩子也来参与，让孩子在游戏中同时接受同伴的监督，更好地学会约束、控制自己的行为。

让孩子多接触一些比较安静的活动，如搭积木、画画等，培养他形成静态活动的条件反射。

在以上这些活动中，家长给孩子一些良性的心理暗示，可以帮助他更好地控制自己。

最后一点，对自控能力弱的孩子来说，还得教给他一点宣泄情绪的正确方式，比如：给他一两个可以发泄内心不满的玩具让他去摔打，或者让他在适当的时间大哭大叫一番。这样，孩子就能找到一些不至于破坏群体和伤害他人的宣泄方式。

为什么我的孩子没主见

我女儿现在 4 岁多，现在她身上表现出的一个现象让我非常担忧。比如，问她："你是选择吃米饭呢还是吃面条呢？"她会说："你说吧。"再比如问她："你是选择在家待着还是出去玩？"她倒是会推给别人来回答，自己不做选择。我觉得这不利于她的独立能力的培养，您说是吗？为此，我很焦虑，希望您能帮我分析一下。

还有就是在人多的场合，如果没有人对她表示友好，她就宁愿一个人待在一旁。如果我在跟前，她会找各种借口把我拉走。要是只有一个孩子的话，她倒是会主动上去示好，我真摸不准她的心理，你可以告诉我吗？

再有，比如对她说"把你送给人吧"，她会毫不含糊地说"送吧"；如果我们说"那怎么行呢"，她会很高兴；如果顺着她说"真把你送人啦"，等我们一转身，她会号啕大哭起来。为什么会这样前后不一呢？

孩子的这种表现，源于缺乏自信心，要是家里来了客人，叫她表演一个节目，她也会死活不肯表演的。

父母需要做的是尽可能给孩子以积极乐观的影响，必要时用你们果断、坚强的形象去感染她。

首先，父母的爱和鼓励是孩子获得自信最坚实的基础。鉴于她目前的理解能力有限，因此你们对孩子爱的需求要有具体的表现，父母热情的拥抱，一个亲吻，和她一起玩热闹的游戏，多使用一些鼓励性的言辞，都能很好地激发她的自信。

其次，找一些孩子能力可以达到的智力测验或游戏，和孩子一起做。注意：要让她多胜、少败，比如，"花是什么颜色？""你选择一下，绿色？红色？蓝色？"

再次，避免与同龄孩子比较。每个孩子的成长指标各有不同，有些孩子在某些方面发展得好一些，而在另一些方面可能慢一些，我们不去拿孩子的短处和其他孩子的长处比较，避免挫伤她的自尊心。

还有，所有游戏只重视过程而非结果。父母保持一个良好心态，不必在意孩子在活动中是领先还是落后，只有在每一个具体的活动中丰富孩子的生活体验，她才能逐渐去掉犹豫不决的毛病。

最后，鼓励孩子多参加一些体育游戏，多跑跑跳跳，爬上爬下，翻跟头和捉迷藏。西方发达国家十分重视这一点，孩子们极少有娇气的现象，自信心较强，独立能力也要好些，很值得东方国家的家庭学习。

女儿小小年纪怎么会有心事呢

我女儿现在4岁多，一天看电视，突然冒出一句："妈妈，我喜欢那个小男孩儿。"我问其原因，她羞涩地说因为他长得漂亮，把我吓了一大跳。请问遇到诸如此类的问题，我该怎么回答她呢？

还有，她在幼儿园会不开心，问她为什么不开心，她好像又说不出原因。比如，周四晚上我哄她睡觉，故事讲完后要她睡觉时，发现她两只眼睛还睁得圆圆的。问她为什么不睡觉，她说在想老师的问题；我问什么问题，她不愿说；我问她为什么要想老师的问题呢，她说老师的问题让她不开心、不高兴；我说为什么你要不开心呢，她又说不出个所以然来；我说去问问你们老师好吗，她又不让问。其实我挺想问问老师的，问问老师孩子在幼儿园表现如何，她的语言表达能力或其他方面到底有没有问题，等等。从情理上说，家长和老师应该经常沟通，但如果我去了，是不是会伤害到孩子的心呢？

你女儿的气质类型极有可能受父母气质类型的遗传影响，比较内向，勤于思考。

作为父母，必须首先认识到：气质类型无所谓褒贬，各有所长，也各有所短。4岁多的孩子就有心事了，这并不是什么奇怪的事情，但问题是由此反映出来的一些东西，值得我们认真对待：

①关于她看电视时喜欢长得漂亮的小男孩，此事属正常爱美心理，家长不应恐慌。

②想老师的问题，明明不开心又不愿说，是因为心理有压力，以及不知道如何调整自己的情绪。

③不让家长去问老师，这是一种属于抑郁气质和黏液气质的孩子，常常有退缩行为。退缩行为是一种常见的儿童心理障碍，它会影响孩子的社交能力、自我定位以及开朗性格的发展。一般情况下，随着时间的推移，生活经验的积累，情况会有所改善。

需要家长做的事是：给予孩子更多的关注，可以避开孩子与老师沟通，这样做是为了更多地了解孩子在幼儿园与人相处的真实状况，以便找到症结所在。

另外，孩子在一段时间内表现出有心事的现象，应该是允许的。家长可以带孩子外出，通过旅游、运动，参与其他各项活动等，培养孩子乐观的心理素质；也可以通过电影、电视、书本等媒介向孩子传递人际交往的经验；还可以通过"角色游戏"（如扮演教师、医生等）教孩子在不同情境中与人交往的技巧。

相信无需太长的时间，她就会主动摆脱这种退缩行为。

发现孩子很焦虑怎么办

我是一个5岁孩子的父亲。我儿子近一段时间以来，大概有二十来天，老是认为自己的手上有油（沾上了油），每天多次反复地说，伴随情绪急躁，甚至双手互相拍打。其实他手上很干净，但即使每次洗了手之后，他仍有这种感觉。在转移他的注意力后，有时会隔一会儿再次发生，此时我们甚至无法转移他的注意力。这种情况刚开始时每天有一两次，发展到现在他都上幼儿园了，次数却有增无减，每天多次出现。我们带他到医院看过了，大夫称是心理作用，开了谷维素、VB1、VB12、VB6 等，效果不理想，我们想是不是因为开学引起的焦虑，希望能得到您的帮助。

你的孩子有强迫症的倾向。

这是一种以强迫观念和强迫行动为特征的神经症。它表现为反复记忆，反复考虑某一问题（手上有油）。孩子也许知道这些行为和想法是没有必要的，没有意义的，但仍克制不住自己要去做、去想。值得注意的问题是，这种孩子往往智商偏高，富于幻想。

应以心理治疗为主，适当辅之以药物。

系统脱敏疗法：

首先，按难易排一个系列，假定手上沾一滴油，手上沾一大块油，手上沾满油。然后对洗手时间做一个限制，先用较长时间洗，然后每天减5～10分钟，经过一段时间的脱敏，每次洗手时间逐渐接近正常人水平。

反应阻止疗法：

每当孩子手脏，势必要去洗，这时阻止他去洗，他难免会出现焦虑反应，家长硬着头皮坚持，他就会慢慢习惯。

思维阻断疗法：

当孩子出现强迫性思维时，家长大喝一声："停！"在此时，要求孩子自己也大声喊："停！"反复多次训练，使思维停顿。

常见治疗强迫症的药物有氯丙嗪，此外，舒乐安定、氯硝安定等可抗焦虑症，但要在医生指导下谨慎使用。

孩子习惯趴着睡，要紧吗

我的儿子现在 3 岁 7 个月，以前就经常趴着睡觉，但也会侧着睡或仰睡。可是最近一段时间，每天晚上总是趴着睡，我有时想把他翻过来仰着都不行。他趴着睡，一边的手总是撑着身体，我看着都觉得累。

儿子每天晚饭后会下楼玩一个小时，大约 9 点到 9 点 30 分上床，给他讲讲故事，10 点左右就会睡了。是不是下楼玩得太兴奋的原因呢？孩子趴着睡觉到底是好还是不好呢？一定要纠正他吗？

幼儿睡眠可以采取多种多样的睡姿，适当俯卧能使孩子紧贴床铺，让他感到安全，因为到了 3 岁多，就不必担心俯卧姿势会使幼儿窒息了，但俯卧时应注意将脸侧向一边，使口鼻不被堵住。

尽管如此，我还是建议，尽量让他侧卧和仰卧，因为如果俯卧成为他最常见的卧姿，有可能压迫心脏和肠胃，容易产生梦魇，也就是说，让他形成以侧卧和仰卧为主的睡姿，俯卧时间越少越好。

此外，晚饭后的活动时间不宜太长，且应以安静游戏为主，否则会影响到孩子的睡眠质量，切记。

老师教的记不住，孩子的记忆力是不是有问题

我的儿子现在 6 岁 4 个月了，我觉得他的记忆力可能有点问题。现在上小学一年级了，老师上课教的内容总是记不住，从幼儿园到现在，和他同班的同学他只知道几个人的名字，其他的只

知道是同班的。问他怎么同学的名字都说不出来,他说,"名字太难记了,记不住"。上周五,老师才发了试卷,今天叫交,他都不知道交哪张。老师布置的家庭作业也总是记不住,但如果你早上说过要给他买什么,他晚上都还记得,甚至于几天后他都记得。他的数学一般,20以内加减法没有问题,练习册上的培优题能较快地做出来。

您说我的儿子是智力有问题,还是记忆力有问题? 我该怎么办呀? 给我提提建议吧!

孩子这种丢三落四的现象,不一定是记忆力出现了问题,而是注意力不容易集中造成的。好动、注意力不集中,几乎是大多数幼儿这个阶段的特点。一方面是因为活动能力大,到处玩耍;还有一方面是在他饿了、累了或情绪不好时,也会出现这种注意力无法集中的现象。

在此,我提出几点意见:

①注意一下,他是否有"感觉统合失调"的问题。因为存在视觉或听觉统合失调问题的孩子,往往干什么都不专心。

②多和孩子做一些静态活动的游戏,如玩拼图、搭积木之类的游戏等。

③提供一个安静的家庭环境,让孩子的心趋于平静,从而增加专心度。

④对他完成家庭作业的活动进行监督和管理,形成有条有理、限时完成作业的良好习惯。

孩子在幼儿园思想不集中怎么办

我儿子刚上小班,年龄不算大,可"能耐"大,是班上的4个"调皮王"之一。老师经常反映,他上课思想不集中,20分钟的课他只能上三四分钟,之后会自由散漫。老师批评他,或是我们家长向他指出,他会虚心接受,但时间一长又忘了。平时,他会对地上的东西非常感兴趣,还经常把地上的东西放在嘴巴里,从小到大,我们一直为这事伤透脑筋。

请教杨主任,孩子的这种行为是不是属于多动症? 我们该怎么办?

幼儿园小班的孩子能在 20 分钟的课里面集中注意力 3～4 分钟,应该说不是什么严重的思想不集中,所以家长不必太忧虑。

有一点得引起注意:父母在家是否过于宠爱孩子? 比如:轻易满足孩子的需求,玩具太多,一换再换,会使他"喜新厌旧",不专注于某一个玩具。

另外,请注意区分"随意注意"和"不随意注意",主要应让孩子加强"随意注意"(即有一定目标,并需作出努力的注意),而唯一的方法是抓住他最感兴趣的一件事,和他一起深入下去。比如:搭积木,和家长一道去做,久而久之,他会集中注意力去玩,然后通过"迁移规律"把这种良好的心理品质迁移到第二件、第三件事情上去。

先天性心脏病手术会影响孩子的心理健康吗

我儿子现在 5 岁 5 个月了,在家里的表现可以说是聪明活泼,他还酷爱画画,画得蛮不错的。自从去年做过先天性心脏病的手术后,他的睡眠质量及体质都好了,但他不愿意出去与其他小朋友一起活动,不愿意见陌生人,不愿意拍照,连上幼儿园也很勉强。我们很纳闷,手术之前没这种表现呀! 请问老师,这是不是手术影响的?

手术对孩子的心理会产生一些影响,使他感到和其他孩子相比,似乎要差一些。其实这中间有一个过程的,绝大多数孩子可以顺利度过这一艰难时期,但个别孩子会出现情绪障碍,如神经性抑郁等。

目前,家长的任务是提高孩子的认知水平,解除他对自我、对周围世界的负面认知。比如:你可以多和他一起做游戏,参加开心的活动,有条件带他出去旅游、写生,鼓励他结交一两个好朋友等。

3 岁多的孩子应该从什么方面进行教育

我的儿子现在 3 岁零 4 个月，上小班。作为一名小学老师，我对幼儿教育不太熟悉，我不知道这一时期的儿童应该从哪些方面进行教育。听孩子的老师说他的语言表达能力不错，但有时说得不流利、不清楚。针对这种情况，我们家长应该如何进行教育？

3 岁多的孩子，首先应注重的是"儿童的社会化进程"。从许多专家的研究来看，3 岁是一个标志，标志着他从一个自然人过渡到社会人，他应在自我认识和人际交往两方面向前迈出一大步。因此，我们应着重教育孩子具备良好的自我意识，能在大庭广众之下，落落大方不认生，并清晰地表达自己的需求和意见。

他此时说得不流利、不清楚，是因为他的词汇量不够，这好比建造一幢房子，但缺少砖、瓦等材料，因此你的任务之一是尽量扩大他的词汇量，给他"添砖加瓦"。顺便说一下，小孩子进入 3 岁，就到了第一个心理反抗期，强力压制是不可取的，只能采取诱导的方法，要仔细分析孩子的意图，然后区别对待。

总的来说，要了解和尊重孩子的意志和兴趣，让他知道你对他很在意、很重视。对孩子少数有可能产生不良后果的反抗，你可以坚决地予以拒绝；大多数情况下，迂回一些，多给他一些选择的自由，这对他的成长十分有好处。

孩子擅自拿幼儿园的玩具怎么办

最近这几天，我家小孩老是爱把幼儿园的玩具装在书包里，弄得我们去接他的时候也很尴尬，回家也好好跟孩子说过了，可是第二天，他还是犯同样的错误，我该怎样帮助他呢？请您帮我出出主意。谢谢！

在幼儿园阶段，小孩把幼儿园的玩具拿回家，这种行为不是偷盗，暂时还不会形成品德问题。

但这不等于说家长可以不闻不问，而是要因势利导，予以教育。

家长应及时向孩子讲道理，但避免打骂。孩子分辨是非的能力和行为规则，是通过生动形象的事情来获得的，因此，最好用讲故事的方法来教孩子。

还有，家长应尽可能在早期帮助孩子形成"所有权"概念：不是自己的东西不能拿，借东西要得到允许。

在纠正时，要注意维护孩子的自尊心，请告诉孩子，这种行为改正了就可以得到原谅。

在个别情况下，如屡教不听时，可以给予一定的惩罚，如不给买东西吃，限制某些他喜欢的活动等。

爱吃糖的宝贝长蛀牙了，如何保住剩下的好牙

我家宝贝去年上小班之前体检，查出 20 颗牙齿坏掉了 10颗；今年中班了，上个月查出坏了 11 颗。他的牙齿长得也不是很好，而且他比较喜欢吃甜食，早饭就喜欢喝糖粥。我经常给他吃一些酱菜、肉松等转移他对糖的依恋，但他就是特喜欢吃糖，此事让我很伤脑筋。

我想问一下，现在这种情况是否会影响他将来的第二次长牙？关于他这种情况，我该为他做些什么来保护好剩下的那几颗好牙呢？在小班的时候，我已经让他养成早晚刷牙、饭后漱口的习惯。除此之外，我真不知道还能为他做点什么了。

糖，不是绿色食品。

过多吃糖，不仅如你所说对牙齿会有不良影响（顺便说一句：乳牙不好将直接影响恒牙的质量），而且对孩子整个的健康成长都不利。《英国医学杂志》曾报道，儿童的饮食中每天增加 250 卡热量，其死于肿瘤的危险性增加 20%。

专家建议，应给孩子多吃水果和蔬菜，而对高热量的食物（除糖外，还有雪糕、饼干、冰激凌、炸薯条等）则要尽量减少。

身为家长，应横下一条心，为了孩子，应强制性地限制他吃糖，多做一些可口的食物来代替糖，绝不能迁就。

儿子不懂如何与大孩子相处，妈妈怎么教

儿子今年6岁半，在我的印象中，他是一个很听话、很懂事、讲道理的孩子，但最近发生的一件事，让我的心久久不能平静。

事情是这样的：儿子与家属院的3个大孩子一起玩，不知出于何种原因或矛盾引发了几个孩子间的争执，儿子竟然躺在家属院的空地上哭闹，用石头块砸自己的头。儿子说，在游戏中受到另3人的排挤。一起玩的大女孩却说，儿子开始躺在地上耍赖，后来又拿起石块准备砸她，她批评了几句，儿子觉得理亏，就用石块砸自己的头，后来，就一直哭。

这事发生后我思考了很多，作为一个母亲，我觉得自己很失败。在教育孩子时，我比较爱发脾气，态度不够亲和，我总会给孩子讲一些道理，特别是生活中的一些道理，孩子也愿意听，他在学校和家里表现也很不错，可还是发生了不该发生的事。今后我该怎样教育孩子呢？

你讲了孩子的两种状况：一是怎样对待同伴交往，一是怎样对待他自己。

关于与同伴交往，如果他真的准备拿起石块砸别人，这是一种攻击性的行为，家长要引起足够的重视。

我认为他缺乏与同伴的沟通技巧，加之在他记忆中可能有"同伴对我有敌意"的观念，于是选择了攻击的手段。

心理学家通过对儿童攻击行为的研究，提出了控制和减少攻击行为的方法，主要有：

①树立正面榜样，让他多接触待人礼貌、关心他人的正面典型形象，不接触或少接触具有攻击行为的范例，比如有暴力倾向的卡通片、图书、电视等。

②强化儿童积极的社会行为，消除或避免引起攻击性行为的环境因素。这时家长应留意与他共同玩耍的同伴，应避免与其他具有攻击行为的孩子交往。

与此同时，应积极地做一些让他学到某些认知技能的训练，如学打乒乓球、下围棋等，这叫"移情"，他会在这些活动中找到乐

趣，同时这些活动很少诱发攻击行为的产生。

下面来说一说他的"自虐"行为。孩子用石块砸自己，这样的行为还算不上自虐，应该属于一种宣泄方式，当他情绪沮丧时，感到无助，又还没学会自我调节，于是暴躁地打自己。

对此，家长不必过多忧虑，还是要从自身找找原因。你承认在管教孩子时爱发脾气，这一定要改正过来，你的这种情绪，孩子学习（或模仿）十分快。因此，家长的正确态度对孩子起着重要的榜样诱导作用。父母应通过聊天、共同游戏等方式与孩子交流，有利于孩子认识到自己作为独立人的地位和尊严，从而提高自尊心和自信心。

对待孩子之间的冲突，西方发达国家的家长往往采取旁观的、听之任之的态度。他们相信，孩子会在冲突中慢慢学会如何对待别人和对待自己。旁观的做法很可行，不过，如果我们大人在平时进行榜样诱导，适时点拨一下，孩子会更好、更快地学会如何与人交往。

有没有让孩子好好吃饭的招

女儿今年 3 岁，现在上小班，一直都不肯好好吃饭，在幼儿园和在家都一样。不知道是不是跟她从小就一直是喝奶多、吃饭少有关系，我该怎么去引导她呢？

吃饭是孩子的本能需求。孩子正处于生长期，哪有不想吃饭的道理？究其原因，恐怕还是平时有零食补充的原因吧。

怎么做？很简单，到了吃饭时间，叫她吃，她不吃，那么，下餐再吃，中间不补充零食，你看她下餐吃不吃。另外，如果吃饭的时候磨磨蹭蹭，顶多等她 10 分钟，时间到，撤。

她会说："我还没吃完呢！"

"那下一餐的时候再吃快一点吧！"

你看她下一餐还会不会磨蹭。

饿一饿不会饿坏，而改掉了不好好吃饭的坏毛病，岂不是更好？

女儿爱谈死亡问题,妈妈怎么办

这一阵子,女儿老在谈论死亡的问题,为什么会这样?她才4岁6个月零9天的年龄,探讨这个问题有点让人无法理解。我尽可能地把她的注意力引向其他方面,可她好像对这个问题很感兴趣,反反复复地问"爷爷在天上会不会想我",还问我到天上会不会也想她呢?我说:"妈妈不会到天上,要永远和你在一起。"她就会说:"妈妈不老吗?老了也要死的……"

在她还不会说话、不会走路时,她爸爸经常打我,她哭得撕心裂肺的;等她会叫妈妈时,她爸爸再打我,她就拼命地喊"妈妈、妈妈";现在,她爸爸再打我时,她会说:"妈妈,你别说话,爸爸会打你。"这就是女儿眼中的父母,这就是她最早的家庭概念,我觉得她之所以会这样,与我们做父母的有最直接的关系,但现在我特别想让女儿开心起来。

本来她的身体就不好,现在又喊头疼了,我很害怕,真的都快要崩溃了!

你的女儿恐怕有儿童抑郁症的可能。

儿童抑郁症会使孩子情绪低落,没有愉快感,还可能伴随睡眠障碍、食欲下降、头痛、头昏等症状。

究其原因,儿童抑郁症主要是心理受到刺激后诱发的,比如亲人去世、父母关系紧张等。此外,自尊心、自信心受挫也会导致抑郁症的发生。

对于这种"多愁善感"的孩子,建议首先采取"支持疗法"。我们可以降低标准,设定一些简单的任务,当她顺利完成时,请给予鼓励,帮助她树立信心。

其次是"行为疗法",就是在日常生活、学习、游戏中进行锻炼,培养她的抗挫能力。家长一定要按计划、规则行事,不要迁就孩子的好恶。最好多带孩子去做一些开心的事,如看灯会、到儿童游乐园玩耍,让周围快乐的小伙伴去影响她,使她的积极情绪由心而生。

孩子上大班了，怎么还管不住自己呢

我儿子4岁8个月，上大班了，一直比较好动，在幼儿园上课也会做小动作，而且他特别爱哭，不管在什么地方，只要一遇到什么不如意的事就会哭，有时怎么跟他讲道理都没用。没办法，只好对他说"再哭妈妈就拿苍蝇拍打屁股！"这才管用。

男孩子好动，上课"憋不住"，说明这个年龄段的孩子在生理上和心理上都还极不成熟，自控能力还很差。因此，家长可以对他适当放宽一点要求，并原谅他的某些"越轨"行为，比如：孩子一遇到什么不如意的事就会哭，爸爸妈妈一定不要简单地训斥孩子，可以转移他的视线，引导他去注意其他感兴趣的事情。

告诉你一个培养自控能力的小游戏——"谁先笑"。这是爸爸妈妈和孩子一起玩的亲子游戏：先由孩子逗你，大人忍住不笑；接着，由大人逗孩子，估计逗不了几下子，孩子就笑了。一轮过后，再来一次。其中，大人可以故意败北一回，让孩子有获胜感。

喊儿子半天没反应，他怎么了

最近一年来，儿子的问题令我很头疼。喊他干什么（比如吃饭、刷牙等），总是半天没反应；每晚睡觉时总会对我说："妈妈别关门！"其实我们既没有分房睡，也没有分床睡。

我总觉得孩子不对劲，就是不知道该怎么办才好，请帮帮我！

对孩子喊了半天，他却没反应，你得观察一下孩子是否有身心发育上的障碍、营养不良等，身体虚弱往往影响孩子的反应能力。此外，要检查孩子的听觉、视觉是否有缺陷。

排除身体上的原因，剩下的就是孩子的注意力不够集中，或者情绪上可能存在问题，小孩子往往用"不配合"来令你生气，从而引起关心和注意。

怎么办呢？最要紧的还是从生活习惯着手，比如刷牙，如果在一段时间内，强化这种习惯，形成"动力定型"（无须提醒的自觉行为),那么,有一天如果他没有刷牙,自己反而会觉得不对劲,家长也就不必操心了。

至于孩子睡前总是担心门是否被关,这是一种恐惧情绪的表现。这种恐惧情绪会随着年龄的增长、经验的积累而发生变化的,是孩子寻找安全感的本能反应,家长不必过多忧虑,可以耐心地给孩子讲道理,讲科学知识,必要时你自己走到门外,过会儿再进来,给他壮胆,就是不要斥责他和强迫他睡觉。

儿子非常有主意,将来上学怎么办

我的儿子现在4岁零3个月,性格活泼外向,平时在家看书、下棋、讲故事、看光盘都能非常专注、认真,而且兴趣广泛。可一到外面上课,就表现得很好动,不太专注,不愿意随着老师的思路走,尤其是他不喜欢的事情,根本不配合老师,甚至告诉老师"我不喜欢"、"我不想做"。我为此很头疼,长此以往,将来上学怎么办?

我得向你表示祝贺,你的孩子有较强的独立自主意识,这是孩子优良性格中比较难能可贵的一种。中国的教育模式,使用频率最高的一个词是:听话。而西方发达国家的家长,十分看重自己的孩子能尽早地说出"不"、"我不喜欢"之类的话。此外,孩子在家可以很专注,兴趣又广泛,这更是值得推崇。因此,你不必头疼,而应该将他的优点发扬光大。请相信,他上小学时,一定是处于有利而不是被动的地位。当然,教导孩子上学时要遵守纪律、尊敬老师,也是必需的,但不要因此而限制他独立自主的精神。

女儿怎么会咬自己的手指甲

我女儿上幼儿园,体质一直比较差。近一年来,她老爱咬自己的手指甲,咬得都只剩下半截了。医生说是缺锌,朋友说是习惯问题,一定要改掉,我不知道听谁的好,也不知道该怎么做,所以写信求助。

咬手指甲是孩子寻找自我安慰的一种方法，说明她生活中发生了一些有压力的事情，比如遭到同龄孩子的冷落，或看到电视里吓人的场面，等等。这类事件孩子自己往往说不清楚，所以家长的任务不是查原因，而是用爱心去关怀她，多加呵护，这样她才会逐渐放弃这种寻找自我安慰的习惯。

孩子咬指甲时，可能并不知道自己在做什么，要让她意识到这种行为是不好的，家长可以制止她，亦可转移她的注意力。有一条更实用的小建议：在她指甲上贴一截橡皮膏，使她不那么方便去咬，让她意识到自己在干什么，从而终止这种行为。

可以对孩子说"坏爸爸"的事情吗

我女儿4岁多，我和她爸爸离异一年多了，孩子爸爸有家庭暴力和赌博恶习，去年又因诈骗入狱。女儿生活在单亲家庭中，缺少父爱，性格偏内向。作为单身母亲，我时常感到育儿压力，尤其几个月前，女儿隐隐听说她爸爸的事，哭着喊着要爸爸。我说"他不是好爸爸"，孩子马上反驳。

请问杨主任，我该不该告诉她所有实情，对她说"爸爸不是好人"，让她别再念着他？

首先，应该告诉孩子你目前的婚姻状况，早告诉比晚告诉要好。

但是，不必带着感情色彩去说她爸爸的不良行为，大人的事，4岁的孩子是无法全面理解的。

顺便说一句，单亲家庭并非在家庭教育中处于劣势，你只要做到以下几点，完全可以变不利为有利：

①不给孩子过多的精神压力，比如涉及孩子爸爸的问题，不宜采取攻击性的态度，只做平静客观的描述就可以了。

②让孩子多和伙伴相处，对她的健康成长和走向社会有好处。

③随时体察孩子的情绪，多与她交流，并告诉她："虽然我和你爸爸分开了，但妈妈是你最亲的人，你和别人一样什么都不缺。"

④做母亲要为人师表，给孩子树立一个良好形象，母亲在艰难困苦中的坚强、自立，无疑对孩子有着潜移默化的正面影响。

孩子为什么会怕生

我的孩子4岁了，最近很怕生。看到同龄的小朋友，可以主动上前打招呼，还是蛮友好的；但是一看到陌生的大人，就会大哭，躲到房间里不肯出来见面。这种情况已经持续3个月了，小时候蛮大方的孩子怎么会变呢？我该怎么做好啊？

人的性格有差异，这是正常现象，有些小孩在生人面前拘谨，或者在群体活动中表现畏缩，也不是什么大毛病，随着年龄的增长是会变大方的。

另外，大多数的孩子在与人交往的过程中都会经历一个由大方到认生，然后又大方起来的"马鞍形"过程，只不过有的孩子认生的时间长一些，反应强烈一些，你的孩子正经历这一"认生"的过程，反应要更强烈一些。现阶段，你的任务就是缩短这一过程。

我注意到，孩子对陌生的、年龄相仿的小朋友很友好，而且不认生，只是对于陌生的大人才有认生的表现，这是孩子成长过程中"保护自己免受伤害"的自然反应。问题是，孩子可能明知某个陌生人并不会对他造成伤害，完全不必要害怕的，但却不能克服认生的情绪，也就是你所说的"一见陌生的大人就哭"，以至无法与大人交往，在这种情况下，大人就需要进行干预了。

①大人千万别大惊小怪，尽量淡化，请告诉孩子："这个叔叔很喜欢你，不用害怕，没事的。"

②采用逐步升级的方法教育孩子与他人交往，刚开始，让孩子在父母面前表演节目和游戏；下一次，增加一两个亲友（孩子熟悉的）；再下一次可以考虑加一两个不太熟悉的人，以此逐渐减轻孩子对陌生大人的恐惧心理。

③走出家庭，走向社区，带着孩子走亲串友，家长在人际交往中落落大方对孩子也是一种榜样和鼓励。

④平时加强培养孩子勇敢的精神，采用游戏的方法，帮助孩子克服怕水、怕黑、怕独处等，多带孩子去钓鱼、捕小虾，玩捉迷

191

藏、抓特务等游戏，培养孩子勇敢、自信的品质，有了良好品质打基础，孩子自然也会克服认生了。

有没有治"人来疯"的招

儿子快5周岁了，最近"人来疯"厉害，举个例子：家里来了客人，他一会就和人家打得火热；我们拿出吃的东西招待客人，他就要客人回答他的提问，回答出了奖励两颗开心果。我们叫他自己玩，他不肯；凶他，他就会大哭大闹，让我们说话都很难。他很霸道，总是霸占客厅里的电视机，不许我们大声说话，影响他看电视，我们总不至于让客人到卧室里去吧。请问有什么办法能让他收敛一点？

首先，你的孩子在陌生人面前不怯场，还主动招待客人，这种开朗活泼的性格是难能可贵的，这比那些认生、羞怯的性格要好得多。

另外，这个年龄段的孩子有些"装疯卖傻"的行为也是可以理解的。既然如此，强行制止的态度不可取，即便"人来疯"暂时被压制了，但最终还是会爆发的。

家长不要过分注意，否则他会更来劲。孩子这么做的目的是引人注意，搞一点恶作剧，得到大人的夸奖，你们不要中计，淡化它。孩子感到这种方法不奏效，以后自然不会再用。

家里来客人，可以在开始的时候，把他介绍给客人，并允许他当一会接待员，但不允许他霸占客厅，应严肃地告诉他："现在我和客人有大人的事情要说，你到别处去玩。"必要时，由一个大人把他带出去玩，此事一定要坚持，不能形成有客人在场他都能大闹的局面。

是否该把儿子送去全托

儿子今年5岁了，平时只要一不如意，就乱扔东西、骂人，而且他冲动、急躁、爱打人，越是不让他做的事情，他就越爱做；看到人家手上有他喜欢的东西，他就想拿回来。我们跟他讲理、好好地引导，都没有用。这些日子，感觉无论做什么，他都是和你反着来的。我们实在忍不住就动手打他了，可是过后又很后悔自己的行为。现在，家里人都没有办法管他了，请问这种情况能否送他去全托？

送孩子去全托不是好主意，尤其像你儿子目前的情况，更不能中断亲子关系这根纽带。

父母是孩子的榜样。家长如果随手乱放、乱扔东西，孩子也会学样，反之亦然。大多数孩子脾气暴躁是后天形成的，其原因很多，溺爱是造成脾气暴躁的重要原因。对于孩子合理的要求，家长如果总是拒绝，令他总是"求之而不得"，也会使他脾气暴躁。

在成长的过程中，孩子总会有些过失行为，这些过失行为往往带有很大的盲目性、偶然性、试探性和好奇性。孩子拿别人的东西，这也是一种过失行为，但在幼儿园阶段，孩子尚不具有"偷"的概念。3～6岁期间，多数孩子正处于"自我中心期"，这一时期的孩子，其特征是分不清你、我、他，会不由自主地依照自己的想法和需要用最原始的方式表现出来。比如，看到别人玩的玩具，因为喜欢就顺手拿了过来，还说"是我的"，其实他的本意是"我喜欢它"。这是孩子成长发展过程中的正常现象。只有过了这段"自我中心期"，随着他处事待人经验的不断积累，才会走向成熟。

就孩子目前的表现，提出下列建议。

①为孩子的行动提供方便。家里给孩子存放东西的柜子、箱子、抽屉等，都应当让孩子够得着、摸得到，孩子常玩常用的东西要让他容易找到，在这个基础上建立"把玩过的东西放回原处"的制度，然后每天检查东西是否摆放整齐，以此警示他不能乱扔东西，必要时让他受到惩罚，"自食其果"法有利于孩子改正。

②纠正孩子的坏脾气，家庭一致性原则很重要。如果家里有人一味袒护孩子，就会使他尝到甜头，这实际上是一种负强化，正确的做法是家长让孩子学到并记住一个道理：吵闹、发脾气是没有用的。这样就可以使孩子明白"把哭闹、发脾气当武器不起作用"，几个回合下来，孩子的脾气会向好的方面转变。

③家长应帮助孩子形成"所有权"的概念。借别人的东西，一定要先打招呼；家长拿孩子的东西，也要打招呼。当发现孩子拿

了别人东西时，一定要严肃指出"这是不好的行为"，并带着他当面把东西交还主人，并向主人道歉。

④创造一个良好、温馨的家庭心理环境。有时，家教过于严厉也会对孩子造成伤害，不良情绪郁积到一定程度，同样会导致脾气暴躁。可以经常带孩子到广场、草地，让他把旺盛的精力发泄出来，越是好动的孩子，越应该让他动。

⑤孩子在家中不能享受特殊待遇。孩子在家庭中的位置不应在宝塔尖上，更不宜形成全家都围着他转的局面，即不要强化他的自我中心意识，不要让他吃独食，享受"独苗"待遇，这样的家庭教育不能扭转他处处以自我为核心的幼稚心理。

孩子 6 岁仍吐字不清，长大会好吗

我儿子 6 岁了，9 月份就要读一年级了，可是他说话时，有些字还是咬不清（主要是以声母 g 开始的字），比如把"哥哥"念成"多多"。我们曾经带他看医生，舌系带是正常的。听人家说，有些孩子小时候这样，长大就好了，可我心里急呀！该怎么办？

任何一个孩子在学说话的过程中，都会经历一段吐词不清、发音不准的阶段，但你的孩子快到 6 岁了，仍处在这个阶段，当然要引起足够的重视。

既然孩子的舌系带是正常的，建议立即采取"正音"的手段。所谓"正音"就是教孩子正确发音，其中最有效的形式叫"一字一顿"，即每一个字，家长读一遍，让孩子读一遍。因为幼儿学习发音主要靠模仿，成人的正确示范是训练正音的主要方法。一字一顿的目的是让他知道，音是怎么发出来的，明辨语音的微小差别。家长在示范时，要照顾到孩子听（听语音）和看（看口型）两个方面，以便于他模仿。

其次，家长可以让孩子听一些专门练习发音的儿歌，听完以后，鼓励他朗诵，通过朗诵儿歌，让孩子练习一些较困难的发音或相似的字音。此时，家长要指出他的不足，要求他注意听大人是怎么念的。

如果孩子有了进步，可以教他学绕口令，比如："柿子红，柿子黄,柿子柿子甜似糖。红柿子,树上长,摘下柿子大家尝。"由于它的内容有趣、形象,形式又活泼,逗人发笑,孩子们特别喜欢。开始学时,不要太快,须准确发好每个字的音,然后逐渐增加难度或加速。比如:"丽丽有一盆橡皮泥,手拿着泥儿不着急,揉好泥儿捏个梨,摆好梨儿捏狐狸,捏了狐狸还有泥,再捏一只大公鸡。"

此外,让孩子模拟小动物的叫声,母子对答,还有角色游戏等,都是练习说话、发音的好办法。在日常生活中,家长要抓住每个时机教孩子正音,不要再等了,快快行动起来!

女儿怎么会是"骑墙派"

我是一位年轻的父亲,现在女儿已 4 岁了,在我们之间有一个问题一直困扰着我,希望能给予分析和指导。

在生活中,妈妈和奶奶对女儿的照顾可能多一些,可我自认也是很关心、疼爱她的。但当我下班回家叫她时,她居然说"我不喜欢爸爸""我不想和爸爸玩"。晚上睡觉,当我陪在她身边时,她也会说"我不要爸爸陪,我要妈妈""我不让爸爸睡在边上"。有时,这么个小不点还会在她妈妈面前说我的坏话,甚至编一些谎话。比如,妈妈问她为什么不让爸爸陪,她会说"爸爸说我是小坏蛋"之类的假话。但当我给她一些礼物时,她会马上转变态度,表现出很亲密的样子。

由于在日常生活中,妈妈对孩子的照顾更多一些,孩子依恋妈妈的程度也就更深一些,这完全可以理解,做父亲的不必介意。请相信我,你说的这些"骑墙派"的现象,会在一两年内消失。

这里,我倒是要说一件做父亲的必须要知道的事。心理学研究发现:父亲对女孩的影响大于对男孩的影响,与父亲亲密相处的女儿,数学成绩更佳。事实上,父爱对孩子的影响远不止智力方面,还涉及体格、情感、性格等方面。父亲显示出的勇敢、坚毅、强悍等个性特征,给孩子以更强大的生命激情和对事业的执著追求。

大量研究表明:与父亲接触少的孩子,其身高、体重、动作等方面的发育速度都要落后于一般孩子,而且普遍存在焦虑、自卑、自控力弱等情感障碍，被专家称为"缺乏父爱综合征"。

千万不要以为女儿对你说了、做了一些什么就代表她不喜欢你了。作为父亲，你对女儿的正面影响是实际存在的，现在，你需要做的是适时表达你的爱。

那么，父亲要如何表达心里的爱呢？

平时要多亲吻、拥抱、抚摸她，特别是在孩子生日或取得进步的时候。刚开始，女儿可能会推开你，请不要气馁。当她习惯了你的这种表达方式之后，就会接受并学着像你一样表达感情。

在女儿面前，多多表现出对妻子的爱。夫妻互相爱慕，是给女儿的良好的精神营养。

再忙也要抽空与女儿在一起，每天度过一段游戏时光、阅读时间，甚至电视时间、就餐时间，也是改善、增进亲子关系的润滑剂。

最后别忘了，她做错事，比如说谎，父亲还是应在爱的前提下加以训导。

怎样才能让孩子的动作快一点

我的儿子今年6岁了，现在已经读小学一年级下学期了，从上学期的学习成绩来看，基本还可以，就是学习的自觉性特差，而且写语文作业时总是特别慢，考试时经常有两三道题没做。原先我以为是他年龄小，接受能力差，但据班主任反映，孩子的接受能力是可以的，就是写作业慢，不能把注意力集中到本子上去。我应该怎么做才好呢？

儿童心理学家认为，孩子被大人催促时，常常表现得"从容不迫"，他们几乎是有意"慢点、慢点"，以此来抵制大人的"快点！快点"。

所以，对动作慢的孩子，催促无效，家长再怎么"上纲上线"也没有用。有经验的家长不会常常催孩子"快点"，而是提供一个限定的时间。例如，你可以对孩子说："现在离睡觉的时间还有30分钟，你要在这个时间内把作业做完。"这也是帮助孩子形成良好时间观念的好办法。

另外，在日常生活中，家长要有意识地把孩子的作息时间安排得既合理又能严格遵守，并适当地将奖励和惩罚结合起来，相信孩子这种"慢吞吞"的毛病是可以改过来的。

4岁孩子闹"独立"，怎么管

那天，我到幼儿园去接儿子放学，当时接孩子的家长比较多，门口闹哄哄的，结果儿子跟着另一个小朋友的家长走了；后来，在我家附近的路口才找到他，那会儿他自己正往家的方向走呢。回到家，我狠狠地教训了他一顿，可他居然说："我自己知道回家的路！"如果以后再发生类似的问题，我该怎么处理好呢？

从事情的经过来看，孩子的确已经认识回家的路了，这是他拥有独立性的表现，西方发达国家的家长十分看重孩子的独立性，作为家长，你应该感到高兴。

感到高兴的同时，又有值得我们关切的地方，即这种独立性如果没有好的监督，有可能产生安全问题。慎重起见，我建议：一方面表扬他能干，这么小的年纪就认识回家路了，真棒！另一方面，应严肃地指出，不允许他单独回家，也不允许他跟其他人回家。4岁的孩子可以和他讲道理了，可以告诉他，要学会保护自己，在外面只有跟家人一起走才安全。如果他不听，可以采取强制措施，不必说好话或迁就他，涉及孩子的人身安全，家长的态度应是说一不二的。

"近水楼台"式的教育是否该提倡

女儿今年9月就要跨入小学大门了，我是同一所小学的教师，是否可以亲自带教自己的孩子？希望得到您的专业指导。

亲自教孩子和让别的老师教，两者比较起来，个人认为是亲自教好，但这是有条件的，即在校内教育的时间段内，你必须完成一个"角色转换"的任务——在校内，老师就是老师，千万不要扮演"老师＋妈妈"的双重角色。

有很多家长向我反映："真奇怪，老师的话像圣旨，我的话他却不听。"这其中的原因就是，家长在家里多少有些溺爱，多少有些迁就，老师没有这一套，如果你能做到"在学校，老师就是老师"，那么亲自教孩子的效果会比别的老师教要好。

不瞒你说，我上小学时，我的母亲刚好是我们班的班主任，仔细回忆起来，发现那时的我真的是受益匪浅，因为妈妈是班主任，我在潜意识里就有一个念头——我要做个好学生，让妈妈感到自豪、感到骄傲！结果真的达到目标了。

儿子脾气大怎么办

我儿子4岁半，上幼儿园中班，他身上有很多让我烦心的事，不知怎么办才好。

①儿子脾气很大，一遇到不顺心的事就发脾气，例如：玩具被弄坏，立马就哭；玩具掉到一个角落里了，他从来不想怎么去把它拿出来，就知道哭着喊你去拿……几乎每次都这样，我该怎么办呢？

②除了哭，他还特别爱生气，一生气就跑出去。现在毕竟还小，等以后他长大了，爱生气的情形会改善吗？

孩子中班了，遇到不顺心的事仍然只懂得用哭来解决，这是不行的。他哭闹的时候，你要立即对他的行为作出拒绝的反应，让他知道通过哭来解决问题是没有用的；只有当他不哭了，等他平静了，再帮他把东西拿回来，或者和他一起想办法来处理问题、解决问题。

对于常常生气的孩子，父母要学会控制自己的情绪。如果父母不能自我调节，往往会因此带来负面影响，进而对孩子造成伤害。所以，当孩子生气时，父母不要生气，但也不要迁就，要让他逐渐明白："生气是不好的，是我们始终不赞同的态度。"

孩子被"退学"了怎么办

我儿子今年5岁了，送他上学前班的第一天，他就在学校大吵大闹，打老师和同学，就是不愿意在学校里待。老师也没办法，只好让他退学了。

我也知道，孩子是被惯坏了，确实比较难管。平时，只要不如他的意就乱扔东西、乱骂人，而且他很冲动、急躁、爱打人；越是不让他做的事情，他就越爱做；看到人家手上有他喜欢的东西，他就想拿回来。可越是这样，越需要有人来管束。现在，我们每天都试着和他说上学的好处，可是他还是不肯去。究竟该怎么办呢？

孩子的行为习惯存在问题，这是导致他被学校"退学"的主要原因。建议开一个家庭会议，在教育孩子的事情上达成共识，做到不宠不娇、不打不骂，并制定一套积极鼓励适度行为的完整办法，帮助孩子纠正之前的行为习惯。至于学前班，耽误一段时间，不会有什么损失，当务之急是将他的行为纠正过来。

具体方法是：

父母采取对有积极目的的行为予以记分，对特别出格的行为予以扣分的办法，累计每日、每周乃至每月的积分，以 0 分为起点，1 分起计，并且不允许孩子以任何方式同父母争论分数。

一天超过 5 分可以晚睡 15 分钟，一周至少得 25 分，才奖励特别活动，如玩球、看电视等，或安排孩子感兴趣的其他活动，同时让孩子积极尝试成功运用简单的自我命令的方法，当他说"我要做完这件事再玩"时，父母须立即表扬；几个星期后，只要坚持不放松，孩子身上有望发生可喜的变化。这其实是一种强制性的行为疗法，其中重要的一环是父母达成一致，平时要做到只表扬有效行为，不理睬过度行为。

儿子会成"变态人"吗

我的儿子 3 岁 5 个月了，很懂事，但因为从出生到现在一直是我自己在带，所以有些娇气。不过最让我担心的是，儿子老是喜欢拿着我的衣服闻，还会在我抱他的时候将手伸进我的外套到处摸摸；每次叫他洗澡时，他要我也脱光了和他一起洗。我让老公多陪陪儿子，怕这样下去他长大以后会变成一个变态的人。

请你放心，这个年龄段出现你所说的这些行为，与"变态"没有直接联系。不过，你要求爸爸与儿子多多相处，此为明智之举。

幼儿 3 岁阶段性教育的目标很明确，就是"性别角色的确定"。父母要用一切条件让儿子确认，他是一个男孩，他的用品、服饰、玩具，无一不显示男性特征。你们这么做了，可确保他不"变态"，至于你举出的那些行为是基于好奇心驱使的探索行为，不必多虑，完全正常。

怎样培养小女孩的胆量

我是一个 4 岁小女孩的父亲。我的女儿比较胆小，晚上在家里不敢自己到黑暗的房间里去，要大人陪着才行。我们怎么做才能让孩子的胆量大起来呢？

年幼的孩子害怕黑暗，这是正常的心理应激反应。你女儿内心有不安全感，晚上要大人陪同才敢进没有开灯的房间，这是自我保护的本能。为了减轻孩子的心理压力，以下方法不妨一试：

①在她的房间里装个墙角灯或小夜灯（小功率、暗红色的那种），可以减轻她对黑暗的恐惧。

②天气好的晚上，带孩子到户外散步，让她了解夜晚其实也很奇妙、很美。如果夏夜在外乘凉一两个小时，做些小游戏，效果会更好。

③采取系统脱敏法解除她怕黑的恐惧心理。办法是和她同在一屋，可先告诉她，我们做一个游戏，要关灯、开灯的哦！接着开始游戏，关上灯以后，不妨把时间逐渐延长，在黑暗中与她交流；下一步，增加游戏的难度，比如，玩石头剪子布等输赢游戏，谁输了谁留在黑屋子里，逐渐提高她的耐受度。

为什么我的孩子上课坐不住

我的孩子上幼儿园中班，他上课坐不住，老是动来动去，还爱独来独往，不听老师指挥，全班就他一个孩子这样。老师和他谈心，当时是点头了，过后又是老样子；老师训他，也只是好那么一阵子。说他多动吧，也不至于，在家玩拼装机器人，一个人一两个小时也能坐得住，但叫他弹琴、画画就坐不住了，才坐一会儿，身体就动来动去的，这到底是怎么回事啊？

从他能一两个小时独自坐着拼装机器人来看，他不是多动症，因为多动症患儿的主要症状是"注意力缺陷"。否定孩子"多动"的可能之后，我们可以断定：他的坐不住，理由是缺乏兴趣。

兴趣，是指一个人对某种事物的特殊的认知倾向和追求。兴趣是可以培养的，在幼儿时期，要激发孩子的兴趣，最好的办法是不断鼓励他。

父母的赞扬犹如照在孩子心灵上的阳光。如果父母能常常发现孩子身上的闪光点，并不失时机地向孩子说几句阳光一样温暖的赞扬之语，孩子就能在心理上获得良好的满足，他会更加饶有兴趣地去从事某些活动。有了这个基础，家长才有可能与孩子共同讨论并建立正确的行为模式，比如：要求他上课时遵守纪律，像其他小朋友一样坐着听讲。

有没有对付"碰哭精"的招

孩子4岁了，特别爱哭。我们采用鼓励、限制、牵制等方法，结果都不见效。平日里讲的一些道理他都能理解和接受，但一哭起来什么道理都不管用。请问我们该怎么对待这样的孩子啊？

每个孩子都有其独特的个性特征，父母只能以理解、接纳的态度加以引导，使孩子能利用自己的天性扬长避短，快乐地生活。

所谓"碰哭精"，往往感情脆弱，而且感觉十分"过敏"，这样的孩子需要周围人更多的爱、更多的关注和更多的理解。

他哭的时候，不要训斥，也不要反复询问原因，可以和他讲一些痛快的事，或者讲些令人高兴的事情。让他感觉到，人生不光有不高兴的事，还有许多令人很痛快、很开心的事。

还有一点，父母平时要多与孩子沟通，了解孩子的需要，关注他与其他小朋友的交往。这种经常性的关爱会减轻他的不良情绪。

奖惩教育有用吗

最近在看《蒙特梭利教育法》一书，里面谈到"奖惩无用"。我的困惑是，如果说"奖惩无用"，那么在孩子行为失当时，完全听不进劝说，不用惩罚的手段还能怎么办？

我们主张教育应以表扬为主，这种方法叫"正强化法"。

实施正强化能使孩子感到自豪，内心充满幸福感，且形成强大的内驱力。正强化的具体做法主要有3种。

①赞许：用言语、目光或动作表达你对孩子的肯定。

②表扬：口头或书面的表扬都能起到强化作用。

③奖赏：包括物质奖励，也可用贴大拇指、大红花等形式鼓励孩子。

有"正强化法"，自然就有"负强化法"，对孩子不良行为和习惯，不能听之任之，要以适当的方法加以纠正。

"负强化法"可以是批评，也可以是惩罚，但惩罚不是体罚（切记：对孩子绝对不要用体罚）。当然，惩罚可以是一段时间不让他玩耍，不让看电视，或暂时没收玩具等。

孩子3岁以后，家长、教师须正确运用正强化、负强化的方法，它们是教育必须的一种手段。因此，我只同意不正确的奖惩无用，甚至有害，不同意"奖惩无用"的说法。

宝贝说话迟怎么办

我的宝贝儿子快3岁了，只会说叠字，并且我都能数得过来，比如：爸爸、妈妈、爷爷、奶奶、公公、婆婆、姐姐、哥哥。和他作语言交流的时候，对他说"吃饭、睡觉"，他只会回应"饭饭、觉觉"。两个字的、能说得比较清楚的词语是"喝水"、"开门"，其他的就不会了。

与他同龄的小孩子，都是大人说什么孩子就学什么，我儿子为什么会这样呢？

快 3 岁的孩子,还不会说主谓语句(即一个名词加一个动词,如"爸爸上班了"),应视为"语迟",家长要引起足够重视,建议如下。

①先一字一顿地教孩子说单音字,如:"灯"、"车"、"马"、"猫"等。注意:家长可以用略微夸张的口型教孩子,便于他模仿。

②掌握一定量的单音字后,可以过渡到双音词的学习,如:"汽车"、"飞机"、"桌子"等,同样要坚持一字一顿,节奏上要先慢后快。

③当孩子有诉求时,"逼"他说出完整的句子,可以故意对他的"电报句"诉求装聋作哑。孩子使用"电报句",很多是家长惯出来的。电报句并不是规范语言,比如"妈妈饭",虽然你知道他的意思是"妈妈,我要吃饭",但如果他不说出完整的句子,宁可不作为,也要等他说出来。

④坚决不讲"儿语"。家长和孩子说话,一定要用规范的语言,如果你之前习惯说叠声词,如"看车车、吃饭饭"等,从现在开始不能再用了。

⑤充分利用现有的、经过加工提炼的儿歌教孩子念和背。这些语句合辙押韵、朗朗上口,孩子喜欢念、喜欢背,久而久之,可以内化为他的"内心独白语言",牢记一辈子。

孩子内向、胆小怎么办

我们的儿子现在 3 岁零 7 个月了,也许是遗传的原因(我和他爸爸的性格都偏内向),他显得特别内向、胆小,有时腼腆得就像个小姑娘。上课时,他不喜欢举手,老师问他,他也不愿回答;到商店他不敢自己买东西,总是拖着我们一起去,我们不去,他就哭。面对这样的小孩,我们该怎么办?

对于胆怯、认生的孩子,应多带他到热闹人多的地方去玩,多鼓励他与不同的人交往。当然,不能急于求成,否则可能适得其反。

美国一位著名的儿童心理学家认为,对于胆怯、认生的孩子,家长经常与其"心理交谈"是头等重要的事。交谈之外,家长必须在家创造合适的"热闹气氛"，因为很多孩子之所以心理紧张，完全是由于家中缺乏"朝气"所致。

孩子在感情上感到"孤立无援"，性格就会变得越来越内向。因此，建议家长不妨增加与孩子的"身体接触"——爱抚孩子，这种"古老"的办法可以营造家庭的温暖气氛。对家长的抚摸和拥抱，孩子大都会感到愉快和自在（孤独症患者除外）。

此外，你们还要仔细倾听孩子的诉说，孩子一旦将认生的"苦衷"和盘托出，其紧张和焦虑情绪也将减轻甚至消散。

总之，家长应尽量给予孩子最大的温暖、安慰和快乐。孩子如果感到父母是他坚强的后盾，他的一切快乐可以从父母那里得到，那么，他将底气十足、堂堂正正。

在此基础之上，我们再安排孩子到邻居或亲戚家做客，鼓励他勇敢地与他人交谈，甚至表演。家长也可以及时参与进去，并要多多鼓励和表扬。久而久之，随着孩子视野的开阔和阅历的增长，他的性格会有所转变，勇气也将日渐增加。

我家的"问题儿子"该怎么管

我儿子4岁半，在大家眼里，他是个有"问题"的孩子。

①只要是和他熟悉的或比他小的孩子一起玩，十有八九会弄得不开心。比如，小弟弟不小心撞了他一下，他就一定要人家道歉，不然就来一句"我生气了，不理你了"。我说了他几句，他竟大哭，直到小弟弟主动向他道歉，他才破涕为笑。如果是和陌生的大孩子玩，他即使不开心也不敢朝他们发作，而是朝我发脾气或生闷气回家，弄得我很莫名其妙。

②在家里，他也很容易生气、发脾气，而且之前没有任何征兆，一生气就是大半天。问他原因，他不说，非要我去猜。

孩子偏执的性格是不是我们教育方式不当导致的？现在该怎么办？

你的孩子和熟悉的、比他小的孩子玩大多会弄得不开心，但和陌生的大孩子一起玩显然更不开心。个人认为这不是什么大问题，有的孩子喜欢与熟悉的同龄伙伴玩耍，因为相互了解；有的喜欢和大一点的孩子玩,因为新奇有挑战;有的喜欢与小小孩玩,因为能展示自己的"领导力"。孩子们在一起玩,难免产生摩擦和矛盾,只是在你儿子身上发生的次数稍多了一些,这与他生长的环境和本身的性格有关,本无可厚非。至于交往过程中的那些"不讲道理"、"霸道",相信他以后会加以调整的,并逐渐学会有礼有节。

在家中,孩子总是处在被支配、被领导的地位,于是他就在生活琐事和游戏中找机会宣泄,以此找到一种心理补偿。你的提问中更引起我关注的是他性格中的违拗心理和违拗行为,违拗最终表现出的过度任性让家长和周围的人感到十分头疼。造成孩子过度任性的原因,恐怕还是家长对孩子太过宠爱,甚至娇生惯养、有求必应。

必须指出:孩子违拗行为的产生和发展,往往是建立在利用家长弱点的基础上的。明明是他错了,反过来要家长道歉,否则决不罢休。家长能道歉吗?当然不行!那么家长该怎么做呢?

家长的态度一定要冷静,不要去注意他,不要做出有任何强化作用的反应。你完全可以转过身去不理他,甚至走出房间离开他,直至他发现自己的行为不起任何作用,觉得无趣或厌倦为止。

接下来,可以选择时机启发、诱导,用他可以接受的是非观、行为准则进行教育,要让他对错误行为产生恐惧感,才能把他的违拗行为逐步引向理智制约之途。

这里强调一下:家庭一致性原则很重要。"一致性"指的是全体家庭成员对他的违拗行为都要采取否定态度。无论家长心情好或不好,态度都要一致,而且一旦下了决心,中途就不能变卦。

最后补充一点,如果孩子的坏脾气是由于疾病和生理原因引起的,比如神经衰弱、癫痫等,有必要带孩子去专科医生那里检查一下,至少做一个肯定或否定的诊断。

女儿不爱听故事是怎么回事

我的女儿现在3岁零8个月,她的个性有点像男孩子,喜欢跑、跳。最让我诧异的是,她不喜欢听故事,也不是很喜欢看动画片。一般情形下,她也不缠着大人讲故事。每当我拿着书给她讲故事时，她就扯过书来翻，一页一页乱翻，几下就翻完了，最后把书丢在一边。这是怎么回事呢？

没有一个孩子是不喜欢听故事的。关键是针对不同性格的孩子，家长要采取不同的方法。关于看书、听故事的问题，我提以下意见供参考。

①挑选与孩子年龄、能力相适应的书，书里的内容是她比较感兴趣的。根据你女儿比较好动的特点，可以挑一些有动作描写的故事书，要绘声绘色地读给她听。

②把书面语言变成"活"的语言。在给孩子读书的时候，试着让她参与进来，比如，在一句句子中故意留出一个词不读，停顿时让孩子说出来，还可以有意识地提问："接下来会发生什么事呢？想一想。"

③为了使读书更有吸引力，首先要激起孩子的兴趣。在读一本故事书之前，和她一起研究书的封面，可以这样引导："这本书要讲的是小恐龙的故事。小恐龙好像很喜欢打架哦。"书看完了，你还可以问问她最喜欢哪一段故事？是否愿意自己改编故事的结尾？这种积极的阅读方式可以让孩子的思维活跃起来。

④最好让其他小朋友也一起参与讲故事的活动。让那些喜欢听故事的孩子的情绪感染她，当另一个小朋友吵着要读自己手上的那一本书时，说不定她也会高举一本书说："读我这一本！读我这一本！"

⑤家庭读书好习惯。家长可以采取"三定"的办法读书，即定时间、定地点、定人（固定由一位家长进行朗读），逐渐形成听朗读、听故事的条件反射。

如何能让大儿子变懂事

我是两个男孩的妈妈，大儿子现在 3 岁半，19 个月开始上的幼儿园；小儿子刚满月，我们可能把较多精力放在他身上，令大儿子感觉有点失落。但是每天放学后，我会陪大儿子搭积木、拼拼图、走迷宫和讲故事，他和我在一起很平和，但看到我抱弟弟，他就会故意撞一下弟弟，或重重地摸弟弟的头，心里很不开心的样子,有时还会在家里发脾气、扔东西,我们说他才改正。

有了弟弟之后,爷爷奶奶从东北老家过来帮忙带大孙子,可是他好像并不领情,早上给他穿衣服时会很凶地骂老人。最近,就连老师也反映他在幼儿园里特别调皮,上课坐不住,有推人、咬手指甲等现象。

请教杨老师,我们怎么做才能让大儿子变得懂事一点呢?至少要让他做到:1. 改掉暴躁的脾气;2. 听老师的话,上课能坐得住;3. 对爷爷奶奶有礼貌;4. 对弟弟的态度要好一点。

从你对大儿子的描述中,我认为孩子的情况比你评价的要好一些,比如说上课坐不住、调皮等问题,对一个3岁多的孩子,这些是很正常的现象;还有,他对弟弟的态度也是可以理解的。

3岁多的孩子,正处于人生的"第一个心理反抗期",孩子们对父母的教育常怀有不满情绪,因而即使没有小弟弟,也可能产生脾气暴躁的现象;到了四五岁,孩子们一般都能控制自己的情绪了。这里值得一说的是,教育过于严厉也容易形成孩子的坏脾气,比如:稍有一点过错或没有听话,便招来一顿责骂,这会使孩子变得压抑。这时,孩子就有可能把当时的不满先压着,接着在另外的场合,他就会想法找个机会发泄出来。

孩子在幼儿园坐不住,是注意力不集中的表现,尤其是年龄小的孩子,暂时的注意力不集中并不影响孩子的成长。家长在家中创造一个安静的环境,对孩子十分有益。居住在过分热闹的环境中,要孩子具备文静的性格是很难的。另外,家长能提供给孩子一对一的静态活动训练,对他会更有帮助,比如:放学后,妈妈和孩子一起玩搭积木、走迷宫的游戏就很不错,需要注意的是,活动内容可翻新,游戏或训练时间也要有延长。

要求孩子尊重爷爷奶奶,我们家长得首先做出表率,孝敬老人,尤其可以利用给老人做寿或在节假日做让老人高兴的事等实际行动告诉孩子"要尊老敬老";其次,当孩子说出或做出对老人不礼貌的言行时,应及时、严肃地指出,不得迁就。

关于如何对待小弟弟这件事,当家里的第二个孩子诞生后,第一个孩子的"中心地位"被不同程度剥夺了,而且没有人向他解释什么,也解释不清。于是,大孩子会产生"独子情绪困扰",他可能会闹出一些举动来期待家人重新关注他,这是正常现象。

建议家长可以采取以下做法,帮助哥哥改善对弟弟的态度。

①启发哥哥对弟弟产生兴趣,让他给弟弟讲故事,做手指游戏给弟弟看,表演幼儿园里学到的东西给弟弟看和听。

②引导哥哥在弟弟身上观察自己的过去,这是消除第一个孩子对更小幼儿产生妒忌心的最好办法。

③帮助哥哥克服自我中心意识。送他去幼儿园的做法我很赞成,幼儿园老师要照顾全班的小朋友,不可能围着他一个人转,可以让孩子逐渐适应自己的角色转变,而且他在幼儿园能参加各种有趣、好玩的活动,可以帮助减少或消除对抗情绪,但不要忘记,爸爸妈妈还是需要多和孩子进行联系和沟通,以免令他产生"失宠"或"被忽视"的感觉。

工作和育儿,可以做到两不误吗

我爱人是军人,今年因工作需要调到宜昌,三四个月才回家一次,带孩子的事就落到我一个人身上了。而我是一名小学教师,带两个班的数学,平时工作很忙。孩子现在5岁,每天去幼儿园总是最早的,接放学总是最晚的。孩子总抱怨"妈妈不陪我玩",但我现在工作、家庭两边的压力很大,为此十分苦恼,觉得自己时间精力有限,根本无法兼顾两头,就有了辞职的想法,想一心一意带孩子,不知您是否认同?

教育孩子,不一定要求妈妈都全职才好。其实,大多数家长都面临着与你相同的困惑,即工作与教育子女之间的矛盾。

一个家长曾对我说:"你课上的我非常认同,但我的确没有时间教孩子,我忙啊!"

我说:"你说你没有时间教孩子,这等于是在告诉我,你没有时间做人。"

他对我如此直接的回答很困惑,我接着说:"做家长的,关键是要有强烈的科学育儿的意识和信念。"

今天,我同样要将这句话说给你听,只要你有强烈的科学育儿的意识和信念,时间就不会是问题。

举个例子:有两个家庭,同时带孩子到公园玩,同样花半天时间,一个家庭的家长缺乏这种意识,他们是完成任务似地带孩子在公园走了一遭,然后如释重负地说:"我们实践了带孩子出来玩的诺言,终于完成任务了!"

而另一个家庭却不失时机地利用这次机会与孩子互动,如一进公园大门就问孩子:"你看,这棵树和那棵树,哪棵高些?""花是什么颜色?""哦,红色有大红、粉红、紫红……那这朵花是属于哪种红色?"相信同样的活动,这个家庭所收获的远比前一个家庭多。

许多事业成功的父母能同时培养出学有所成的孩子,正是因为他们善于利用每一个机会,随时随地地教。另外,孩子的早期成长,从本质上讲,是一个由"自然人"过渡到"社会人"的"儿童社会化进程",当然离不开家庭教育这一重要支柱。父母为人处世的态度、修养,都对孩子有着潜移默化的影响。孩子的是非、善恶、荣辱观的建立,无不受其父母言传身教的影响,也即家庭环境的濡染,榜样的诱导、示范作用。教育的最高境界是不教而教,即爸爸妈妈不在他身边,同样可以起到教育的作用。

当然,不是说与孩子相处的时间短就是一件好事情,我建议你充分利用接送孩子的途中,在家的有限时间以及双休日、节假日和走亲访友的时间里,多与孩子交流,建立良好的亲子关系,相信你完全可以做到工作育儿两不误的。

孩子在幼儿园拿人东西吃怎么办

我儿子4岁多了,平时很好动,但也还算听话。前段时间老师告诉我,其他小朋友把早餐带到幼儿园,放在桌子上,小家伙没有征得别人同意就直接把东西拿过去吃了。可是每天他在家里都已经吃过早餐了,不知道是怎么回事。第一次听说后,我直接告诉他不能拿小朋友的东西吃,他点头答应了。第二次,老师又"告状"了,这回我问他,他竟然一口咬定说没有。我搞不清孩子是怎样想的,可是撒谎肯定不好,我应该怎么引导他呢?

4岁多的孩子拿别人的东西,还不承认,这种行为是否构成品德问题？回答是否定的。这个年龄段的孩子，往往以自我为中心，不会从他人角度考虑问题。如果到小学阶段仍然有上述行为，无疑是品行有问题了，但不等于说孩子有了这种行为家长可以不闻不问。孩子与成人之间的关系很微妙，孩子可能在不同的环境中表现出不同的行为，比如：家长严格要求时，孩子会"收敛"一点、"退让"一点，但稍一放松，他就会把他压抑的情绪发泄出来。

家长对这种行为一定要坚持"一致性"的否定态度，中途不要"变卦"，在要求他服从家长的规定"不许拿别人东西和不许撒谎"的同时，还要更多地尊重孩子的意愿，比如：妈妈可以对孩子说，"你想吃什么东西，我们让你带到幼儿园去"。

在给孩子"立规矩"，让他知道行为的好与不好的同时，更应该让孩子知道良好的行为不是为了让大人满意，而是为了让自己建立起良好的行为规范。家长要多肯定和赞扬孩子已经建立起来的其他好习惯，还要多与幼儿园老师沟通，共同建立、健全这种树立良好行为的机制，相信孩子会往你们希望的好的方向发展。

怎样才能让孩子敢于和别人说话

我女儿现在5岁半，上幼儿园大班。孩子在家中调皮、活泼，特别爱说话。她爱听故事，但不愿意自己讲。我们带她到邻居朋友家玩，她就是不爱跟大人说话。她很愿意上幼儿园，可是在幼儿园里不敢跟老师说话，哪怕很简单的一件事情也不敢说。这里面可能有遗传的原因，另一个主要原因可能是刚上幼儿园时，老师批评过她。想请教一下杨老师，怎样才能让孩子敢于和老师说话呢？

孩子的这种情况属于"社交焦虑"。存在"社交焦虑"的孩子中，女童通常多于男童，即便孩子在家里可以很正常地与大人说话，也可能存在"社交焦虑"。怎么办呢？

首先，我们要站在孩子的角度来看待这个问题。孩子的认识能力有限，在陌生环境或群体面前不敢说话，有些紧张，家长不应将这看得太严重。请记住，做父母的不能强迫孩子一定要在幼儿园对老师说些他不愿意说的话,不过你们可以采取一些方法去增加孩子说话的可能性,例如,你可以模仿谈话情境,和孩子一起表演"与陌生人见面",告诉孩子同陌生人讲话可以从问对方问题开始:"你知道我几岁吗?""你知道我属什么吗?"

另外,在客人来到家里时,不要把孩子置于众目睽睽之下,而是不经意地偶然提及孩子,并鼓励他与客人说话。孩子需要时间,你越少让孩子成为大家注意的焦点,孩子与大人交流的感觉就会越自然一些。

最后,与老师商量一下,希望老师配合在幼儿园里多多关注你女儿的这种特殊情况,老师的态度十分重要,老师的体贴、照顾无疑对孩子克服"社交焦虑"起着重要的作用。

儿子收同学贿赂的礼物对吗

我儿子今年 6 岁,上小学一年级,是班上的小干部,他每周五值日,监督同学们午睡。那天,我发现他带回一个漂亮的小玩具,问他哪儿来的,他说午睡时有个同学讲话了,他提醒她如果再讲话就告诉老师,结果那个同学就给了他一个玩具,让他别告诉老师。

我心里挺担心的,不知道如何教育他。平时儿子经常给我讲学校里的事情,让我帮他分析对错,可这件事让我犯难了。请教杨老师,您怎么看待这件事?

我特别注意到信中提及的一句话——"儿子经常给我讲学校里的事情,让我帮他分析对错",看后令我十分感慨,这是一幅多么温馨的画面啊!而且,你的儿子身上有一个难能可贵的优点,即他会主动寻求家长的帮助。孩子能这样做,家长应感到庆幸。

很多发生在孩子身上的事情,不能简单地以"对"与"错"来衡量,但是可以具体问题具体分析,我们现在就来分析一下"收同学礼物"这件事吧。

小学低年级学生,其自我意识能力及道德评价能力都不够强,身为班里的小干部,擅自收礼,虽然做法欠妥,可如果把这一行为理解为"受贿"实在太牵强,还是看成同学之间的交往比较合适。

国内外教育学和心理学的研究表明：在孩子的成长发展中，伙伴关系对其影响很大，家长对孩子处理伙伴关系，应采取积极促进和谨慎评价的态度。比如：要多从正面教育孩子珍视伙伴间的友谊，加强同学间的团结互助，等等。

因此，对"孩子收同学玩具"这件事，家长不宜采取负面评价的方式，而应淡化此事，并且从正面多讲些交友中值得称道的故事给他听，如"高山流水"、"将相和"等，在此基础之上，教孩子明白"勿以恶小而为之，勿以善小而不为"的道理，耐心细致，不急不躁，春风化雨润物细无声，相信孩子会在多次沟通中悟出为人之道，以后不会再"利用职务之便收礼"了。

孩子上学时不想去，放学时不想走怎么办

我儿子现在4岁半，上幼儿园也有1年多了。如果是爷爷送他上学，他只是偶尔闹一下情绪，很开心地就自己进教室。可如果是我送他上学，每次快到幼儿园时，他的情绪就会很不好，有时会找理由说不喜欢幼儿园，到大门口时，他也总是哭哭啼啼、拉拉扯扯的，不让我离开。

问过班上的老师，儿子在幼儿园时情绪挺好的，基本是"上学时不想去，放学时不想走"。我感觉儿子也许对我太依赖了，我很想让他独立一些，高高兴兴上学去，快快乐乐回家来，具体该如何做才好呢？

从信中所表述的内容可以看出，孩子不是不愿意上幼儿园，而是不愿意离开妈妈，其症结在于"依恋情结"和"分离性焦虑"。

"分离性焦虑"在这个年龄段对孩子的生存是重要的，也是正常的。幼儿园阶段，几乎所有孩子都曾因与父母的分离而焦躁不安。值得注意的是，如果"分离性焦虑"被强化了、扩大了，孩子会出现身体不适，严重的有抑郁情绪。因此，一旦发现孩子有"分离性焦虑"的现象，家长的任务就是想办法弱化它，而不是强化它。

相比"分离性焦虑"，孩子目前的"依恋情结"较严重。对于一个4岁半的孩子，家长的当务之急是培养他的独立性，减少他对

父母的依恋和依赖。当孩子的心理具备了发展自我的内在条件时，他会有一种追求独立的冲动，但通常是家长剥夺了他独立的权利，这才在客观上增强了他的依恋程度。

幼儿园阶段的孩子处于直觉行动思想阶段，所有的经验应来自于孩子亲身的体验，当他自己能吃饭时，不应喂饭；当他自己会穿衣服时，应把自己穿衣的权利交给他。随着孩子独立性的加强，他自然会走出家庭，走向群体生活的课堂，在那里与小伙伴们一起成长。

细心的妈妈其实已经注意到"孩子对自己太依赖"，那么就要想办法扭转这种局面。作为父母，你们平时对孩子不应过度保护、过分注意，请多给孩子一些自由的空间，这也是最终克服"分离性焦虑"的重要手段。

女儿上幼儿园后怎么一点没进步

女儿丫丫现在 4 岁 3 个月，去年 3 月份开始上幼儿园。孩子在家里比较活泼外向，但是一到幼儿园就变得不爱说话，胆子特别小，说话声音也特别小。遇到老师提问，她从不积极发言，而是老师点她的名，她才肯回答问题。另外，她还有一个毛病，就是学什么都很快，但是不求精，一直停留在"我会了就行了"的阶段，上幼儿园以后问题就更突出了。就拿她学钢琴的事来说吧，开始她哭着闹着要学，现在是我一叫她练琴，她就说"我弹个别的吧"，接着就开始自己瞎弹，弄得我一点办法也没有。请您指点良策！

儿童与他人的关系既复杂又微妙，相互之间经历了一个试探、退让、进攻、适应的过程。你的孩子随环境变化而表现不同，正是对不同对象采取不同的行为方式。问题的关键在于，孩子在家里活泼外向，但一到幼儿园就过分地自我约束，如果长此以往，可能会有损她的心理健康。

家长应注意以下几点。

①加强与老师的沟通。家长和老师要坚持一致性的教育原则，让孩子用自身的积极因素去克服自身的消极因素，比如：你们双方在沟通中可以及时发现孩子的长处和问题，对好的行为加以

肯定，对退缩行为予以纠正。

②积极引导，有的放矢。家长必须更多地在家中为孩子立规矩，而在幼儿园里则请求老师多给她表现的机会。

③提高孩子的辨别能力，让孩子知道活泼可爱是受欢迎的。如果她在幼儿园继续这种表现会让更多的伙伴喜欢她，而压抑自己不仅会让伙伴不高兴，自己也不会开心的。

说到孩子学习没有长期性，弹钢琴"从哭着闹着要学到自己瞎弹"，让妈妈很困惑。首先，家长必须明白，对于一个4岁多的孩子，千万不要期望她有太强的坚持性或者长期性，你们要在孩子广泛的兴趣中，找准中心兴趣，有了中心兴趣，坚持性就没有问题了。此外，这个年龄段的孩子，如果过分强调技能、技巧的训练是不合适的，因为其自主神经和肌肉的发展处于稚嫩阶段，像学弹琴、画画等，家长在技巧上最好别作任何要求。你们可以在孩子兴致高的时候教一点，情绪不好时，还是不要强迫她去学这学那。总之，于广泛兴趣中确立并发展中心兴趣，让孩子欣然去做，而不是强调技能的训练。相信掌握这两点原则，孩子会逐渐形成专注、有恒心的学习习惯。

孩子骄傲过头了吗

我儿子4岁10个月了，但凡会做一点小事情了或者有什么新发现了，他就会说"我是天才啊！"或者"人家怎么都知道！你怎么就不知道呢？"这种表现是不是骄傲过头了？

幼儿的自我认识有一个过程，它表现出一定的阶段性。一个5岁不到的男孩老说他是个天才，表现出骄傲的神态，按常规看，显然对自己缺乏正确的认识。

谦虚是人类的美德，人不能骄傲，"谦虚使人进步，骄傲使人落后"早已成为人们的共识，但这里我想提出一个不同的看法——6岁之前，我不赞成老师要求孩子谦虚。当然，上了小学以后，懂事了，家长应及时告诫他："天外有天，人外有人，要多多向同学学习，不要看不起别人。"

一个4岁多的孩子，我倒是希望他能自信、自豪、自我评价高,经常说"我聪明"、"我能干"、"我什么都行"、"我就是来干大事的"……这样的孩子往往不甘人后,有一股子冲劲。

考虑到孩子以后的发展,我建议:一方面鼓励他努力把事情做好,肯定他、赞赏他,对他的每一个进步都予以赞许和肯定;另一方面,在适当的时候,可以暗示他:"别的小朋友也有优点,要多多向他们学习,这样你会更棒!"千万不要来一句"你太骄傲了,这样可不行"当头给他泼盆凉水,甚至讥讽他"你有啥了不起的",这样做会使他从自傲走向自卑,比起"骄傲过头"来,自卑更可怕。

孩子凡事想赢怕输正常吗

我儿子快满 6 岁了,大约是从 4 岁开始,他就表现出很强的好胜心,并且随着年龄的增长越发加剧了。比如:我们一起下楼时,他非要走在前面;我陪他下棋(是那种小孩玩的交通棋),他掷骰子时,如果点数是 1 或 2,他就会不认账,要重新抛到点数多的才行。我说:"如果你不遵守纪律,那我就不和你下棋了。"他会妥协一次,但第二次坚决不从。类似的事情每天都在发生,而我苦口婆心的教育几乎不起作用,有时生气骂他,他会说:"我不想输呀,你干吗要我输?"我说:"妈妈不是想你输,只要你努力了,输一两次没什么关系的,我们是为了高兴才和你下棋的,输赢不是很重要的。"但这根本说服不了他。请教杨老师,孩子这种想赢怕输的想法和做法正常吗?

好胜心强不是什么缺点,古今中外很多杰出人物,幼年时期都表现出强烈的好胜心。反观那些主动性发展较迟的孩子,往往缺乏好胜心,缺乏自我发展的"动力系统"。

不过,你儿子的好胜心似乎用得不是地方。下楼时,他一定要走在前面,这就很难恭维了。更值得注意的是,下棋时,他为了取胜,居然不遵守游戏规则,掷的骰子点数少就不认账,这就肯定是"好胜过头"了。

这一时期的孩子仍以自我中心意识为主,他的诉求往往依照自己的想法和需要,用最原始的方式表现出来,例如:掷骰子的结果如果不利于他,便不承认,要重新来一次。碰到这种情况,家长应有意识地给孩子制造一个"四面楚歌"的环境，家庭成员一致反对这种不守规矩的行为，让孩子经历几次小挫折，提高他在困境下反思的能力。

但要注意，孩子不想输、不服输的精神不能被消磨下去。因此，当孩子用正常的态度表现这种精神时（如：练投球时，一定要像爸爸那样，每天投进 10 个），家长应从正面多多予以肯定和赞许，让他形成一种正确的判断：不服输是对的，而采用不当手段、不守游戏规则是错的。

怎样让调皮的儿子爱读书

我儿子今年 5 岁，2 岁半上的幼儿园，那时很乖的，不哭也不闹；3 岁时换了一家幼儿园，因为是插班进去的，他在班里年龄最小，画画也最差，经常挨老师骂。

2 年过去了，儿子长大了，画画没啥提高，但是，有好东西，他会与人分享，别人有好东西，他也会强迫人家拿出来分享；他喜欢和小朋友玩，但玩不到 3 分钟就会打架；他能说会道，会说好听的话哄你开心，会为自己做错事找理由，有时乱说骂人的话；他会和我对着干，对我翻白眼，还会骂我"神经妈"、"白痴妈"、"坏妈妈"之类的话。

目前面临的主要问题还是他不怎么爱读书，有时会说："我不想去上学了，老师会骂我！"我很担忧，不知道应该怎样教孩子。

你儿子很有个性，但在他身上又有着和其他同龄孩子相同的心理特点，那就是"自我中心意识"。

5 岁的孩子还不善于脱离自我，站在他人的角度去想问题。比如，他学会了"好东西要和他人分享"，这本来是一件克服"自我中心意识"的好事，可他见到别人的东西，便要强迫人家和他分享，这说明他仍处在"自我中心意识"为主的心理阶段。

这是儿童心理发展的一个必然过程，每个孩子都要走过这一段路。

克服以自我中心为主的意识，可以通过加快"儿童社会化进程"的方法来实现。所谓"儿童社会化进程"，就是让孩子走出家庭,走向社会,与各种各样的人打交道,尤其是同年龄的小伙伴。孩子在交往中可增长智慧,同时形成处理人际交往关系的能力。我曾说过"早期教育的本质,其实就是把一个自然人培养成社会人",即适当的早期教育,可以促进儿童的心理发展。

鉴于此,你所表述的"儿子与小朋友打架"、"和妈妈对着干"等行为均可看作是在社会化进程中可能发生之事,父母均应以平常心来对待,你们只需对其中个别有可能引起不良后果的行为(比如扔贵重东西、多次攻击年龄小的孩子等)予以严厉制止。

有一个问题需要严肃对待,就是骂长辈。孩子可以在父母面前说"不",但不能骂妈妈,常言说:"3 岁的孩子骂娘,娘笑;30 岁的孩子骂娘,娘上吊!"骂长辈已属于"品行障碍",必须管教。

最后特别提醒一点,孩子画画不好,不应看作是什么了不起的问题。儿童绘画活动本身是日常进行的游戏,只要自己高兴,无须考虑画出一张"作品",他们用画画来宣泄自己的情绪,通过宣泄使自己心理得到平衡,家长和老师都不应该以技能技巧和自己的好恶去评价、要求孩子,更不该骂孩子。请转告那位老师,试着不批评孩子,而是表扬孩子几句,看看效果如何。

孩子反抗精神强怎么办

我儿子 3 岁 5 个月,经常因为其提出的要求未能得到满足而哭闹,打爸爸、打妈妈,乱发脾气,扔玩具。每回出现这种情况,我都和他讲道理,有时也会冷处理,他会表决心:"知道了,下次不这样了。"但下次照旧。他爸爸有时会打他,我坚决不同意,因此会有分歧,我到底该怎么做呢?

3 岁多的孩子,正处于成长中的第一个心理反抗期,他们常常为了玩具、活动材料或活动空间而争吵、打架,这一时期的主要特点就是攻击性行为加剧,打爸爸妈妈也是一种攻击性行为。所谓"攻击性行为",就是"对人与事物带来有害结果的行为"。

帮助孩子顺利度过第一个心理反抗期,家长必须做到以下几点:

①树立正面榜样。父母的言行举止尽量做到温和、开朗,即

便是在管教孩子时，也不能急躁和吼叫。

②不接触或少接触具有攻击性行为的范例。比如：电视中的暴力行为、社区里的争斗场面以及具有武打形象的图画书等。

③加强移情能力和社会认知技能的训练。转移孩子的注意力，让他在生动有趣的游戏中陶冶性情。

④可以运用适度的惩罚手段。比如：一段时间不让他玩玩具，取消当天看电视的机会。

为什么我的孩子总是懒洋洋的

我儿子4岁8个月，识字不多，就喜欢叠积木、自己制作玩具。平时上街，我常教他认字，他却心不在焉。他不是那种顺从大人心意的孩子，为他制订的教学计划，经常半道终止。眼看着别人家的孩子在那儿开心地识字和数数，我心里着急，可他总是懒洋洋的，怎么办？我是不是该对他严格一点？

每个孩子都有独特的个性。教育孩子可不能像工厂里出产品一样，都是一个模式的。

我提倡幼儿识汉字，因为它的确是开发儿童智力、培养良好习惯和性格的最好方法之一，但同时我又指出，千万不要去定指标，去制订计划。我的观点是：认多少算多少，不搞硬性指标。你的孩子认1000个字是好孩子，认1个字也是好孩子，不认字还是好孩子！何况你的孩子喜欢叠积木、自己制作玩具，这可是一项令人鼓舞的事，因为手眼协调的目的达到了。

人的大脑皮层形成皱褶被卷曲地置于脑壳里，展开后有一张打开的报纸那么大，其中密密麻麻地布满了人的各个部件的"驻脑办事处"，各个"驻脑办事处"的分布很有讲究，哪个部位最重要，使用频率最高，与大脑司令部联系最密切，这个部位的"驻脑办事处"的效率就高。叠积木和自制玩具，这些手眼协调的游戏锻炼大脑的效率最高，占"驻脑办事处"总面积的80%，这样的孩子想不聪明都难！

所以，我们应贯彻"多方培养，因材施教"的原则，不强求孩子非要朝你设想的方面发展。孩子不按你的"教学计划"行事，并不等于他拒绝受教育，可能是因为你的"计划"和方法不适合他。我认为教育首先是人格培养，先做人，后成才。家长要多在良好性格、品质上对孩子进行养成教育，在这基础之上，适时地针对孩子兴趣进行一些智力开发活动。

严格要求孩子是对的，但所谓严格应"严而有格"，这个"格"，就是分寸、尺度。在教育孩子的事情上，度的把握很重要，该坚持原则的时候不能心软哦。

女孩也会多动吗

我女儿已到上小学的年龄。可她比较好动，话也多。在幼儿园的时候，上课就比别的小朋友话多。她应该不是多动症，遇到感兴趣的电视节目或是玩电脑上的小游戏，她会很专心。可怎么改变她多动的坏习惯呢？

多动症，准确的名称是"注意力缺陷综合征"。好动者不一定是多动症，不动者有可能是多动症，我在武汉市就曾测出4个一动也不动的多动症小患者。

你说得对，你女儿既然遇上好的电视节目或玩电脑小游戏能够很专心，那肯定就不是多动症了。

她的多动，只能算好动。好动不是坏习惯，话多也是你们无须担心的一件事，关键是作为父母，你们应主动参与和指导，以富于变化的、有趣的亲子游戏和活动，把她的好动高效率地发挥到开发智能和培养良好性格、品行等方面，同时转移孩子对电视节目和电脑游戏的注意力。

小小年纪做错事就狡辩怎么改

女儿6岁了，她做错事的时候，你要是说她几句，她就会表现出很不耐烦的样子，还会狡辩，专挑对她有利的话说，回避她的错误。有时候因为工作很忙，我也没耐心跟她说理，实在没办法只好用强制的办法让她认错，但她心里不服。现在，她的脾气已经变得急躁、没耐性，为此我们很焦虑，担心如此下去会形成恶性循环,不知该怎么办,请指点!

你的女儿正好处于第二个心理反抗期,她的种种表现是成长过程中的正常现象,此时要看家长采取怎样的有效教育手段,帮助孩子"平稳过渡"。

遇到问题,家长不宜简单地、过早地给孩子定性,你们要减少对她说"不"的几率,并顾及孩子的自尊心。你用强制的办法让她认错,其结果只能助推负面情绪的产生。

当孩子出现急躁情绪时,你可以暂不理会此事,等她情绪和缓时,可以轻轻拥抱她,适时地表扬她为此付出的努力;然后,用委婉的方式把刚才批评的内容表达出来,以和缓的语气、语调指出她的错,这样做效果会好些。

记住,我们不提倡做了错事不指出,不闻不问,而是用多种方式最终让孩子认识到这件事是错的。

怎样教孩子处理负面议论

我女儿3岁半,去年12月份上的幼儿园,老师反映孩子的语言能力强,和同学相处融洽。最近和孩子聊天,她说班上的某某同学说她不漂亮,我听了有点紧张,因为小时候很少人夸我漂亮,甚至中学时父亲还说我不漂亮,当时我很难受。女孩子都是爱美的,我一直觉得自己的孩子很漂亮,经常夸她漂亮,同时也希望别人多夸她。我担心孩子听到外界的负面评价和议论,会不利于自信心的培养。以后再碰到类似情形,我该怎么办?

一定要坚持多赞美、多赏识,而不是贬损孩子。教育是分阶段的,比如谦虚精神,这无疑是人类公认的美德,但恰好你女儿所处的这个阶段不一定适用。3岁多的孩子,应多赞美,多戴"高帽子",以提升他们的自信心。

当负面评价出现时,家长要做的事情只有一件:内心高度评价自己的孩子,并毫不吝啬地告诉他。如果有人说你的孩子"不漂亮",你完全可以一如既往地夸孩子:"你就是长得漂亮,爸爸妈妈喜欢你!爷爷奶奶喜欢你!"如果有人说你的孩子"不聪明",你可以对孩子说:"你不仅聪明,而且能干,将来一定能成为有用的人才!"高明的父母善以正面赞扬和肯定回击社会上的非难和否定,这种亲子之间的强大纽带足以击溃周围的负面评价,这种期待和赞许会一步一步地把孩子带上自信和成功之路。

如果离婚,我怎样做才能让女儿少受伤害

我和孩子她爸感情不和,我的家世一直没能让他满意,又加上我生了个女儿,他经常闹着要离婚。平时他常常不在家,只有周末才回来,即使回来对女儿的事也是不管不问。现在我们已经分居一年多了,所以离婚是肯定的了。我想请教杨教授,女儿5岁了,在以后的生活中,我怎样做才能使女儿少受伤害?怎样才能让她和其他孩子一样身心健康?

关于婚姻问题,我不便干预,我姑且把你作为一个单身母亲来谈子女教育问题。

勇敢地承担抚养子女义务的单身母亲,是将自己的幸福放在孩子幸福之后的母亲。

但做母亲的切记:不要将夫妻间的恩恩怨怨全盘托给孩子,因为此时孩子未必能全面理解大人的事。还有,单身女人带孩子,困难多多,这将使你经常处于焦躁不安的状态中。据心理学研究,当人们心境不好的时候,往往会将牢骚发泄在比自己弱或自己亲近的人的身上,因为向弱者或亲人发泄比较安全,不会给自身带来危害。所以,克制自己的烦躁,调节自己的情绪,不将孩子作为宣泄对象十分重要。

要知道,塑造孩子的良好性格,母亲的影响首当其冲。要培养孩子容忍、宽厚的品质,你首先要有能容纳他人的性格。

父母离异,孩子难免在社会上会受到一些有意无意的伤害,要教给孩子应付的办法,要告诉孩子:虽然我和你爸爸分开了,但无论爸爸还是妈妈,都是你最亲的人,你什么都不缺。

记住,母亲在艰难困境中所表现出来的坚强自立,无疑是孩子心中的一座丰碑。古代的孟子、欧阳修,近代的胡适、老舍、傅雷,还有国外的歌德、莫扎特、爱迪生、贝多芬、尼采……他们都是

由有着博大胸怀和宽容心的母亲教育出来的杰出人才。

我说这些，并不是鼓励你离婚，而是说如果真有那么一天，你应该底气十足地做一个好母亲，把孩子培养成一个优秀人才。

孩子不愿上寒假班怎么办

我女儿3岁多，幼儿园因寒假人数减少，将班级合并，教室也换了，她就不愿意去，说："不喜欢去豆豆班。"另外，家长参加班级活动的时候，她就攀着大人哭，不加入集体活动。但据老师反映，她平时各种能力包括接受能力、表达能力、自理能力在班上都算强的。可为什么会出现上述情况呢？请杨主任指点。

这是一个由于环境的改变而产生的焦虑现象，孩子生活过和学习过的环境一旦改变，他们比大人要敏感，或者说由于这个改变导致她缺乏安全感，进而担忧，这是她正常的心理反应，只不过你的女儿比其他孩子表现得更明显一些罢了。

请家长不必多虑，随着她阅历增加、视野扩大，这种情况出现的频次会大大减少。我的意见：坚持让孩子上寒假班，让她在改变了的环境中慢慢适应，这对她没有什么负面作用，只会缩短她适应环境的进程，须知，孩子适应环境的能力远比我们成人估计的要厉害得多！

怎样才能让男孩不再嬉闹

我儿子今年7岁了，比较调皮，常常和周围的小朋友嬉闹个不停。最令我担心的是，他嬉闹起来常常不知轻重，好几次小朋友恼了，和他撕扯起来。其实，那都是我儿子的无心之举，他骨子里是个老实孩子，所以几次打闹的结果都是我儿子受伤害。我多次教育他不要和小朋友闹，但收效甚微。我很是苦恼，我该怎么办？

"闹"是孩子的天性，更是六七岁孩子的天性，仔细观察，这段时间的孩子尚未形成成熟的思维，并不知道各种规则，只知道兴之所至,为所欲为。如果成人凡事都用自己的标准去要求他们,无疑会剥夺他们许多童真。尤其随着生活水平的提高,人们家居环境的改善让孩子失去了许多自由,所以,他一有机会就"闹",这实际上是一种宣泄,正向的宣泄。

如果家长一味训斥,极易造成孩子拘谨、呆板、犹豫、循规蹈矩,缺乏可贵的魄力和创造力。

家长的任务应是正确引导,首先教育他"闹"不能过分,尤其注意场合,"闹"的限度应是不导致对方身体或情感受苦的。至于在和同伴交往中"吃亏"了,我建议不必介意,慢慢地,他会在伙伴关系中逐渐增长交往智慧,逐渐调整好伙伴关系。

此外,对精力充沛的孩子,可以把他的精力转移到一些有趣的体育活动中,他会从中找到乐趣,这样,他"闹"的频率会大大降低,或者说,"闹"得有些章法了。

如何提高孩子学习的主动性

放假了,我们会把 6 岁的儿子送到他奶奶家去。我特意在网上抄了 20 首唐诗,让他每天早上背一首。上午学画画(他自己选的),下午做假期作业,其余时间自由活动。儿子上学比较早,成绩还不错,有时是第 2 名,有时是第 12 名,不太稳定,学习需要家长监督,自己不会主动学习。我曾与老师沟通过,老师说小孩子玩性总是有的,不要太担心。我想向杨教授请教两个问题:一是怎样培养孩子学习的主动性,让他能学得好,玩得痛快。二是我让他每天早上背唐诗有意义吗?家长在教育孩子方面如何才能做到收放自如?

先回答第 2 个问题,这个时期的孩子背一些唐诗宋词,当然是好事,但一定不要规定指标,不要给他施加压力,让他在兴致高的时候,多念多背,久而久之,可以内化成他内心的独白语言,管用一辈子呢,常言说的"出口成章"就是这么来的。

关于"学习的主动性",我同意孩子老师的见解,这个阶段的孩子玩性总是有的,不必担心,但学习毕竟是需要形成一种良好的动力定型才是。

我认为，孩子具有天生的学习倾向，他来到这个世界上，不仅为学习做好了充分准备，而且渴望学习，这种自然天性的活力为什么就在某些时候、某些地方消失了呢？

关键是"兴趣"。比如说，所学的知识早已学过了，孩子认为已经懂了，于是失去了兴趣；还有一种正好相反，孩子听不懂，也会失去兴趣。所以，家长应从培养孩子的兴趣出发。

当孩子对学习失去信心时，父母不应挖苦、讽刺和讥笑，而应及时帮助孩子找到差距，及时帮他跟上进度。给孩子提供一个安静舒适的学习环境，让他拥有一个独立的书房；经常了解孩子的学习情况，一旦孩子付出了努力，即使今天比昨天只减少了一点点依赖，家长都应立即加以表扬和鼓励；不要在孩子耳边不停唠叨，而是主动引导孩子学习，这些都是不错的方法。

最后，一定要给孩子一个自由玩耍的时间，这个时间对他来说是十分重要的，当然，如果出现没有按时完成作业或其他不好的表现时，适当地缩短或限制一下孩子自由玩耍的时间也是允许的。

先"扬长"还是先"补短"

我的孩子快6岁了，很爱听大人讲故事，可就是不愿自己讲。最近班里举行讲故事比赛，在家里练习时，她一点都不认真，不是手舞足蹈就是做鬼脸拖长声。到幼儿园讲时，就站着一动不动，声音也很小。

孩子见了新东西都爱问为什么，总喜欢看一看摸一摸，好动。她特别爱画画，音乐舞蹈方面则不行，老师说她没有节奏感。

针对孩子的这些特点，想请教一下杨老师，我们是让她的特长（画画）更"长"呢，还是引导她在她不喜欢或不擅长的领域（如讲故事、舞蹈）有所进步呢？

这位家长提出了一个很多家长没有考虑过，但又是一个十分重要的问题。

每一个孩子都有他独特的个性，都有他逐渐形成的对某些活动的特殊倾向，从而又形成其在某一两个领域的特长。这是一件正常的好事。全面发展不等于平均发展，我们特别希望孩子能在某个领域得到充分发展。

究竟是先"扬长"，还是先"补短"？

我的回答十分明确和肯定：先"扬长"！你的孩子在绘画方面有长处，那就集中"优势兵力"调动一切积极因素，优先发展她的绘画才能。日本教育家多湖辉曾说过，当一个儿童在某项领域有明显的特殊能力时，完全可以肯定，这种能力是可以迁移到其他领域，甚至可以达到与这个领域同等的高度。

我举个例子，中国有一位科学家叫王选，他是著名的在电脑方面有卓越成就的科学家，可以推断，他在儿童时期、青少年时期，甚至35岁以前，肯定还没有学过电脑，因为那时不可能有电脑，他在这方面卓越的才能是从别的领域迁移过来的，也就是说他在儿童时期、青少年时期，肯定在某些领域有独到之处，比如说数学（这是我猜想的），有了某些领域的"扬长"，再来补电脑之短，是轻而易举之事。反过来，先"补短"会花费不少时间和精力，却达不到长处的高度，实在是得不偿失，其结果仍然是平庸。

请记住："扬长"是首要，其次才是"补短"。

女儿提早入学，好不好

我的女儿现在4岁零2个月，虚岁快6岁了，是2005年11月出生的。我身边一些有成功经验的朋友都说，女孩子年龄小一点会单纯些，读书也会更好，所以今年我想让女儿上小学。但也有朋友反对，说孩子太小，都没有上过幼儿园大班，开学时还不满5岁。其实我觉得女儿的接受能力还是蛮强的，我主要怕她太累，据说现在的小学课程还是比较难的。入学是孩子迈出人生的第一步，很关键，所以想听听杨教授的建议。

我不太赞成孩子过早入学，倒不是怕她太累了，而是她的生理和心理发展总是有一定阶段性的，与同龄孩子在一起相处，更有利于她的成长。当然，可以略微起步早一点，比如明年9月，她6岁差2个月，这是最适合她入学的。

面对困难，孩子只知道退缩怎么办

我的孩子4岁了，性格比较乖巧，大家都说他很好带。可是他也有不好的一面，比较怕困难，宁可放弃也不愿尝试克服。就说玩游戏吧，一旦不成功就不玩了，好不容易教会他，轮到他自己动手玩的时候，只要我们一说："时间快到了，要加油了！"他马上不肯再玩了！

我怕他这样很难适应以后竞争激烈的社会环境，该怎样帮助他树立自信心呢？

面对困难而退缩，来源于他自身心理的一种消极暗示，表现为对自我能力的评价偏低，这样的状况当然对孩子的成长不利。

让孩子克服自卑感，父母要根据不同的原因对症下药，但最重要的是父母要有信心。父母要多引导孩子：每个人都会有不足的地方，我们小时候还不如你，只要努力，一定会有收获的。

一般说来，有退缩行为的孩子主要是缺乏成功的体验，因此，父母要为孩子提供体验成功后喜悦的机会。这时，不妨把期望值降低一点，孩子尝到甜头，自信心自然会加强。

有的家长总拿自己的孩子和别人家同年龄的孩子比，越比越灰心，经常看到一些家长说这样的话："看看隔壁的明明，人家背唐诗一背就是五六首，你怎么这么笨呢，要知道这样，当初真不该生下你来！"这是一种极大的摧毁孩子自信心的言语，千万不要这样。所以，千万不要拿自己的孩子和别的孩子比。

南京的周婷婷，听觉能力几乎全部丧失，但她的爸爸不去管孩子的缺点，而是发现孩子的优点，加以鼓励表扬。

有一次婷婷做应用题，10道题只做对了3道，爸爸不是在婷婷做错的地方打叉，而是在做对的地方打上大大的红勾，然后真诚地说："婷婷真了不起，第一次做应用题就做对了3道。爸爸像你这么大的时候，连碰都不敢碰。"

记住，要让孩子永远看到希望所在，多多挖掘孩子的优点和闪光之处。

如何帮助孩子与陌生小朋友交往

我的女儿4岁，一带她去外面上舞蹈课、亲子课，她就表现得特别黏人，非要我陪在教室里，不然就哭闹。我看别的孩子也都是四五岁，没有像她这样的。

平时带她去游乐场玩，她玩一会就过来跟我说："妈妈，没有人跟我玩。"我让她主动去找小朋友玩，可她不知道该怎么跟别人迅速地熟悉起来。不过，有时听她回来说起班上小朋友的事情，似乎和班上的小朋友玩得还不错。杨教授，我该怎么帮助她与陌生的小朋友交往呢？

早期教育的本质其实就是把一个"自然人"培养成"社会人"，人的第一性是社会性，其次才是生物性。很多家长忽视孩子社会化进程，忽视孩子要走出家庭、走向社区，尤其忽视关注他们与同龄伙伴的交往，有的学者把这个现象叫做"高楼综合征"。

恕我直言，你的孩子有点"高楼综合征"，到了4岁，有如此严重的"分离焦虑"，到了游乐场，居然不善于主动找小伙伴玩，这当然要引起足够的重视。

儿童社会化进程是当前学术界关注的问题，我要借此机会向广大家长呼吁："千万不要牺牲儿童的社会性关起门搞智力开发。"

以下几方面是家长要做到的：

①带孩子走亲访友。先在相对熟悉的环境中让她与家人以外的亲友交往，并鼓励她主动微笑地和别人打招呼，要求她在做这些时，目光要注视对方。

②在仪表打扮方面，要强调整洁、利索，注重仪表。须知，在社会交往中，仪表好的孩子容易被他人接受，同时孩子的自我感觉会更好。

③鼓励孩子参与到小伙伴们的活动中，在此之前可以跟小伙伴中的核心人物打个招呼，请他对自己的孩子多加关照。

④鼓励孩子多参与同伴或成人的交谈，多讲些开放性的话题。

⑤不妨让她在家里多做一些表演性节目，每表演一次都能得到赞赏，有了这个基础，再把亲友们叫来一同欣赏。

以上几点若能坚持一段时间，想必你的孩子会有所改变。

孩子7岁了还不能单独睡觉怎么办

我的孩子今年刚上小学一年级，还不能单独睡觉，一说让他自己睡，他就哭闹。入睡前，不光要人陪着讲故事，还要人搬了枕头、被子躺在他旁边，他才能安心入睡。我们跟他爷爷奶奶住一起，有时觉得都是老人给惯的——夏天开空调，怕孩子着凉；冬天天冷，怕孩子踢被子，所以他们总要陪着孩子睡，一陪就陪到现在。其实这样老人自己也睡不好。

我曾跟老人沟通，也给孩子讲了道理，但都不见效。杨主任，我怎么做才能既让孩子单独睡，又消除老人的诸多顾虑？

7岁的孩子一定要独睡了，至少要和大人同房分床而睡，这是孩子建立独立性的必要环节！务必不要等待。

儿童入睡应是"自然入睡"，也叫无条件入睡，这是他生活的本能需要，不能附加任何条件。这个道理一旦明白，便要立即执行。可能开始时，孩子很别扭，甚至哭闹，但你们要坚持，让他明白哭闹无用，只有这样，采取强制性行为疗法，才能奏效。

当然，7岁的孩子，可以给他讲道理了，也可以对他独睡的行为表示赞许和鼓励。但不能中途变卦，又回到"起点"。务必让老人明白：一时的痛苦能换来一个良好的习惯。孰轻孰重，望老人三思。

孩子爱吼人怎么办

儿子5岁了，上幼儿园大班，脾气不好，喜欢动不动就吼人。在家里，我一向对他很严厉，他不敢吼我，就拿他的爸爸、爷爷、奶奶出气，还学会了生气。最近去开家长会，听老师说，他在幼儿园也这样，最喜欢说："我就不，就不。"如果他在幼儿园老这样，老师说的都不听了，怎么办？我很恼火，但没有对他发脾气，只是心平气和地跟他谈了谈，但还是心里没底，想听听杨教授的看法。

孩子的脾气大，是因为在家里你过于严厉，造成他去幼儿园寻找宣泄机会。

西方人似乎很少对孩子发脾气，难道他们的孩子就不淘气、不捣乱、不气人吗？当然不是的。

加拿大儿童心理教育专家泰瑞·戴格勒说："我知道孩子的行为有时非常气人。当你真的被激怒时，容易失去冷静，但是如果在你的大脑里事先储备了一些相应的对策，在你发怒之时就可以马上选择一个方法。"

这些对策是什么？如果他一定要去摸刚烧开开水的水壶，你当然要严厉制止，并告诉他这样做的严重后果。但孩子的有些行为是不必严厉训斥的，可以用"惩罚"来代替，比如取消他的某种待遇，"你不听话，那现在我们不去公园玩了"。记住，惩罚措施一定要立即兑现，不要事后兑现。

我上述的意思是说，家长如果在家里不用发脾气这种方式来教育孩子，而用"替代形式"进行，可以大大减少孩子脾气大的概率。

此外，在家里吼爸爸、爷爷、奶奶，这是不允许的，应制止，而且要全家人一致性地持否定态度。其实，孩子在幼儿园里耍态度的行为就是在家里吼人的行为的延伸和扩展，只有家庭成员一致性否定，才能让他感觉到此事的严重性，他才会有所收敛。想想看，在家里除了你以外，凡事都由他颐指气使，蛮横无理，甚至"无往而不胜"，久而久之，孩子自然会形成一种心理：凡事要斗狠，斗狠才能赢。那他在外面当然会如法炮制。

我觉得要在家里形成一种不许动辄生气的压力，这种压力是正面的，不是负面的。

女儿晚上磨牙怎么办

女儿现在 4 岁，近三四个月，我几乎每天晚上都被她的磨牙声吵醒，声音细而有力，我真担心她的牙齿会被磨断。我女儿的牙齿应该是遗传了我老公的特征，就是上下排牙齿都比常人少一颗，从外观上看，牙齿间隙很明显。这几个月，她经常喊肚子痛，一般我们给她揉揉就好了。

另外，女儿从9个月断母乳起，就对布料，特别是纯棉布料的枕头、被子特别感兴趣。一看到这些东西，她就趴在上面吸嘴唇，样子很陶醉，用个不好听的比喻，就像吸毒一般。睡觉前，即使没有枕头给她"玩"，她也会吸下嘴唇。早些时候听一些年长者说："孩子还小，没关系的，长大就好了。"可现在她还这样，曾经下嘴唇被吸得又红又肿。该怎么办呀？

睡觉时磨牙，这是一种病征，它将损害孩子的牙齿和下颌骨。

有晚上磨牙习惯的孩子往往白天爱咬紧牙齿。当孩子紧张焦虑时，会紧咬牙关，紧闭颌骨，有些孩子的"咬牙"就发展成了"磨牙"。所以应从白天开始纠正她的习惯。

你同孩子约定，如果她在规定时间内没有咬牙就可以得到一份奖品，4岁左右的孩子，可以先以20分钟作为一个期限，慢慢延长这个期限。

当她白天不再咬牙时，我们再来对付晚上磨牙这件事。让你的女儿每天晚上临睡前做放松练习，第二天早上检查自己是否感到下巴和牙齿不舒服，以此判断夜里是否咬过牙，每天做记录，坚持下去，一定能改掉夜里磨牙的坏毛病。

如果属于消化系统有毛病，还得到医院去检查治疗。

你女儿的第二个毛病产生的原因是，在断奶期由于对母乳的依赖，在突然失去时产生了焦虑。之后她找到布料之类的东西作为替代物，久而久之，对替代物产生了依赖，形成了一种不良的习惯。

你现在要做的是，转移她的注意力，用拥抱抚摸让她安静下来，坚决制止她继续吸吮布料、枕头的行为。请注意：吮吸布料往往是孩子在缺乏大人陪伴和照料时出现的机械性动作。

如何给3岁孩子选早教课

现在外面针对3～6岁孩子的早教班可谓五花八门，有训练孩子思维的，有提高孩子创造力的，有通过游戏培养孩子团队合作能力的，有通过音乐韵律发展孩子节奏感的……这些课程都不是以灌输知识为主的，但都选的话，也太多了。

我儿子3岁5个月，上过1年托班，现在刚转学上小班。带他去上过思维训练的课程，15分钟后，他就坐不住了，后来老师让小朋友自己玩教材里的卡片，他又来了兴趣，但下课后就表示不想再去了。可能觉得陌生吧，他好像有些胆怯。

平常带他去公园玩球，踢两下就没兴趣了；想教他打羽毛球，他却拿球拍扫树叶玩。我隐隐觉得他不够自信。他爱在家里玩积木，布置挖土机的场景，最爱在马路上看挖土机、吊车工作，能看半小时。我很困惑，不知如何丰富他的业余生活。

我想问问杨教授，针对我儿子的情况应该怎样选择早教课程？很多课程是有延续性的，晚1年上会有影响吗？

关于3～6岁孩子上各种培训班这个问题，我谈谈我的看法。

我们提倡重视早期教育，认为它是人一生中的奠基教育。因此，我们也支持家长带孩子适当参加一些培训活动，但孩子应该上什么样的培训班？

首先，必须是您的孩子感兴趣的项目，如果没有兴趣，或兴趣不大，效果是不好的。有人说，兴趣是孩子最好的老师，就是这个道理。

其次，要选择那些有良好专业支持的机构举办的培训班。

再次，这种培训除了在课堂里指导孩子，最好还能为家长在家里科学指导孩子提供支持，因为仅靠每周一次的培训是很难让孩子有很大收益的。

此外，不要选择那些仅仅以灌输知识，或只强调技能技巧的培训项目，这些东西并非早期教育的任务，早期教育主要是以培养孩子兴趣、情感、态度等为主要目的。

最后，我们支持家长适当让孩子参加一些培训，但并不是说一定非要参加这些培训才算是对孩子进行了早期教育。孩子一个培训也不参加并不意味着他今后就肯定没出息，早期教育大量的、经常的、不可磨灭的内容仍然是在家庭里进行的，尤其是优良性格、品质和良好习惯的养成，显然不是上个培训班就能解决的。

我注意到了您的孩子爱在家玩积木，布置挖土机的场景，爱看马路上的挖土机、吊车工作，不要小看这一点，我建议抓住他兴趣的最高点，创造一些条件，让他在家里玩结构积木、摆弄机器、拆装钟表，必要时和他一起拆拆装装，装不好了怎么办？再买一个喽！反正是废旧物品。说不定，您身边的这个小孩，就是未来的爱迪生或贝聿铭呢！

怎样让孩子专注上课

我儿子刚上一年级，老师说他有时上课会沉浸在自己的世界里，喊他几遍都没反应，老师好言批评，他好像并不在乎，一点都不怕老师。

我儿子是个很外向的孩子，交际也广，在家里无论是画画、做手工还是看书，都很认真专注，差不多都能独立完成，注意力集中的时间也比较长。

幼儿园3年我无时无刻不在耐心地提醒他上课应该怎么做，他都知道，可就是做不到。我们之间沟通还是比较多的，平时还做一些培养孩子注意力的事情。

真不知道该怎么办才好？有没有特别有效的方法呢？我应该注意什么？

从您的孩子在家画画、做手工、看书都很认真专注这一点来看，可以认为他的注意力没有问题，不仅如此，他有古人所说的"入定"、"静心"的优势。

古人很讲究这一点，在《大学》里，开篇就说："知止而后有定，定而后能静，静而后能安，安而后能虑，虑而后能得。"意思是只有安定、静心后才能思考，而思考后才有收获。

老师上课时，由于他沉浸在自己的世界里，喊他几遍，他都没反应过来，这固然不好，但恕我直言，这没有什么值得担忧的，相反，我从您孩子身上看到一种当前大多数同年龄孩子没有的难能可贵的品质，即专注力。

儿童有专注力吗？有，我注意到有些孩子侧头仰望天空做沉思状，他在想什么呢？我不得而知，但关键是他在思考，不管是天马行空地想，还是钻牛角尖似地想，都是可贵的。

因此，我不赞成父母就这个问题去提醒他上课应该如何如何,而是可以创造条件,留出空间让他多在他感兴趣的事情上发挥他的专注力,请相信以后他会有收获的。

孩子爱上了夜里学习怎么办

寒假里,我发现5岁的儿子白天很少自觉自愿地拿出书本来学习,但每天晚上到了九、十点钟的样子,他就开始拿出书来看,或者拿出油画棒来画画,很认真,一画就是一两个小时。我现在不知道该不该阻止他,我该如何引导他?因为我自己小时候上学就有晚上学习的习惯,而且看到杂志上说过,每个孩子都会有自己想学习的时间。杨老师,你说我该怎么办?

我注意到一点,很有意义,即他的兴趣最高点是画画,这是他的中心兴趣,家长应顺应这种中心兴趣,不但不要制止,相反要主动为他创造条件,鼓励他把中心兴趣发挥到极致。很多孩子还没有或还没有被发现他们的中心兴趣,故无从下手,而您的孩子居然明显表现出来了,这是好事。

须知,一个孩子在某件事上能保持浓厚的兴趣,他就会在这件事上提升注意力,而注意力是一种难能可贵的心理品质,根据"迁移规律",这种心理品质是可以迁移到第二件、第三件事上去的,望你多加呵护。

顺便说一句,早期教育内容广泛,不是一定拿出书本学习的才是好孩子,拿出油画棒来画画的同样是好孩子,祝贺你。我还想说一句:一个孩子在某个领域达到很高的水平,他以后一定会在其他领域达到相同高度的水平。

3岁的儿子爱摸别人的脚丫怎么办

我儿子现在3周岁半,有时候喜欢触摸别人的脚,尤其是别人穿丝袜的时候,他喜欢用手去摸,或者在身上蹭,不知是因为丝袜光滑,还是另有原因。一次,在酒店的房间里,他表姐穿着丝袜,结果孩子就搂着表姐的腿不放,还不时地触摸,感觉很舒服的样子。我把他抱进洗手间,严厉地告诫他,不能去摸别人的脚。

自那以后，他好了许多，但偶尔还是会问我："我摸摸你的脚丫吧？"我说不行，他也就放弃了。但我觉得他潜意识还是喜欢摸别人的脚。想请教杨教授，孩子的这种行为是什么原因引起的？需不需要干预？

你的儿子有一点轻微的强迫性障碍倾向，多数有这些倾向的是男孩。年幼时，他们很少意识到强迫观念是不正常的，也不会去隐藏这种行为。但到8岁以后，他开始意识到自己的强迫观念是不正常的，在谈及这些强迫行为时，他们会感到不安，会尽可能隐瞒自己的强迫观念，阻碍人们发现这个问题。

有强迫性倾向的儿童在其他方面完全正常，只是在强迫观念和行为这件事情上显得与众不同，他们老是重复地有目的性地做同一件事，通常需要家人配合，比如他要求摸妈妈的脚丫。

如果孩子出现去触摸别人脚丫时，采用"反应阻止疗法"，即当即阻止，开始他会出现焦虑反应，但慢慢也就习惯了。

当他出现强迫性思维时，对他大喝一声："停！"同时让他也喊出："停！"此时还可以用一些有趣的玩具和游戏转移他的注意力。

在平时，给他机会亲近人，但要告诫他，要活泼，不要拘谨；让他多接触大自然，在见多识广的同时，也能让孩子心胸开阔，身心愉悦；避免出现让他忧心忡忡的事情。好在您儿子现在只是表现出一些轻微的强迫性障碍，家长的乐观豁达、与人亲近的态度会给孩子带来好的影响，而指责甚至体罚则会加重孩子的强迫行为。慢慢来，找到孩子产生强迫性想法的潜在心理机制，用合理的想法代替不合理的想法，从而改变孩子强迫性的想法和强迫性的行为。

孩子脾气暴躁，是不是定性了，我该怎么办

我的小孩4岁2个月了，现在上中班，平时不怎么喜欢参加幼儿园的集体活动，比如做操。老师经常说他在幼儿园脾气特别暴躁，穿不好鞋子和衣服，就开始烦躁地叫喊，有时还扔东西。在家，他也时常如此。他也不喜欢和老师交流。想问一下杨老师，小孩这种脾气应该怎么改过来？是不是已经定性了？

脾气暴躁并不是先天就有的，而是后天习得的。

一种可能是在家里受到委屈，在幼儿园宣泄出来；另一种可能是由于家里人溺爱他，一切都依他、惯他，到了幼儿园，角色转换了，他仍然沿用家里的那种"以我为核心"的角色，自然就变得在幼儿园里"撒野"了。

这种脾气当然可以纠正。

首先，家长要把孩子在家庭中的地位摆正，他在家里不是特殊一员，而是普通的一员，不要让他吃独食，过独生日，不要强化他的自我中心意识。

其次，要给孩子营造一个良好和睦的家庭气氛，这种气氛有利于改善他暴躁的情绪。

再次，切忌娇惯，家长的娇养宠惯，是他脾气坏的"温床"。家长应做到：当他发脾气的时候，你甚至可以走出房间离开他，让他发现发脾气解决不了任何问题，或是觉得发脾气是无趣的，让他不得不放弃用发脾气来作为要挟家长的武器。

当孩子受到不公正待遇时，要注意关爱他，为他疏导，及时调整他的心态，不然的话，他会因此而导致爆发更大的怒火。

最后，及时教给他一些人际交往的技能，培养他关心体谅他人，多与同伴进行善意交流，这些事情要有耐心去做。

为什么孩子总在关键时刻打退堂鼓

我女儿3岁半多，平时开朗胆大、能力强，但一到正规场合就退却。幼儿园的新年文艺演出，小朋友大都上台唱了歌，她却趴在爸爸身上大哭着不上台；我们带她去参加市少年宫举行的故事比赛，一个中年男老师要带她单独入场（家长不让进），她就哭着不肯进去。

她嘴巴倒很会说"我会努力的""到中班就好了""我哭的意思是长大以后参加，不是害怕"……请问杨老师，她为什么会这样？难道像我小时候？那时我也是能说会道，一年级时还担任班长，但老师让我在全校大会上发言，我心里害怕得很，练了很久，结果上场后一句话也说不出（我现在有强迫症状）。我想问，我女儿的情况是怎么回事？是有心理缺陷吗？

你的女儿是否有心理缺陷，这个不好随便下结论，但她的自信心不足是明显的。她在社交活动中表现出的焦虑和恐惧，说明她有一些社交焦虑。与其他孩子相比，她很容易情绪化。

要给孩子以积极的暗示，孩子很容易接受暗示，积极暗示是正面的，而消极暗示则是负面的。

比方说，孩子在某一次社交活动中略微表现得主动一些了，家长就应该及时给予正面评价，并不一定要直接表扬，而可以通过故意让她听到成人间的交流，以给她暗示。父母之间可以这样说："你说我们的女儿'上不得正板'，今天我可看到了，她主动把玩具让给隔壁小朋友玩。""真的吗？那太好了，我们的女儿越来越大方了！"孩子在一旁听了会暗自高兴，并会为自己鼓劲哦。

千万不要负面评价孩子的退缩行为，要设法创造一些让孩子与其他伙伴交往的机会，让她逐渐学会与他人合作。开始时，家长可以参与其中，然后逐渐隐退下去。你的孩子会在同伴的影响下学会调节自己的情绪，学会与人打交道。

还有，当她遇到挫折时，比如一件事没做好，或者与幼儿园的伙伴吵架翻脸，家长当然知道这些小事并不是"世界末日"，但孩子却会认为她的痛苦会永远持续下去，她会感到沮丧，如果她认定这些，就会减弱她进取的信心和勇气。此时她最需要的是父母的安慰，你们的宽容和鼓励会促使她重拾信心。

成功的孩子总会赢得更多的赞许，赞许有助于孩子从低迷中走出来，因此，对孩子哪怕是一点微小的进步都应予以由衷的赞许，把每一个进步都当作一次成功，这种成就感会激发她大胆的欲望，她就会与周围同伴一样，大大方方地参加各种活动甚至上台表演了。

要不要让孩子再念一年大班

昨天，我 6 岁的儿子把我气得够呛，他哭着对我说："妈妈，我是个笨蛋。"

现在他上幼儿园大班，正在学珠算心算，刚开始的一段时间，他对算盘相当感兴趣，而且相关的儿歌也背得溜溜熟。可现在，我已经看不出他有多大兴趣了，幼儿园的课程已经讲到"心算"了，但儿子好像并没有在心里刻画下算盘的样子，在演练心算时显得相当吃力。

昨天晚上，老师布置了心算作业，半小时他都没做出3道题，我强压住心里的怒火对他说："妈妈知道我的儿子不是笨蛋，别人能做的，你都可以做出来。"结果儿子对我说："我就是笨蛋。"

杨老师，我不知道该怎么做，我怕我给他学数学的压力最终会导致他对这门学科的反感，我也知道要想孩子学得好，首先就是要他对这门课有兴趣，但我不知道怎么来激发他对数学的兴趣。

他现在6岁了，但很多时候一着急就语无伦次，表达能力差，在讲很长一段话的时候，只有我能听明白他的意思，别人都听不懂。我觉得他在语言方面的发育有点滞后，如果让他去上小学一年级，是不可能学好拼音的。我想让他再上一年幼儿园大班，让他比同龄的孩子晚一年上小学，但又不知道这样做到底好不好，心里很矛盾。

我不同意让他晚一年再上学，那样对他的心理发展不利，即便像你说的那样，孩子在语言和数学逻辑能力方面发育有些滞后，但他仍然是一个正常的孩子。

我们的确会遇到一些迟开窍的孩子，原因很复杂，但总的来说，智能发育的差异性并不是让他迟一年上学的理由，更何况，你的孩子并非你所认为的那么糟糕，比如说他能把与珠算相关的儿歌背得溜溜熟。你应该相信在同学和老师的帮助下，他能适应小学教育。

倒是有一个问题值得注意，这孩子在潜意识里有不良的自我意象，即自我评价低。孩子负面的自我意象形成了，当然会影响到他的努力和进步。作为家长，你的工作目前不是考虑他学这学那，而是要帮助他建立自信心和勇气。首先不能连你自己都不相信自己孩子的能力，你的这种缺乏信心的态度会不知不觉地造成孩子的消极心理。对孩子多一点理解，多一点信任，多一点尊重，只有这样，父母才有可能让孩子从小沐浴"尊重"的甘露，那样，他才会心情舒畅，自信自强。

请坚持让他如期入学，坚信他会跟上去，而反过来，推迟一年，这样的损失，我们谁都赔不起，更何况孩子会怎么想？他的自卑感会强化，请家长三思。

孩子自控能力差怎么办

我儿子6岁了，上幼儿园大班，他的主要问题是自控力差。具体表现在：

在幼儿园里他不怎么遵守规则和秩序，上课时，不能保持安静，还会打搅同学听课，甚至擅自离开座位、乱走乱跑。老师很头痛，告诉我，我也没办法。

他在家里独处的时候还可以，我做事情，他会来帮着打下手，很能领会大人的意思。遇到乡亲来串门，他也热情地打招呼，就是不能与小朋友融洽相处。严重时会你推我踢，发生吵闹。跟他讲道理，他都懂，也知道自己的行为是对是错，犯错后他表示是自己控制不住，还说别人也打他的。

孩子6岁了，马上就要上小学了，怎么办？他曾经在另一所幼儿园，老师说他不认真、调皮、思想不集中，我就给他换了个幼儿园，指望换换环境会对他有所改变，可他还是这样！请杨老师帮忙指导，看看有什么良策，帮助他成为一个遵守秩序的孩子。

首先应该强调6岁的孩子和3岁的孩子相比，自制力应该有了很大提高，但总的来说，这种自我调节的能力还是刚刚开始发展，不稳定。但无论如何，具备有意识的自控能力是孩子意志发展的一个重要里程碑。

从你反映的情况来看，他经常任性、不听话，这时如果家长能及时注意到孩子心理上日益增长的自主性、独立性，善于引导，是会有好的效果的，反之，如果处理失当，孩子的这种非理性的意志表现就会发展成为较为稳定的消极的意志品质。

什么是正确的引导方式呢？

①鼓励独立性。

你说他在家里独处时还可以，你做事情，他还可以打下手。

你可以利用这个机会，发展他各种自我服务的技能，形成自己的事情自己动手解决的观念和习惯。在家中，应该有他自主活动的领地：自己睡觉的小床、玩具角、图书柜、小桌……对这些领地中的一切物品，让他自己整理收拾，这样能发展他的责任感，也是对自控能力的锻炼。

②发展言语调节机能。

6岁的孩子完全可以将他行为的目的以语言的形式概括地表达出来，这对动作的执行能起到调节作用。言语对行为的调节机能发展经历了一个从"别人——外部"到"自我——外部"最后到"自我——内部"的过程，成人往往通过各种语言指令如"放下"、"不学"、"要"、"不要"等调节孩子的行为，现在你要鼓励孩子用自己的语言说出自己将要去做什么，也就是在行为之前明确地意识到自己行为的目的，从而对行为起到一种制约作用。

③学习行为规则。

行为规则就是要让孩子认识应该做什么和不应该做什么，并通过训练形成行为习惯。首先，大人要树立良好榜样，一个举止失措的父亲不可能培养出自控能力强的孩子。其次，要说一不二，当成人为孩子的行为设置合理的界限时，一定要坚持不改，当然规则必须具体、明确、可行。再次，要及时表扬鼓励。此外，要针对孩子所处的不同时间、不同地点，提出不同要求；最后，要帮助孩子逐步学会总结评价自己的行为，从别人对他行为的外部调节转化为他对自己行为的内部调节，提高他遵守行为规则的自觉性。

怎样改变孩子磨蹭的坏习惯

我的孩子已经5岁了，活泼但也任性。现在他在上学前班，每天催他吃饭是件让我头痛的事，无论饭菜是否合他胃口，他总要吃上1个小时，我们再催也没用，即便打一次也只能好一天。还有就是他想要的东西总是不达目的不罢休，不管我骂他还是不理他，他都能一直跟我磨。希望杨教授能给我一些建议，帮我孩子改改这些坏习惯。

从你信中讲的情况来看，孩子的磨蹭习惯主要在吃饭和穿衣上。

吃饭是孩子本能的需求，自然是很要紧的，孩子之所以磨蹭，是我们在平时没注意"养成教育"的重要性。养成教育即通过日常行为规范形成正确的"动力定型"。如果平日你容忍他吃饭时东张西望、看电视，不想吃时甚至向他乞求央告，这些日常行为容易使他形成一个概念：吃饭不是我的事，是大人要我做的事。

改正的方法很简单，看你敢不敢施行：每次吃饭前，告诉他吃饭的时间，即大人吃完后，最多再等他 10 分钟，到时便毫不犹豫地撤掉他的饭碗。他会说："爸爸，我还没吃完。"你就告诉他："不要紧，下餐再吃快一点就行了。"估计他会哭闹，但家长如果坚持，并且中途不给他吃零食，我想，要不了几次，他就不磨蹭了。

孩子正处在长身体阶段，吃饭对他来说当然十分重要，但一两餐没吃饱不会出什么大问题，如果这样能改掉一个坏毛病……孰轻孰重，家长肯定明白。

对于孩子的要求不能有求必应。他想要的昂贵物品，如果属于不合理要求，一开始就要予以拒绝，中途不能变卦；如果是合理要求，也不要马上满足。

比如他说："妈妈，我要一个写字板。"细想一下，这个要求合理，但请不要立即下楼去买。你可以说："好，妈妈会买，但要等你表现好了，挂上 3 朵大红花，我们再买。"为什么要"卖关子"，在心理学上，这叫"延时满足"。让孩子懂得等待和忍耐很有必要，况且通过努力得到的东西他会更珍惜哦！至于你说的"一直跟我磨"，做家长的难道磨不过孩子？为了教育好孩子，你得耐着性子跟他磨，一旦你举手投降，即宣告教育失败。

孩子的叛逆让我头疼，我该怎么办

儿子已经 3 岁半了，聪明可爱，能识两千个字，记忆力非常棒。但最让我头疼的是，他非常叛逆。比如"和"字，他非要读"贵"，"跳跳蛙"非要读"丑小鸭"。我要是读正确的，他就大哭大闹，有时我气得动武，也一点不起作用。在上奥尔夫音乐课时，他竟和老师唱反调，好话坏话都说尽了，还买了好多玩具车来讨好他，当时他妥协了，但没过多久，又恢复原样。杨老师，我儿子怎么了？以后他会变成什么样，我都不敢想，您帮帮我吧！

根据发展心理学的研究，孩子的反抗是自我肯定与自我保护的综合表现，也是独立性萌发的必然结果，3～4岁是孩子成长中第一个心理反抗的巅峰期，4岁以后会逐渐消失，也就是说当孩子慢慢建立起独特的自我，并能从服从别人的行为中得到满足时，就会变得合作了。

在反抗期，假如你运用权威使之服从，结果将适得其反，父母规则太多会强化他的反抗意识，所以管教太严并不是好主意，下面给你支几招，肯定好使！

①转移法。

如果孩子执意反抗，你可以想办法转移他的注意力，而不是采取强制性的措施，更不是威胁他或利诱他。比如"和"字，他非要读"贵"字，你可以说"和为贵"，这是我们祖先留下的一个十分有用的话。然后你可以给他讲讲"将相和"的故事，把这件事转移过去，你不用担心今后他会把"和"始终读成"贵"。

②网开一面法。

在孩子所有的反抗行为中，我们只要反对那些少数肯定会产生不良后果的行为，其他行为不必计较。比如他执意要去摸烧在煤气灶上的开水壶，你必须严厉制止。久而久之，孩子会形成是非感，知道某些行为家长是坚决反对的，他会引起重视。如果所有事情你都与他对着干，他也会"破罐子破摔"：反正爸爸妈妈反对我所有的诉求和行为，我不如反抗到底。

③关爱法。

要使孩子服从，家长须多一些关爱。事实上，缺乏关爱的家庭更易滋长孩子的叛逆行为。如果家长平时不关心孩子，等到他有反抗行为了，才注意他，那他会以"反抗"作为武器，来唤起家长的注意。

④鼓励法。

假如你希望孩子的错误行为不再发生，你干脆忽视他的错误行为，而着重赞美他正确的行为。

最后，切忌命令式话语，可多用祈使式话语。比如，孩子把房间弄得乱七八糟，你命令他收拾干净，他会反抗。你试着这样说："来吧，我们比一比，看谁把更多的玩具放到盒子里。"

请做好思想准备：孩子6～7岁时，第二个反抗期又要来了，之后，还有最让你头痛的第三个反抗期——青春期。别怕，运用智慧，我们是可以让孩子顺利渡过每个反抗期的。

女儿气量小怎么办

我女儿5岁，上大班，在幼儿园非常听老师话，在家也挺听话的，但是，我觉得她会动不动就跟别人生气，很小气。

平时她喜欢跟两个和她一起上学的小朋友玩，但如果在他们玩的时候，来了其他小朋友，她的两个玩伴和新加入的小朋友一起玩了，她就不高兴了，怎么劝也不肯和他们玩。但是如果她的两个玩伴不在的时候，她也会和其他的小朋友一起玩。

另外，她会选择性地和其他孩子玩，如果那孩子很调皮、弄坏过她的东西，她下次就不肯再跟他玩了。

还有，她不允许我帮其他小朋友做事，比如给他们拿书包、扎头发……一旁的阿姨见了，说："你怎么这么小气？"她就哭着要走。

麻烦杨老师告诉我，遇到这些情况，我们该怎么办呀？

应该这样分析，把孩子气量小作为一个问题摆出来的家长，他们自己的气量往往比较大，因为如果家长本身气量小，是不会把孩子气量小当成问题的。

这样，问题就出来了，既然父母气量大，在单位有谦让精神，在家里上让老下让小，怎么孩子就不受到这种好的影响呢？

关键是，父母在孩子面前一切让着她，使她觉得这种"天经地义"的事在外面也应该如此。上述例子正好说明这点，别的伙伴弄坏过她的东西，她下次就不肯再跟他们玩；家长帮其他小朋友做事，她就不乐意。所以说，孩子气量小，还得从家庭教育做起。可以让她把她最喜欢吃、最喜欢玩的东西与他人分享，先从家庭内部成员做起，进而扩大到邻居和社区的小孩。另外，家长气量大的行为也应该当着孩子的面做出一个榜样，例如，邻居家来借东西就热情地借给人家。还有，不要给孩子特殊待遇，使她淡化"自我中心意识"。

孩子气量小，还表现在与伙伴相处时有点"小心眼儿"，比如她平常跟一两个小孩玩得好，另外有小朋友参与进来，她就不高兴了，怎么劝也不肯和他们玩。对于这种情况，家长应用豁达大度的态度和气量来影响她，可以这样对她说："噢，原来是这么一点小事儿呀！咱宝贝不在乎，来，咱们一起玩，人多玩得有趣些！"

该不该给孩子换个环境

我女儿是 2005 年 7 月出生的。孩子她爸在苏州的一个小镇上工作。孩子一直和我在沙市生活、上幼儿园，去年才转到苏州上幼儿园。现在，我想把女儿再转回沙市上幼儿园。

虽然女儿答应跟我一起回沙市，但我知道她是想和爸爸在一起，而且她在苏州也交了不少新朋友，人缘不错。我想带她回沙市，主要是觉得沙市各方面条件都要比这里好，我怕女儿以后回去上学会跟不上。而且，我觉得应该让孩子多开阔眼界。虽然在苏州小镇我也经常创造条件带她出去玩，但小镇毕竟没有市区方便。

我不知道，父爱和前途哪个对孩子更重要？如果她很希望和爸爸在一起，我不顾她的感受把她带走，会不会太残忍了？

"人是环境之子"，什么样的环境造就什么样的人才，因此，孩子教育的成败与我们给他提供的环境好坏有直接关系。

我无法分辨出你女儿是在苏州的一个小镇上生活好，还是回沙市好，但我可以提出以下几个关键点供你参考，如果你认为苏州这个小镇更符合下列条件，那就让她留在这个地方，反之，则应回沙市。

①在亲子关系中，最重要的关系是母子关系，因为人类的信仰和情感的源头是母爱。当然，这不是说父爱不重要，美国医学专家海兹灵顿就指出：孩子缺乏父爱会阻碍其认知发展，父爱还影响孩子体格、性格等方面的发展，但相比之下，母爱在婴幼儿时期显然更重要。

②在孩子的人际关系中，除了第一位的亲子关系外，即是伙伴关系。孩子与孩子的交往能让他们迅速有效地学到父母平时希望孩子拥有的种种美德，如大方、同情心、助人为乐等。因此，两地的环境中，哪一方更能有利于你女儿交到更多更好的朋友，则应倾向于她到哪里去。

③这两地中哪一地的幼儿园更好。因为幼儿园教育是你女儿终身教育的起点，她一生中基本的做人准则是在幼儿园奠定的，因此，如果哪一地的幼儿园好，则应倾向于她往哪儿去。这个好，主要是指幼儿园有没有科学、正确的育儿观，而不是过分注重其硬件设施。

④两地中，哪一地的自然生态好，则应倾向于往哪里去。游乐大千世界，万紫千红、五光十色的生态环境，耳边俱是天籁之声，对孩子来说，这是他们生活的最好场所。孩子是自然之子，在优美的大自然环境中，孩子的身心都能得到很好熏陶。

至于你说的"把她带走会给她造成心理伤害"，我以为不必为此担忧，孩子的适应性比成年人强，也许她会有一段时期不适应，但很快就会调整过来。

最后一句话我不得不说，有条件的话，父母在一起共同哺育孩子，应是最重要的。

孩子爱哭怎么办

我儿子快4岁了，长得很可爱，但就是爱哭。在幼儿园，如果他表现不好，老师还没批评他，只是语气有些严厉，小家伙就开始流眼泪了，弄得老师都不敢批评他。在家里，如果我说他什么事没做好，他就哭，游戏没玩好，他也哭。我很发愁：他是个男孩，这么爱哭，怎么办？另外，他很胆小，至今也不敢玩蹦蹦床。别的小男孩遇到台阶，一冲就过去了，他总是慢慢挪过去，很怕自己摔跤，这种情况从他会走路时就这样。我们也常常鼓励他，从不批评他，但他就是没改变，我怕他长大后没有闯劲。恳请杨教授能给我一些建议。

我们先从他胆小恐惧这件事说起吧。

恐惧是人类正常的情绪反应,也是保护自己免受伤害的自然属性,各年龄段的孩子都有自己恐惧的对象,一般到了8～9岁恐惧会明显减少。但是,如果童年时期的恐惧心理得不到适当缓解,就可能在青春期甚至成年后产生恐惧症或怪异行为。

家长首先要区分哪些是这个阶段正常的恐惧心理,哪些是需要克服的恐惧症状,你的孩子4岁,遇到台阶都不敢大胆跨过去,这就需要干预了。

首先,大人的担忧会增加孩子的危险错觉,所以应尽量淡化。比如刚才说的台阶,家长要从容不迫地走给孩子看,并告诉他:"不用害怕,走上去。"

其次,家长要给孩子做个好榜样。比如,母亲看到毛毛虫就尖叫,结果当然轮到孩子怕毛毛虫了,孩子的恐惧也会来自别人的感受,只有大人摆出一副若无其事、镇定自如的样子,才能帮助孩子克服胆小。

再次,可以采用系统脱敏法减轻孩子的胆小。以蹦蹦床为例,他不是不敢玩吗,我们就选这个项目,把他放到蹦蹦床上,先不动,然后逐渐做一些小动作,让他慢慢适应;第二次再来时,动作可以稍大一点,他要停时,不妨就停下来,如此多次尝试,他的耐受力会增加。对了,别忘了,每次游戏结束时都给他一个奖励哦。相信经过一段时间的系统脱敏之后,孩子就不怕上蹦蹦床了。

我们再来看"爱哭",显然这与你说的胆小有关。

如果他的胆子练大了,爱哭的毛病就好了一半,那么还有一半是什么? 是敏感。敏感的孩子对新环境的适应能力弱,大多孩子觉得无所谓的事,敏感的孩子都感到问题严重。

其实,哭不一定是坏事,有时他哭一场反而感觉轻松了,哭是可以减压的,所以家长不要一味阻止他哭。

家长的正确态度应是:

对孩子的敏感表示同情,在理解、同情的前提下,减少他的孤独感和脆弱感。

培养孩子的自信心、成就感。要做到这一点,就不应对孩子期望过高,小有进步就要表扬。

不要强化哭。他哭的时候,不能给予太多同情,更不能表扬,也不能因哭而让他免受惩罚,否则他会越哭越凶。

教会孩子善于明确表达自己的痛苦,让他说出来,这次为什么哭？这样便于家长对症下药。

不要在孩子面前表现出失望、无可奈何的神情,与其这样倒不如用幽默的态度来对待,说不定能让孩子破涕为笑哦。

最后,在议论孩子的问题时,不要当着孩子的面讨论,父母可以在"背后"议论孩子,但又有意识地让孩子听见,记住,给孩子听见的可都要是好话哦！当孩子听到这些"背后议论",他会油然产生一种自信,"我还是不错的嘛,我有缺点,一下子就改正了,我是个好孩子!"

孩子的异食习惯怎么改

我的女儿 3 岁 10 个月,她喜欢吃玩具、手指、鼻腔分泌物。开始我给她讲一些良好的卫生习惯以及这方面的故事,她能改正,但坚持不了几天就忘了;有时候我会指责她,但还是不管用。我想问问杨主任,我家女儿的这些坏毛病怎么才能改掉呀？

异嗜食是神经功能障碍中"进食障碍"的表现形式之一,要引起足够的重视。

异嗜食是指生理原因和心理原因引起的进食障碍,生理原因可能是患者体内缺乏某些元素或患有某些疾病;但相当一部分原因是心理因素引起的,如缺失母爱、受到惊吓、生活环境突变、家长教育不当等。

如果能请心理医生做一下人格测试,制订一个治疗计划,配合些家庭训练最好。

这里我提出一些建议:鼓励孩子多参加集体活动和游戏,最好能与小朋友一起进餐。家长可以采取强制性行为疗法,制止她吃非食物,态度要坚决但不要粗暴,与此同时,家长应尽量注意孩子食物的营养和色香味的搭配,以增加一日三餐对她的吸引力。

孩子的个性让我担忧，我该怎么办

我儿子今年 4 周岁，性格内向，不愿与别人一起玩，而且特要强，不愿意被别人说不好，遇到不顺心的事就往地上躺，做事没耐心。作为家长，我们不知该如何是好，请杨教授多多指教。

孩了的这种性格是后天形成的，其原因很多，我想至少溺爱是原因之一。如果家长一味溺爱，百依百顺，有求必应，孩子当然会遇到不顺心的事就往地上一躺，让你对他没辙。

自我中心意识是一种幼稚心理，多数孩子在 3～6 岁时就处在"自我中心期"，不过也许你的儿子在这方面表现得更为突出一些罢了。

要纠正孩子的这些不良心理和行为，家长首先还是要充分而适当地关怀他、注意他，要及时表扬孩子的优点，使他的心理得到满足并产生安全感。

但是过分注意是不对的，过分注意会强化他的任性，我们不妨偶尔创造一个"劣性刺激"的环境。所谓"劣性刺激"是指"饥饿、劳累、困难和批评"，看看他在"四面楚歌"的环境中能否自己处理问题。

孩子习惯吸吮拇指睡觉怎么办

我的女儿 3 岁了，从出生至今一直习惯吸吮拇指睡觉。前些日子我在她的拇指上涂了辣椒，但见到她睡觉吸吮到辣指头时哇哇大哭，之后也没有再试。平时，我们见她睡觉吸吮拇指，会把她的拇指拿出来，但是过会儿，她还是会吸吮。我真的没办法纠正她的不良习惯，希望杨老师能给我点帮助。

吸吮手指是孩子在幼儿期特别是婴儿期的常见现象，中外儿童都很普遍。吸吮手指在孩子成长中出现，也会在孩子成长中消失，不必过于紧张。

但是，并不是说不予纠正，适当地干预可以尽快结束这种行为，因为吃手指毕竟有一些负面影响，比如不卫生、影响牙齿排列等，并且世界卫生组织将孩子3岁以后仍吸吮手指的行为列为不良习惯。

我建议先进行心理诱导，即用简单易懂的语言告诉孩子不良口腔习惯的危害，让孩子有意识地自我纠正，如果她不配合，就要求助口腔科医生让孩子使用不良习惯矫正器了。

记住，在孩子6岁以前终止她的吮指习惯，其对咬合造成的不良影响是可逆的；6岁以后，吮指所导致的异常咬合状况基本无法逆转，故家长要有足够的耐心。

下面一些小招是我收集来的，供你参考。

①事先和牙科医生串通好，让大夫告诉她：你的牙长得不好，现在不吃手指，牙就会变好。

②让小手和小嘴忙起来，多设计一些动手动口的游戏，如念儿歌等，占用她的双手和嘴，她就没空吮指了。

③在孩子睡前为拇指套上指套，或轻轻缠上线。

④给孩子的拇指涂上红色的食用颜色，告诉她：如果哪一天起床后，颜色没有掉光，就奖励1朵红花，10朵红花可以换1个她喜欢的玩具。

孩子害怕和大人交往怎么办

我儿子还不到6周岁半，上大班。平时很活泼，爱说话，爱讲故事，有很强的好奇心，总喜欢问为什么，喜欢观察，喜欢有创造性的玩具。在家和我互动得也挺好，幼儿园里的新鲜事他都和我讲，也喜欢和小伙伴一起玩，在幼儿园的活动中也都能按老师的要求顺利完成任务，老师对他的评价也不错。可不知为什么，面对老师和成人的问话，他总是不回答，好像很害羞，或者不习惯和成人交往，我问过他，他说："害怕，不敢回答。"太奇怪了，我很着急，为什么会这样，有什么办法解决吗？

什么是孩子的社会性？孩子社会性的发展，不依赖成人的说教，主要是在自身与他人相互交往中发展起来的，人与人之间的相互影响、相互适应到相互学习是他们社会性发展的重要条件。

你孩子的问题不是与同伴交往的问题,而是在与家长以外的大人的交往方面出了问题,有羞怯感,有退缩行为,你觉得奇怪,其实并不奇怪。

首先我们肯定他没有"社交恐惧症",不然为什么与同伴相处得不错?他也不属于孤独症、自闭症,不然为什么活泼可爱?我分析,可能他存在着"不安全感",即他认为与其他成人交往危及他的安全,这有可能是某一次他与成人交往时产生了问题,形成了印记;也有可能是我们在教育中有些误导,使他产生了"人人不安全"的感觉。我认为,你们的担忧是多余的,随着时间的推移,他的人际交往的不断积累,以上顾虑会逐渐消失。

当然,作为家长,仍应有意识为他与其他成人交往创造一些条件,多鼓励他先和比较亲近的亲友交往,逐渐扩大他的社交范围,相信克服这种心理是指日可待的。

儿童心理学专家认为,孩子认生是有阶段性的,6～18个月是一个认生时期,4岁左右一般不认生,显得很乖巧,6岁时又会变得认生,在不熟悉的成人面前沉默寡言,甚至不信任陌生人。家长不要强迫孩子对陌生人说些他不愿意说的客套话,不过可以用一些技巧,你可以引导他从问对方问题入手,如:"你知道我几岁了?"如果你想不使孩子难为情,不使孩子成为大家注意的焦点,在孩子感觉好一点时,偶然提醒他问这样的问题,应该是顺理成章的事。

孩子不能接受批评,能体罚吗?
倔强的性格如何才能改变

我儿子今年6岁,自尊心强,性格较内向,脾气很犟。随着渐渐长大,他越来越不听话,而且不能接受批评,一被批评就用"笨蛋"、"丑八怪"、"不要再说了"之类的话回击,有时还要动手打人。幼儿园老师说他近阶段不像上学期了,讲一两遍根本不听,和他交流就是不说话,没法沟通,需要在集体面前表现自我的时候,也是始终不肯。跟小朋友的关系倒不错。在家里,他有要求得不到满足,就发脾气,搞得我们家长在教育问题上一直很头疼。

杨主任,我们该怎么办?是不是只有体罚才是最好的办法?

还有我儿子的性格怎样才能有所改变？

孩子的毛病不是一天形成的，当然也不可能一下子就纠正过来，你们千万不能以体罚的方式来解决问题。

我们还得十分注意我们说话的口气，尽量营造一种平和融洽的家庭氛围，给孩子一个正面的感染。

我们得在平时尽量不用命令和说教的方式，不以大人的立场去要求孩子，这样，会缓解一些他的暴躁情绪。

但他毕竟是个倔强的孩子，有可能你老是和颜悦色地对待他，他会理都不理你，而你又不能大喊大叫，因为那会适得其反。所以正确的方法是：用态度坚决的制约行为让他形成一个"规矩行为"的条件反射，要让他产生不理不睬、唱反调是有不好结果的感受。

比如吃饭前，你要求他把玩具收拾好再吃饭，同时告诉他，如果听从了，他提出的陪他玩的要求可以实现。如果不听从，你可以稍等一会儿，然后迅速地将玩具收拾起来，叫他去吃饭，而且明确地告诉他："刚才'陪你玩一会儿'的要求无法实现了，因为你没有听我的话，现在我也不会陪你玩了。"

像这种规矩必须多次反复进行，让他在意你的要求，而且你们家庭成员的态度必须一致。

孩子动手打人的理由对他来说可能很简单——能让他得到想得到的东西。那么你必须十分明确地告诉他：动手打人肯定让你"得不到"。孩子动手打人的行为是你唯一可以运用体罚的理由，当然也要注意使用体罚的方法，首先你建立一条简单规定：动手打人是要受到惩罚的。当他动手打人了，必须受到惩罚，比如让他在单独的房间里独处、罚他站 10 分钟、打手心等，体罚要适度，但态度要严肃。

孩子遇挫后过度自责怎么办

我儿子今年 5 岁，读中班。总体来说，他是个比较优秀的孩子，老师、同学和邻居们都很喜欢他。但他性格似乎有两面性，有时很阳光、很可爱，讨人喜欢；但遇到困难或失败时，情绪就立刻一落千丈。最近一个月来，甚至出现用拳头打自己脑袋，骂自己"笨蛋"的举动，连同学都知道他的这个习惯。

平时他做错了事，我还没批评他，他就自己敲自己脑袋，一副懊恼自责的样子；有一次在班里做算术题，他20题中错了1题，就企图用铅笔划自己的脸；上课一旦回答错了问题，他就大声地斥责"我真是个笨蛋啊！"

老师很关心他，尽量不因小事批评他，也经常找机会鼓励表扬他。我时常告诉他失败是必经的过程，不要为了一点困难就丧失信心。但是一个多月了，还是没有进展。请教杨健老师，如何培养他乐观向上的精神，积极面对挫折。同时咨询一下，儿子的紧张情绪和古怪行为是否需要深入的心理辅导？

你的儿子过分在意一些微不足道的错误，应属于焦虑症的倾向，这种类型的孩子多虑，对外界事物反应敏感。

你们采取的"尽量不因小事批评他，也经常找机会鼓励表扬他"的做法肯定是对的，因为和睦的气氛，是一种良好的生活环境，同时家长对孩子不能期望过高，也不能放纵溺爱，并保持孩子有足够的睡眠时间和充分的娱乐时间，经常与孩子谈心，帮助他树立克服困难的信心，渐渐培养孩子坚强的意志和开朗的性格。

我有个建议，如果孩子焦虑反应多次发作，应到医院在医生指导下服用抗焦虑药物，当然仍以心理治疗为主，一般采用的方法有满灌疗法，即使用能引起强烈焦虑情绪的刺激以"冲击"患儿，使患儿克服对某些情境、事件的焦虑反应，此外还有放松疗法、矛盾意向疗法，这些都应在专家指导下操作为宜。

孩子出现感统失调症状，要去专业机构治疗吗

我的女儿3岁9个月了，在幼儿园，老师说她比较懒散、不守规矩、坐姿不好、注意力不够集中、做智能数学经常丢题、手的精细动作不好、做事没有耐心，有时还会从凳子上掉下来。今年3月，我给女儿报了舞蹈班，在班上与同龄小孩比较，她的接受能力弱，动作不到位，不能跟音乐节奏拍手，还经常自顾自地跳，不听老师指令，不过她蹦床、坐滑梯、前滚翻都可以。在阅读识字方

面，她也表现得很好，平时也不晕车、不挑食。与小朋友相处时，她多听从对方指挥，害怕争斗，在家与我相处时却很逆反。

我在网上查了有关孩子感统失调的症状，对应着看，我女儿应该不算严重，我在家里给她做了一点训练，因为有的器械没有，她不愿配合。我想问问杨教授，这种情况需要到专业机构鉴定并做专业训练吗？我很害怕错过3～6岁的早期干预期，但在我们这边没有专业的训练机构，幼儿园里的亲子班感统训练又是主要针对2岁孩子的，我该怎么做才能达到最好的效果，才能不影响孩子今后的学业？

人体的各部分器官都是通过与外界接触，向大脑传递感觉信息的，这些信息又经过大脑司令部有效整合，再通过指挥系统指挥人完成各项活动，这个就叫感觉统合。如果指挥系统一旦由于发育或其他原因失灵，就会像市中心交通警指挥失灵出现堵车一样，出现感统失调。

感统失调有不同的表现，你的孩子至少没有视觉感失调、听觉感失调，但有可能存在动作协调不良和本体感失调等问题，但并不严重，并不一定要去专业机构，我推荐几个操作方法。

①跳绳。教她跳绳，并逐渐增加难度，尤其是加快节奏。

②拍球和踢球。这项运动有一个要求，即一定要定向，比如她踢球踢得很好，家长可以设计一个门，让孩子一定要踢到门内才算赢，因为只有定向，才真正实现大脑指挥系统的灵敏性和准确性，其实，所有的体育运动都是定向运动。

③打羽毛球。打羽毛球对孩子本体感的发育十分有效。

④和孩子一起玩泥捏游戏。泥捏是一种十分有趣的精细动作，先捏一些简单器皿，如盘子、勺子之类的，然后加大难度，捏小人、汽车等，这个"泥"，可以是橡皮泥，但最好就是自然泥。

怎样才能让孩子入园不哭

我女儿3岁8个月了，去年9月刚入园，入园以后还比较顺利，也就前两个星期闹过，之后一直表现不错，每天入园也挺高兴的。我知道她是因为每天能跟一个老师学英语，那个老师很会调动孩子的积极性,班里的小孩都很喜欢她。直到去年年底,女儿都没缺过课。但到了今年1月,女儿就不太愿意去幼儿园了,后来她又生病了,所以1月没有全勤。2月因为过年放假的关系,也没去幼儿园,把她送到姥姥家住了一段时间。3月开学了,我送女儿去幼儿园,可几乎每天早上一进幼儿园她就开始哭,说不想去。我非常奇怪,因为早上起来说去幼儿园,她情绪都还挺稳定的,也没有生病不舒服,可一到了幼儿园门口,她的情绪就变了。我也问过孩子是不是在园里有小朋友欺负她,有没有老师严厉指责或体罚她,她都说没有;我问过老师,老师也说除了早上哭一阵,偶尔吃饭不太好,其他时间她的表现还是可以的。每次我去接她,她都很高兴,还跟我们保证明天来的时候不哭了,可第二天一来还是哭。这种情况已经持续半个多月了,我实在找不出原因。老师说我是不是回家太溺爱她了,我也没有,因为白天上班,晚上接她回家后我还要做饭,我就让她一个人玩耍或看动画片,一直都是这样。请问杨教授,我孩子的这种情况是否正常?是不是有什么心理问题?我该怎么做,才能让她入园不哭?

"分离性焦虑障碍"指的是在与亲人分离时明显的焦虑反应,他们常常显得烦躁,表现为哭、叫喊,但从你反映的情况来看,你女儿的这种焦虑障碍显然是轻度的。

对你的孩子来说,对幼儿园的恐惧实际上是对与父母分离的恐惧,解除这种恐惧还得由家长下工夫。

在培养孩子独立性上要下大力气。如有意识地引导她完成一些有难度的任务,凡是独立性强的孩子,依恋情绪会明显减少,及时地教给她一些人际交往的技能,帮助她适应幼儿园环境。

要经常与幼儿园老师联系,让老师在班上给她表现的机会,最好"封"她一个职务,让她负责一些班务活动,时间长了,她的自信心也就加强了,与其他小朋友的关系也融洽了,她的这种分离焦虑也会自行消失。

如何疏导孩子的心理阴影

事情是这样的:在一天凌晨4点半左右,有夜贼闯入我家,由于我睡觉比较容易被惊醒，我看到了夜贼并大声叫喊，丈夫听到后也立即起来，夜贼见被发现后，便跑入厨房并将门锁反锁，从被撬开的厨房防盗窗逃离。这时，楼上的住户听到喊声也下来了，同时，我们也报了110。由于动静比较大，5岁的女儿被吵醒了。总之，她知道家里来了小偷，因为在天亮后，派出所的民警来家里勘查了现场。

我觉得这个事情给女儿留下了心理阴影，因为第二天放学回家，她就不敢一个人去上厕所，她一听到响声就问是不是有人，晚上入睡后，她会突然坐起来喊"有人"，现在还时不时问："小偷还会不会来？"而且，从她的精神状态来看，不如以前活泼了，以前吃过晚饭，她会自己到房间玩一会儿玩具或看一会儿书，现在，她却是一直要在大人身边，离开她一会儿，她就会到处找你。

杨老师，作为父母，我们应该怎样做才能让她摆脱这种恐惧，让她恢复到以前活泼开朗的样子？

儿童恐惧障碍是与儿童年龄大小和应付能力有关的，也反映了儿童的智力发展水平，但多年研究表明，大多数恐惧障碍不经过任何处理，随着他们年龄的增长和经验的积累，均会自行消失。

孩子恐惧的内容不会泛化，比如说你的孩子恐惧的就是小偷，她担心小偷会再来，一般她不会由此而扩散到恐惧雷电、恐惧动物等，她就是执著地害怕夜晚再出现那一幕。

记住这一点很重要，我们可以利用对抗性条件反射的原理，来一个反其道而行之——我们可以由家庭成员之一扮演小偷，其他成员扮演抓小偷的人，女儿也在其中，情节随时发展，但结果是小偷被抓住，我们胜利了，大家高高兴兴的。我们还可以在今后的几次表演中增强刺激的强度，最后达到让女儿消除对这件事的恐惧感的目的。最好让女儿亲手抓住"小偷"，全家一起夸她是一个勇敢机智的孩子，这时她就不会再因为此事而恐惧了。

大城市优质的教育与
其乐融融的亲子关系，我该选择哪个

我是安徽滁州人，妻子和4岁的儿子都是上海户口，但我和妻子都在安徽滁州上班，儿子现在滁州某幼儿园就读。孩子的外公外婆想等孩子幼儿园毕业后把孩子带到上海去上学，但麻烦的是我和妻子不能去上海陪读，只有他的外公外婆能陪伴左右。我的心情非常矛盾，说实话，我内心不想孩子这么小就离开父母，那样对孩子的身心不利，一直想说服孩子的外公外婆，但没有充分的理由。眼看孩子一天天长大，我内心的矛盾越来越大：一边是大城市优质的教育，一边是其乐融融的亲子关系，真不知该如何是好。在这里恳请杨主任指点指点！

原则上不同意外公外婆的意见，因为亲子关系是幼儿成长中第一个不能中断的人际关系，也是不可替代的人际关系，即祖孙辈关系不能替代亲子关系。

孩子在成长过程中，建立良好的亲子关系将是他人格发展的重要基石。调查表明，凡是在幼小时段，在良好亲子关系的环境下长大的孩子，往往表现出自信、乐观和豁达的性格特征，这是为人所必须具备的。

为什么我会抑制不住，冲着女儿大声吼叫呢

我家女儿快4岁了，最近一段时间越来越调皮，经常为看电视、穿衣服、和小朋友玩之类的事情和我发生冲突。一般来说，开始我都是很耐心地和她讲道理，但她不仅不听，还会哭闹，没完没了。到后来往往我就控制不住了，会很生气地冲她大吼，个别时候还会拍她屁股几下。

比如昨晚洗澡后，我见她只穿一件棉毛衫和小背心坐在床上看书，室温较低，就要给她套上一件外套。她死活不穿，好歹穿上就开始哭闹，非要我给她脱下。后来我帮她脱了，她拿着衣服就使劲往地上甩，继续看书。我很生气，大声叫道："捡起来。"我看她吓得身子一抖，埋着头看书，我心里有种说不出的滋味。

今早也是这样，我帮她穿好衣服，就给她做早餐去了。鞋子就摆在床边，结果她不穿。我问她怎么不穿鞋，她说让我给她穿。我急急忙忙给她穿了一只鞋，让她自己穿另一只，然后我又赶去厨房了。回来发现她还是没有穿，我气死了，大声叫道："穿鞋，穿

上左鞋。"

诸如此类的事情每天都层出不穷。我想：孩子还这么小，在她面前，我算是很强大的。我经常利用自己的强大以及孩子对我的情感依赖对她实施情绪暴力，但这将给孩子的性格带来多么严重的负面影响啊……我越想越害怕。

但是，如果我像她爸爸一样，事无巨细一概满足孩子的话，那对她的性格发展也没有好处。而且一味惯纵，她越大则越不好管，我们也没有尽到父母的职责，到时候怕是没有后悔药可吃的。我很无奈、很困惑，这样下去也不是办法，怎么解决才好呢？

你的女儿步入她人生中的第一个心理反抗期了，这个反抗期中，她的主要表现形式是违拗行为，也就是与你对着干。

这种违拗行为在某种意义上说也是她独立性萌发的表现，西方发达国家的家长十分重视孩子能对他们说"不"或"我不喜欢"之类的话，他们认为孩子开始有主见了。而中国家庭教育的孩子使用频率最高的一个词是"听话"。

如果你同意以上分析的话，我建议你多从积极意义上去看待你女儿的行为。这样，你的心态会平静许多，在这种平静的心态下，再来处理女儿的违拗行为，会更得体一些。

首先，在任何时候你都不能急躁，更不能"发飙"，而是采取"说一不二"的行为制约。以穿鞋为例，当她能自己穿鞋时，你就不必包揽，而是严肃地指出：自己把鞋穿上！你一定要坚持让她自己穿鞋，既不打，也不骂，但态度坚定，宁可迟到或出不了门，也得坚持下去。

但是，并不是每件事你都得坚持按你的意愿去做，当你觉得这是件无关紧要的小事，并非产生不良后果的违拗行为时，大可不必大动干戈，装聋作哑过去算了，因为如果事事都依着你，孩子会强化她的违拗意识。

大约过一段时间，心理反抗的第一时期就能顺利渡过，她会有一段显得"很乖"的时间，但请不要高兴太早，人生的第二个反抗期——6～7岁即将到来。

处理孩子的第三个心理反抗期——青春期，则更需要家长的智慧。

256

这三个反抗期都将是你面临的问题，每一个时期，家长的策略会有所不同，但以下两点是必备的。

①要使孩子服从，就必须给他多一些爱、关怀和了解，一个苛求、缺乏爱的家庭是无法让孩子顺利渡过反抗期的。

②发出的指令一定是简洁的，切忌冗长的唠叨，而口气不妨委婉一些。

孩子爱找借口怎么办

我是一个 6 岁男孩的妈妈，我家孩子平时挺听话的，但是在犯错误或不想干一件事的时候总是会找其他借口。比如：我让他去写作业，他如果不愿写，就说他爸不让他写或他爸不给他拿本子。每次我们都纠正他的这个错误，但是他的改进不大。我怕他养成做不好事就找借口的习惯，恳请杨教授给我一些建议。

找借口是退缩行为的表现形式之一，家长的教育方法对纠正这种退缩行为起着关键性的作用。我建议"设立合理的最低限度"，家长要先估计一下孩子的能力，然后制定出他能做到的最低要求，接下来就是严格按这个要求规定让他完成。当孩子完成了这些最低要求，他就会逐渐形成较高的主观能动性，以及较强的自我恢复能力，相反，面对家长提出的过高要求，他会干脆放弃。

这个最低限度的要求可以随着孩子的改变而逐步提高标准，但家长仍要谨慎，不得贸然提高。

我们单位有一个 5 岁的小女孩，当她参加幼儿园舞蹈班时，她发现她是这个班里跳得最差的一个，于是她找借口，说脚疼不能跳舞了。父母当然知道其中原因，于是和老师商量，向她提出一个最低要求：把这次舞蹈的表演节目演完了，就退出舞蹈班。她同意了。后来在训练中，老师和家长不断鼓励她，给她加油打气，在舞蹈表演中，她的表现得到大家的好评，自然，表演结束后她也就不愿离开舞蹈班了。

如何让孩子更加专注

我的女儿快5岁了，我发现她在学习时不能表现得很专注。如带她到外面去上舞蹈课，当老师讲解动作时，如果旁边有人讲话或者小朋友起身去上厕所，她都会去观望；有时手上会不停地摆弄衣服的带子。幼儿园老师也说她上课不够专心；喜欢东张西望。

但是，我在家和她一起做数学游戏或者听故事时，她又显得很专心。

我是一个小学教师，从我平时对学生的观察来看，上课喜欢东张西望或者手上不停玩东西的孩子，都没有把老师讲的知识点听进去，成绩也就不怎么好。现在我非常希望帮助我的女儿在上小学之前养成专心听讲的好习惯，迫切希望得到杨教授的指点。

我注意到你说的一个细节，她上舞蹈班时不专注，却在家里和你做数学游戏或者听你讲故事时，又显得很专心。

那么，你女儿的注意力到底是专注的，还是分散的呢？

很明显，她感兴趣的事情，她就可以做到专心；而不那么有兴趣的事情，注意力就容易分散。她有可能对上舞蹈课不是特别感兴趣，反映出来的现象就是分心了。

其实，你也不必过于担心，孩子的兴趣并不太稳定，容易变化，有时大人的赞许和激励也可以提高她的兴趣。你的女儿如果有机会在文艺表演中获得荣誉，虽然她还不那么喜欢单调重复的动作练习，但她还是乐于为争得这个荣誉而克服自己的不专心的。所以，我的意见是鼓励她继续参加舞蹈课，但要多鼓励，少指责，找机会让她在亲友中表演一下她的舞蹈。

《为了孩子》杂志是由上海妇女联合会主管主办，创刊于1982年，2001年改版为上下半月刊。目前，上半月刊为孕·0~3岁版，下半月刊为3~7岁版。29年来，《为了孩子》以传播科学育儿理念、传递人文关爱为己任，成为年轻父母可信赖的科学育儿顾问。每期随刊赠阅的《你好！宝贝》画刊，更添亲子共读的乐趣。

《为了孩子》历获上海市十佳期刊评选提名奖，第二届华东地区优秀期刊提名奖，第四届华东地区优秀期刊奖，是连续3次被上海市工商局认定为上海市著名商标的品牌母婴类杂志。吴邦国、邓颖超、陈至立、陈慕华、谢希德等各级领导都曾为《为了孩子》题词勉励。

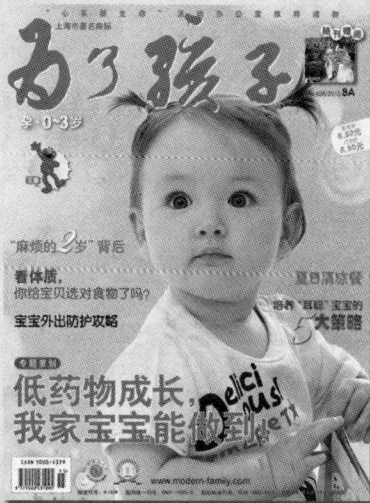

www.modern-family.com

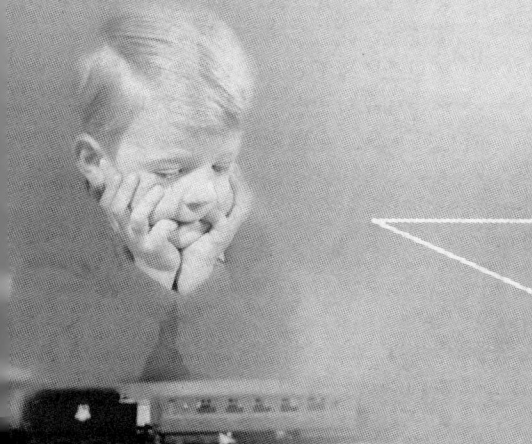

GYMBOReE PLAY&MUSiC 金宝贝

早 教 专 家　　全 球 同 步

　　Gymboree（金宝贝），1976年发源于美国的全球早教知名品牌、早教权威，33年幼儿潜能开发经验。分支机构遍布全世界40个国家和地区，包括700多个加盟中心，每天有约36 000个家庭享受金宝贝的快乐教学。金宝贝于2003年正式登陆中国，目前中国已开业的各地分支机构达到159家（截至2010年11月30日），覆盖80多个城市。有超过100 000个中国家庭正在享受金宝贝带来的先进教学。

● 权威

　　2004年，在著名的Entrepreneur杂志评出的全美加盟500强企业中，金宝贝位列早教行业领先品牌，并于2001至2003年连续三年被评为全美成长最快的亲子早教课程加盟体系之一。

● 信誉

　　作为婴幼儿早教的先驱，金宝贝美国总公司于1994年在美国纳斯达克创业板成功上市（编码GYMB）。

● 网络

　　今天，金宝贝在美洲、欧洲、亚洲的40个国家和地区拥有超过700家加盟中心，实行全球同步的课程管理模式，每天全球约36 000个家庭享受金宝贝最新的快乐教学。

● 专业

　　金宝贝格外注重课程内容的科学性和系统性，课程研发及培训队伍实力雄厚，经验丰富，专家背景从幼儿体能教育研究，幼儿发育心理学到幼儿沟通交流研究，涵盖了整个早教教育范畴。金宝贝还聘请了专业经理人团队进行经营运作和品牌管理，完善细致的培训支持体系确保了全球加盟商的授课质量。